改革时间

我们和我们的时代

《中国工人》2018年度精选

追光：2.8亿人的利益表达
农民工全国人大代表的创生与成长

E网情深
智慧工会时代的劳动者网络生活

1978-2018年：
中国农民工发展简史

你好，副主席
一线劳动者进入工会领导机构纪事

新时代，去奋斗
中南海回信和最有名的“劳模班”

谋定守正出新之策
2015-2018：中国工会改革创新纪事

大力弘扬劳模精神
劳动精神和工匠精神

《中国工人》杂志社 编

中国工人出版社

新时代　新使命　新作为

李守镇

2018年，《中国工人》以全新的面貌与读者见面。

《中国工人》是一本有着光荣历史、优良传统的杂志，在全面建成小康社会的决胜期，在中国改革开放整整40年的时刻，《中国工人》全新改版，可以说是应运而生、水到渠成，是件可喜可贺的事。

“建设知识型、技能型、创新型劳动者大军，弘扬劳模精神和工匠精神，营造劳动光荣的社会风尚和精益求精的敬业风气”——这是党的十九大提出的明确要求，也是党的代表大会报告中首次提及工匠精神。

站在新时代的历史方位，《中国工人》坚持什么样的初心，往哪儿出发？在新一次改版之际，我们愿重申这份刊物1924年创办时的初衷，站在最大多数劳动人民的一面。

《中国工人》是工人自己的期刊，是在全国总工会领导之下的期刊，它将系统地宣传党和国家的方针、政策，报道火热的发展实践，报道工会工作情况，反映职工群众的意见，传播先进的工作经验，提高职工的思想政治觉悟和水平，以保证工运事业的不断创新发展。这就是我们的初心。

新时代，新使命，新作为。《中国工人》初心不改，客观真实的原则不能忘，求真务实的精神不能弃，团结引领的本领不能丢。《中国工人》是我们工会自己的舆论阵地，做大做强《中国工人》，要始终坚持党性原则，坚持政治家办刊，确保办刊正确的政治方向，履行好引导广大职工听党话、跟党走的政治责任。要加强正面宣传，大力宣传党的全心全意依靠工人阶级方针，反映广大职工的主人翁精神风貌，为工会工作创新发展提供有力舆论支持。要加大改革创新力度，推动传统媒体与新媒体深度融合，更好地发挥《中国工人》工会思想宣传舆论阵地作用。要加大发行力度，扩大《中国工人》的覆盖面和影响力。

内容越贴近职工生活，就越有影响力。优质内容是媒体立身之本，多深入火热的生产生活一线，把镜头对准基层，把版面留给职工，又要依靠广大职工提供素材，写文章、提意见，组织对刊物的阅读和批评，真正做到“全会办刊”。不管媒体怎样融合，坚持内容为王，遵循新闻规律，依然为大众接受。要坚持办好主打和特色栏目，多出有思想、有温度、有品质的作品。要在内容上形式上力求精简，在文字上力求通俗易懂。

新时代，坚守蕴藏其中的不变初心，我们就能坚定地继续前进、无愧时代。

我们相信，在全国总工会的领导下，《中国工人》一定能够和广大职工群众建立密切的巩固的联系，使它在今后工运事业中担负起集体的宣传者和组织者的任务。

新时代、新使命、新作为。《中国工人》满怀着激情与梦想，与广大职工同行，全新出发！

（作者时任全总党组成员、全总经费审查委员会主任、《中国工人》杂志编委会主任）

目录

工会大楼纪事

特稿

报道

人 物

故 事

附 录

工会大楼纪事

历史的幽光中，有理想、有信念，
更有我们要去的方向。

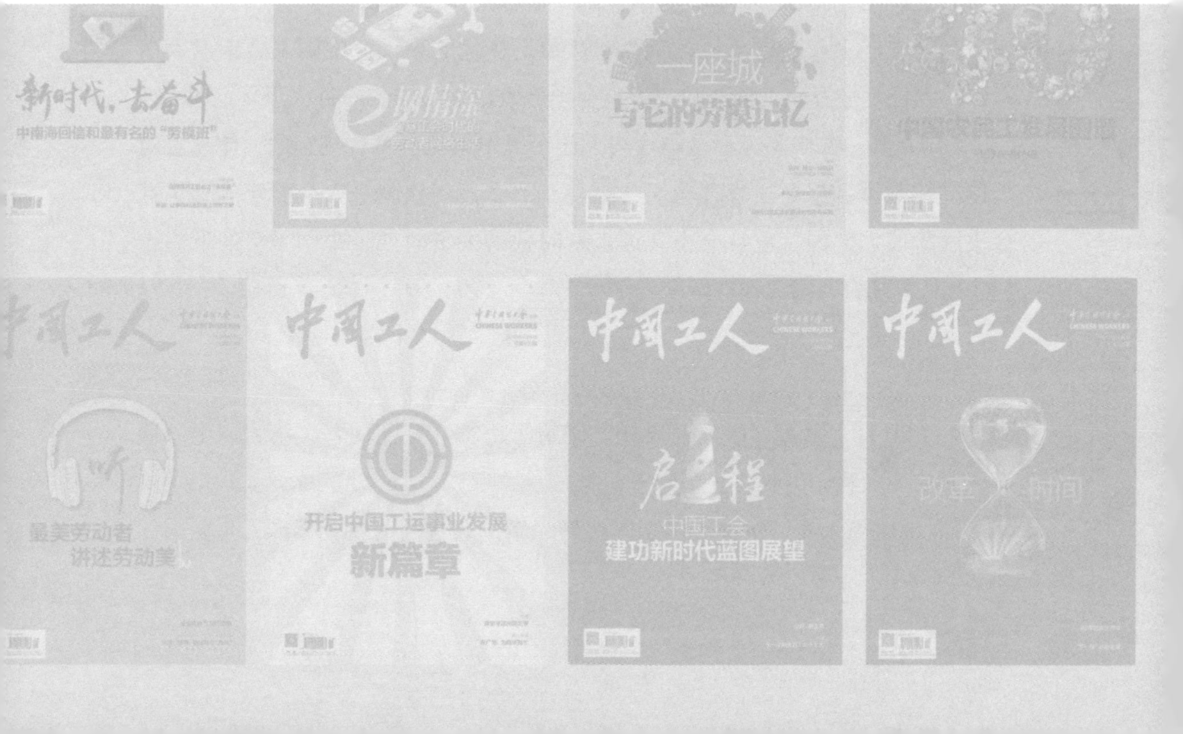

开启中国工运事业发展新篇章

——写在中国工会十七大召开之际

文 / 王娇萍

金秋十月，意味着收获，更孕育着希望！

10 月 22 日至 26 日，中国工会第十七次全国代表大会就要在首都北京召开。为期 5 天的大会，将提出新时代工会工作的指导思想和目标任务，谋划今后五年甚至更长时期中国工运事业的发展蓝图。

在全国职工人数近 4 亿、工会会员数已 3 亿的今天，中国工会十七大的召开，无疑是亿万职工群众和广大工会干部政治生活中的一件大事。

5 年召开一次中国工会全国代表大会，是中国工会章程规定的，体现着对工作规律的遵循，更寓意着轮回与更替。那么，在我国进入全面建成小康社会决胜阶段、中国特色社会主义进入新时代的关键时期，中国工会的下一个 5 年，又将开启一段怎样的新航程呢？

⊙ 一

9 月 20 日，随着“中建七局杯”砌筑工决赛在郑州闭幕，第六届全国职工职业技能大赛完美收官。

“发现优秀人才，培养大国工匠，建立新的、更高的专业标准，是全国职工职业技能大赛的初衷和目标。”大赛组委会领导如此强调道。

这何尝不是中国工人阶级的新风采！

为实现中华民族伟大复兴的中国梦而奋斗，是我国工人运动的时代主题。然而，面对时代的飞速发展、科技的日新月异，牢牢把握这一主题，迫切需要“当代工人不仅要有力量，还要有智慧、有技术，能发明、会创新”。

举办劳动和技能竞赛，开展群众性经济技术创新活动，培育和践行社会主义核心价值观，弘扬劳模精神、劳动精神、工匠精神，推进产业工人队伍建设改革……这一切，最终的指向都为促进职工队伍整体素质全面提升，让亿万职工的作为和风采，无愧于工人阶级作为国家领导阶级的崇高地位，不辜负这个伟大时代赋予的神圣使命。

值得自豪的是，中国工人阶级以实际行动奏响了时代主旋律。过去 5 年来，仅参加基层企事业工会开展劳动和技能竞赛的职工就达 5.2 亿人次，提出合理化建议 6224.6 万件，实现技术革新 349 万项；各级工会选树“金牌工人”“首席技师”“首席员工”271.1 万人次，7 项一线技术工人创新成果荣获国家科技进步奖……

今天，中国特色社会主义进入新时代，这是我国发展新的历史方位，也必然是中国工运事业的崭新起点。风云际会的节点，谋篇布局的规划，人们有理由期待，在为实现党的十九大绘就的宏伟蓝图伟大奋斗中，建功新时代的中国工人阶级，主力军作用和主人翁精神必将更加彰显！

⊙ 二

这是一则意蕴丰富的信息。

受益于工会的“求学圆梦行动”，仅 2013 年以来，广州市就有逾 150 万人次的职工参加各类学历教育、技能培训和基本素质教育，其中近 7 万人提升了学历。

探索多层次、网络化、普惠性的职工教育模式，帮助职工实现不脱产不离岗随时随地学习，是广州工会竭诚服务职工的一大举措，“顺应职工多元利益诉求，工会不仅要维护职工劳动经济权益，也要维护他们的学习发展权”。

作为党联系职工群众的桥梁和纽带、社会主义国家政权的重要社会支柱、职工群众合法利益的代表者和维护者，中国工会始终高举维护职工合法权益旗帜，大力推动工会改革创新，不断拓展丰富维权服务工作新内涵。5年来，无论是开展源头参与，还是构建和谐劳动关系；无论是创新农民工维权服务，还是推进城市困难职工解困脱困……中国工会都留下了可圈可点的生动足迹。

但正如马克思所说，人们自己创造自己的历史，但是他们并不是随心所欲地创造，而是在直接碰到的、既定的、从过去承继下来的条件下创造。站上新起点的工会维权服务，在继承多年探索发展成果的同时，也必然承接累积的各类问题乃至严峻挑战。

特别是随着我国社会主要矛盾转化为人民日益增长的美好生活需要和不平衡不充分的发展之间的矛盾，工会领域也相应地出现职工多样化需求与不平衡不充分发展之间的矛盾，体现为不同职工群体之间利益关系的多样化、差异化。

舟循川则游速，人顺路则不迷。唯有立足新变化，坚持以职工为中心的工作导向，全面深化对职工队伍发展变化特点与规律的认识，中国工会才能切实提高维权服务工作质量，推动构建和谐劳动关系，更好满足职工群众美好生活的需要。

这是对新时代工会维权服务工作的展望，更是必将到来的现实图景！

⊙ 三

在上海，"手指动动"即可加入工会，这一现象正越来越稀松平常。

2016年4月，上海市总工会在"申工社App"上线"我要入会"栏目，率先试水"网上入会"。如今，这一模式下的职工入会率已达70.7%，"网上入会"平台不仅扩大了职工入会渠道，也拉近了工会与职工之间的距离。

纵观中国工会发展现状，诸如"网上入会"这样的改革创新，不胜枚举。从这一视角出发，工会十六大以来的5年，堪称工会深化改革锐意进取的5年——

贯彻落实《中共中央关于加强和改进党的群团工作的意见》和中央党的

群团工作会议精神，全国总工会和上海、重庆市工会作为试点单位，有力有序推进改革，取得阶段性成效，创造一批可复制可推广的经验；开展“强基层、补短板、增活力”工作和入会集中行动；推进“互联网 +”工会建设；全面加强工会系统党的建设；着力建设一支高素质专业化的工会干部队伍……

持续深化改革创新，工会吸引力、凝聚力、战斗力显著增强。截至目前，全国工会会员总数 3 亿人，其中农民工会员 1.4 亿人，基层工会组织 280.9 万个，覆盖单位 655.1 万个，再次刷新作为世界上最大的工会组织的各项纪录。

行百里者半九十。改革永远在路上，创新从来无止境。在国家层面，改革进入新阶段，必将进一步触及深层次利益格局的调整和制度体系的变革，复杂性、敏感性、艰巨性更加突出。就工会而言，同样面临深化改革创新的全新挑战，特别是如何适应深化党和国家机构改革新情况，进一步优化工会的组织体制、运行机制、管理模式和工作方式，考验的将不只是勇气，还有智慧。

变革时代，狭路相逢勇者胜。牢牢聚焦增强政治性、先进性、群众性，将工会改革进行到底，工会工作就能开掘不竭的动力之源、活力之根，工会是“职工之家”、工会干部是最可信赖的“娘家人”必定叫响神州。

⊙ 四

在社会主义中国，工人阶级的前途命运始终与党和国家的前途命运紧密相连，工会事业始终与党和国家的事业休戚相关。

今天，我们正向着第一个百年目标迈进，向着中华民族伟大复兴进军。置身于这一人类社会进入 21 世纪以来最伟大的历史事件，工人阶级更应迸发无穷的力量，工会工作更应续写新的篇章。

切实加强职工思想政治引领，全面提升职工队伍整体素质，不断增强工人阶级先进性；坚持全心全意依靠工人阶级，深入开展维权服务工作，大力提升职工群众获得感、幸福感、安全感；以更大力度、更实举措推进工会改革创新，进一步夯实基层基础，为扎实做好职工群众工作提供坚强保障，使党执政的阶级基础和群众基础更加巩固……中国工人阶级，使命在肩；中国工会，任重道远。

当然，“不以革命理论为指南的实践是盲目的实践”。面对进行伟大斗争、建设伟大工程、推进伟大事业、实现伟大梦想的光荣征程，推进新时代工运事业和工会工作，必须以习近平新时代中国特色社会主义思想为指导，特别是要深刻领会和切实践行习近平总书记关于工人阶级和工会工作的重要论述，从马克思主义中国化最新成果中感受思想的光芒，以此照亮中国特色社会主义工会发展道路的前行进程。

新时代的大门已经推开，美好的未来正在招手。让我们更加紧密地团结在以习近平同志为核心的党中央周围，深入学习贯彻习近平新时代中国特色社会主义思想，团结引领广大职工听党话跟党走，向着实现中华民族伟大复兴的一个个时间节点迈进，开启新时代党的工运事业新篇章！

扫一扫，发现更多精彩

谋定守正出新之策
——2015-2018：中国工会改革创新纪事

文/李　瑾

北京，2018年10月。

人民大会堂里，中国工会第十七次全国代表大会隆重开幕。

这是决胜全面建成小康社会关键时期召开的盛会。

这是中国特色社会主义进入新时代背景下召开的盛会。

来自全国各地的2000多位工会十七大代表，带来了“围绕中心、服务大局，敢于担当、勇于创新”的显著成效和宝贵经验。

唯改革者进，唯创新者强，唯改革创新者胜。

起始于2015年的中国工会改革，在这个金色的秋天向亿万职工群众展示丰硕成果，在这个金色的秋天绘就未来5年的创新发展蓝图。

⊙ 改革“元年”

芳林新叶催陈叶，流水前波让后波。

2018年9月7日，《工人日报》推出记者郑莉采写的报道《工会改革开启党的工运事业新阶段》。

在这篇1546字的消息里，先后14次出现“改革”一词。开篇首句，改革的气息便扑面而来——“2015年，中华全国总工会成立90周年，这一年也被看作中国工会改革‘元年’”。

总是有一些特殊的年份，改写历史深处的细节，激活继续前行的力量。

2015年7月6日，为期两天的中央党的群团工作会议在北京召开。

由党中央召开党的群团工作会议，在党的历史上还是第一次。

正是在这次会议上，习近平总书记强调：“事实充分说明，新形势下，党的群团工作只能加强、不能削弱，只能改进提高、不能停滞不前”。

就在中央党的群团工作会议结束后的第16天，中央全面深化改革领导小组办公室下发通知，决定在全国总工会开展中央群团机关改革试点，要求在两个月内制定出改革方案，争取在一年时间内取得可复制可推广的经验。

在李建国同志的直接领导下，全国总工会党组迅速成立改革试点工作领导小组，从强化思想武装、认真查找问题、深入调研论证、精心研提措施、广泛征求意见5个方面积极开展工作，制定了《全国总工会改革试点方案》。

10月22日，中央书记处专题听取全国总工会党组关于全国总工会改革试点方案的汇报，给予了充分肯定。

11月9日，习近平总书记主持召开中央全面深化改革领导小组第十八次会议，审议通过《全国总工会改革试点方案》。

11月11日，全国总工会召开机关改革试点工作动员部署大会。李建国同志明确提出，解决工会组织存在的与新形势新任务不相适应的问题，根本出路在于改革。

至此，中国工会以锐意改革进取的新姿态，与全面深化改革的大时代同频共振。

常制不可以待变化，一途不可以应无方，刻船不可以索遗剑。

11月24日，新华社以《勇于推进改革创新，热诚服务职工群众》为题，播发全国总工会负责人就全国总工会改革试点答记者问，工会改革的谋篇布局清晰可见——

增强“三性”，去除“四化”，做强基层，着力创新；

增强工会组织广泛性和代表性，提高领导机构中职工代表比例，整合优化机关职能和机构设置，实行全国总工会机关编制“减上补下”，改进机关干部管理方式；

深化“基层工会建设落实年”活动，坚持工会经费使用进一步向基层倾斜；

做强工会工作品牌，改善劳动模范评选宣传和管理服务，拓展职工职业技能培训，强化职工思想政治工作；

突出维护职工基本权益，健全职工协商民主机制，构建以精准帮扶为重点的服务职工体系，提升农民工入会和服务工作；

深入研究劳动关系现状及发展趋势，及时调处劳动关系矛盾，适应“互联网 +”发展，打造全国工会系统服务职工网络载体……

毫无疑问，这是与服务党和国家工作大局紧密结合的整体谋划，这是纳入全面深化改革总盘子来思考和把握的战略布局。

北京复兴门外工会大楼的改革气息，让祖国大地每一位工会工作者为之振奋，凝聚着亿万职工群众充满期待的目光。

新的使命和担当——中国工会的改革创新，就这样确定了属于自己的历史方位。

⊙ 以上率下

言必信，行必果。气可鼓，不可泄。

从 2015 年 11 月中央批准《全国总工会改革试点方案》开始，用一年时间完成改革试点任务，取得可复制可推广的经验，是全国总工会党组向中央立下的“军令状”。

依照《全国总工会改革试点方案》的总体部署，全国总工会有序有力有效推进改革试点工作，以发挥全国总工会党组领导核心作用为保证，增强工会系统党组织的先进性、纯洁性。

2016 年 1 月，全国总工会十六届四次执委会议在北京举行，54 岁的巨晓林以农民工的身份，当选全国总工会副主席（兼职）。

敏感的新闻媒体以超出以往补选副主席的报道篇幅，把巨晓林的当选和全国总工会改革试点连在一起，给予了热情洋溢的评价。

北京知名时政新媒体“长安街知事”评价说：“一位农民工进入全国总工会最高领导班子并成为副主席，正是落实中央改革要求的生动案例”，并预见“未来会有各行各业的‘巨晓林’进入工青妇等群团组织的领导层”。

与此同时，北京师范大学党委副书记田辉被推选为全国总工会书记处书记（挂职），12名劳模和一线职工被增补为全国总工会执委，3名劳模和一线职工被增补为主席团成员，各驻会全国产业工会分别增设2名兼职副主席，王进、郑久强、邓建军、田双印等知名劳模的名字赫然在列。

增强工会组织的广泛性和代表性，不仅需要改进工会领导机构人员的构成，同时需要优化全国总工会机关组织架构。

此次全国总工会改革试点工作中，全国总工会机关6个主要职能部门整合为3个，新成立了网络工作部和社会联络部，5个生产经营类事业单位转制为企业，事业单位由18个减少到13个。

机构整合过程中，149名干部进行了工作岗位调整，一周内全部到岗，高效平稳地完成了工作交接和干部对接。精简下来的50个行政编制，补充到任务繁重、力量薄弱的县级工会，推动解决基层基础薄弱问题。

适应新常态，创新职工建功立业的载体和平台，团结动员广大职工在供给侧结构性改革中建功立业。这是全国总工会改革试点工作的重要着力点。

改革试点以来，全国总工会创新开展劳动和技能竞赛，引领广大职工投身经济建设主战场，设立职工创新补助资金，为职工创新争优提供了全方位的激励。同时，牵头研究起草和协调落实《新时期产业工人队伍建设改革方案》，努力造就一支宏大的产业工人队伍。

为了叫响做实“大国工匠”品牌，全国总工会与国家有关部门联合开展“中国梦·大国工匠篇”主题宣传活动，策划推出《大国工匠》纪录片、“大国工匠”专栏互动窗口等，推动更多工匠人才涌现。

2016年夏天，《互联网+工会：移动互联时代的改革创新思维》由中国工人出版社正式出版。这本中国首部专题研究“互联网+工会”的图书首印1万册，迅速销售一空，在两个月内进行了第一次加印。

毫无疑问，全国总工会创建工会网上工作平台的改革之举，直接促动了更多工会干部开始关注智慧工会的建设，“互联网”“大数据”“云计算”成为工会工作的热门词汇……

“增强工会工作政治性，增强工会组织先进性，增强工会组织群众性，夯实工会基层基础，推进工作重心下移、力量下沉”……翻开全国总工会改革试点工作总结报告，一项又一项务实举措扑面而来，展现出一幅波澜壮阔的中国工会改革创新的图景。

改革结出的累累硕果，让工会组织更加充满活力，更加坚强有力。今天，中国工会会员已经超过 3 亿人，党的工运事业迈入新的发展阶段。

⊙ 全面推进

群众性是工会组织的天然属性，也是工会改革的力量源泉。

检验工会改革成效的尺子，就是职工群众是否在改革中有更多的获得感。

伴随着全国总工会改革试点工作不断取得突破，中国工会工作变得更加活力盎然。各地工会坚持自我革命，勇于攻坚克难，及时跟进对接全国总工会改革试点，各项改革持续向纵深推进。

2017 年 3 月 20 日，北京。中国职工之家 C 座 3 层的报告厅里，工会系统推进改革工作会议正在举行。发轫于各个省市工会的改革创新实践，显示出工会改革迎来了新的春天。

上海市总工会探索推进职工企业体制外单体入会，动员、吸纳未建会企业职工入会，倒逼体制外入会的职工所在企业建会。177 家职工服务站遍布全市，线上受理、线下办理、一键通达的全方位全时段服务体系正在打造。

重庆市总工会改革产业工会组织形式，实现民主化、扁平化管理，建设基层服务站 160 个，爱心妈咪小屋 130 个，重点打造基层群团服务站市级示范点 14 个，实现十大类“互联网 +”工会专业化服务，基本形成“1 网 + 1 证 +1 卡”的服务职工模式。

广东省总工会建设一批村（社区）、园区工会联合会，建立一批职业化社会化工会工作者队伍，建设一批“会、站、家”一体化的职工之家。在职工集聚度高的园区、项目工地建立职工服务站，打通联系服务职工的“最后一公里”。

河北省总工会发放270.5万张河北工会会员卡，以“一卡（工会会员卡）四功能（会员身份识别、工会服务、商家服务、金融服务）”为框架的普惠服务体系初步形成。试点建设300多个“户外劳动者爱心驿站”，解决户外一线职工的实际困难。

与平时会议不同的是，参加工会系统推进改革工作会议的各地（部门、产业）工会负责同志，同时参加在中央党校举办的“深入推进工会改革创新”专题研讨班。

正是在被列入中组部2017年培训计划的这个专题研讨班的开班仪式上，全国总工会党组书记、副主席、书记处第一书记李玉赋提出要求，各级工会要在建机制、强功能、增实效上下功夫，真正做到“干”字当头、真抓实干、埋头苦干，不断扩大职工群众改革获得感。

显然，因循守旧没有出路，唯有以更大的决心去破藩篱，以更强的勇气去涉险滩，工会组织才能更加充满活力和坚强有力，才能更好地承担起引导职工听党话、跟党走的政治责任。

伴随着工会改革的持续发力和纵深推进，越来越多的职工群众有了实实在在的获得感。

2018年8月27日，辽宁省总工会十一届六次全委（扩大）会议的会场上，响起热烈的掌声。《辽宁省总工会关于进一步加强服务振兴发展服务职工群众工作的实施意见》正式通过，由10个配套方案“保驾护航”的“双服务”大思路，成为辽宁工会改革创新的方向。

辽宁省人大常委会副主任、辽宁省总工会主席杨忠林说：“任何事情计划得再好，不落实一切都等于零。现在，各项工作任务已经非常明确，关键在于抓落实。”

这种服务职工的理念，同样融入在湖北省总工会的改革创新之中。

如今，“智慧工会”正在成为湖北职工网上教育、服务和技能提升的平台，一张网正在打通服务职工的“最后一公里”。在宜昌，只要职工通过工会网站或微信公众号提交入会信息，基层工会立刻就能在线上进行审核办结。

职工群众的获得感，离不开合法权益能够得到有效维护。在湖北，如果职工发现自身权益受损，可以通过湖北职工服务网、工会微信、职工法律服务平台等各种网络渠道留言，与工会合作的调解律师第一时间就能为职工答疑解惑。

以不息为体，以日新为道。

今天，工会改革正在向纵深推进，改革成果正在向基层延伸，工会组织的吸引力、凝聚力、战斗力正在不断增强，彰显新的使命与担当。

⊙ 走向未来

实践无止境，改革无穷期。

当前，工会体制机制与劳动关系、职工队伍的新变化还不完全适应，还滞后于形势发展的需要；工会工作载体和手段还不够丰富，运用互联网开展工作的方式方法还不够多；一些工会干部的改革意识和担当精神还不够强，做职工群众工作的本领有待提高。

解决这些问题的关键，依然是“改革创新”。

日日行，不怕千万里；常常做，不怕千万事。改革的决心更坚定，改革的思想才能更明确。改革的方向更清晰，改革的脚步才能更有力。唯有把准改革发展之脉，谋定守正出新之策，再启攻坚突破之局，善为精准发力之举，才能把工会改革进行到底。

上下联动，整体推进，这是更高起点的工会改革再出发。

搞好顶层设计，加强与中央和地方机构改革衔接协调，强化优化职能，聚焦主责主业，破解制约工会工作创新发展的制度性障碍。

健全改革督查机制，强化跟踪问效，采取职工满意度测评、第三方评价等方式，完善改革效果评价机制，切实提高职工群众对工会改革的获得感、认同度。

积极打造建设智慧工会，这是网络时代的工会改革再出发。运用大数据、云计算、物联网、人工智能等手段推进工会工作，促进互联网和工会工作融合发展，在实体工会架构上建设网络工会和数字工会。

加强资源整合和流程再造，打通信息壁垒，建设实名动态、全面覆盖、安全共享的工会大数据库，统筹“互联网+”工会顶层设计，打造“工会e家”智慧工会新品牌。

大抓基层，夯实基层基础，这是立足职工的工会改革再出发。

把工作力量、经费使用等进一步向基层倾斜，保证基层事情基层办，基层权力给基层，基层事情有人办。

健全小三级工会组织体系，推进建设工会服务职工站点，让工会在职工需要时能看得见、找得到、信得过、靠得住。

初心如磐，使命如山。历史不容止步，关口不容徘徊，信任不容懈怠。

2018年9月19日至20日，全国总工会十六届执委会九次会议在北京召开。

全国人大常委会副委员长、中华全国总工会主席王东明指出，要围绕保持和增强政治性、先进性、群众性，以更大力度、更实举措推进工会改革创新，加强基层基础建设，把工会组织建设得更加充满活力、更加坚强有力。

“虽然我们已走过万水千山，但仍需要不断跋山涉水。”一个更加清晰的坐标，必然会砥砺一段全新的征程。

岁月永流转，革新不落幕。中国工会的改革创新只有进行时，需要勇于突破“路径依赖”，更需要主动实现“模式创新”，把更多的“不可能”变为“可能”。

新时代赋予工人阶级新使命，新征程呼唤工会组织新作为。在以习近平同志为核心的党中央坚强领导下，立足党的十八大以来全面深化改革取得的巨大成就和筑牢的坚实根基，中国工会的改革创新一定能够乘风破浪，续写新时代的壮丽新篇。

扫一扫，发现更多精彩

启　程

——中国工会建功新时代蓝图展望

文 / 许梦醒

2018 年 10 月 22 日至 26 日，中国工会第十七次全国代表大会在北京召开。王东明同志在会上作的中国工会十七大报告，回顾了过去 5 年工会工作的重要成就，号召职工群众深入学习贯彻习近平新时代中国特色社会主义思想，坚定不移走中国特色社会主义工会发展道路，并对今后 5 年工会工作提出目标任务。

本刊编辑部结合过去 5 年工会工作成绩，总结提炼了报告中出现频率较高的 6 个关键词，并加以梳理和解读。从职工的权益维护到困难帮扶，从技能提高到文化建设，与职工工作生活相关的方方面面都将向着更美好的方向发展。

乘风破浪，扬帆起航，新的征程从此刻开启，亿万职工的所需所盼也必将得以实现。

⊙ 关键词：产业工人

为产业工人搭梯子、畅通道（14 次）

从 2017 年 4 月，党中央、国务院印发《新时期产业工人队伍建设改革方案》（以下简称《改革方案》），到2018年3月，中办、国办印发《关于提高技术工人待遇的意见》，仅仅一年时间，与产业工人队伍思想政治建设、技能素质提升、权益维护、作用发挥等诸多方面相关的建设改革内容正在落地生效。

2018年5月，《中国工人》报道了以中国南方电网公司为例的电力产业工人队伍建设改革样本。南网着力为产业工人打造成长跑道，形成技术专家通道、技能专家通道和管理通道之间相互转化制度，并在二级单位建立试点，捅开了工匠成长的“天花板”。

这样的事例屡见不鲜。中国工会十七大代表、中国一重集团首席技师刘伯鸣告诉《中国工人》记者：“一重集团极其重视技能人才成长，通过搭建职工技能、技术、营销、管理四条上升通道，打破了工匠成长中的瓶颈。像我这样的企业首席技师，待遇也能和管理层看齐了。”不仅如此，企业乐于为技能人才搭建劳动和技能竞赛平台，取得名次的技术工人可以在职业发展通道上实现多连跳，技能晋升也有了快车道。

在全国总工会全力推进《改革方案》贯彻实施的过程中，各级工会共同努力，截至今年6月，有18个省（区、市）出台落实《改革方案》的具体措施，14个省（区、市）和新疆生产建设兵团的实施方案（意见）正在修改完善或即将印发。

正因如此，“产业工人”一词也成为中国工会十七大报告中出现达14次之多的高频词汇。

报告明确提出，推动完善产业工人技能形成体系，改进技能评价方式，畅通产业工人发展通道。推动实施符合技术工人特点的分配制度和长效激励机制，促进多劳者多得、技高者多得，加快职工科技创新成果转化，提升产业工人的政治待遇、经济待遇、社会待遇。

目前，我国有2亿产业工人，其中，技术工人1.65亿人，高技能人才4700万人。产业工人作为工人阶级的主体力量，加快产业工人队伍的建设和提升职工素质，事关改革发展稳定大局，事关国家和民族的长远大业，事关产业工人的根本利益和整体利益，是顺势之举，且势在必行。

随着《改革方案》的进一步落实，相关实施方案的完善以及中国工会十七大的要求，产业工人的发展蓝图更加清晰。未来，工人进入企业、车间、班组，既能清晰找到自己的职业发展通道，又能在晋升和提高收入的过程中，获得制度保障，一切都可以拿技术说话。

正如中国工会十七大代表、国网安徽电力宿州供电公司高级技师许启金所期待的画面一样：“出台激励措施，进一步改善技能型人才的成长环境。让更多青年人乐意学技术，让职工有职业荣誉感，让社会有广泛认同感。”

2017 年，许启金还担任了安徽省总工会兼职副主席，他期待更多工友能像自己一样，感受更多尊重的目光，收入上也能有所提高。这不仅是他的期望，更是亿万产业工人共同的期望，也定能在未来得到实现。

⊙ 关键词：帮扶

“输血”帮扶与“造血”帮扶并举（10 次）

“拓展困难职工帮扶中心功能”“精准帮扶”“筹集帮扶资金”“提升对口帮扶针对性实效性”“做实各类职工维权帮扶”……中国工会十七大报告中与“帮扶”一词相连的词汇出现了 10 次之多。

回顾过去 5 年，送温暖、金秋助学、农民工平安返乡等工会帮扶工作品牌实现创新发展，同时，工会困难职工帮扶中心功能也得到拓展。据统计，全国工会共筹集送温暖资金 202.2 亿元，走访慰问企业 103.41 万家、走访职工家庭 4152.9 万户；全国已建立 3544 个工会困难职工帮扶（职工服务）中心，共筹集帮扶资金 200.22 亿元，帮扶困难职工 3620.27 万人次。

这些数字，仅是各级工会帮助困难职工解困脱困的部分缩影。在全面打响脱贫攻坚战，决胜全面建成小康社会的目标面前，全国总工会在服务大局、服务职工中不断开创工会帮扶工作新局面，相继出台《关于进一步做好城市困难职工解困脱困工作的实施意见》《困难职工帮扶工作有关问题的说明》，针对工会组织中的城镇困难职工群体，目标明确、路径清晰地开展帮扶工作。如今，以精准帮扶为重点，31 个省级工会全部制定相关实施意见。

《中国工人》注意到，中国工会十七大报告中对未来 5 年困难职工帮扶和脱贫攻坚工作提出了具体要求。报告指出，要分类做好城市困难职工解困脱困工作，推进困难职工帮扶与政府救助、公益慈善力量有机结合，推动建立低保与扶贫有序衔接机制，实现帮扶送温暖常态化、经常化、日常化。把提高解困脱困工作质量放在首位，坚持扶贫同扶志、扶智相结合，让困难职工同步迈入全面小康社会。

可喜的是，在帮扶送温暖常态化、经常化、日常化的基础上，各级工会的帮扶之路正在不断深入，涵盖困难职工的方方面面。

在贵州，把职工医疗互助活动作为破解城镇困难职工因病致贫、因病返贫的主要举措，解决职工看病贵的问题；在云南，通过结对帮扶实现个人帮扶与部门帮扶同步、物质帮扶与精神帮扶同步，以送观念、送政策、送技能、送信息、送岗位、送资金的“六送”方式，切实为帮扶对象解决实际困难。

由此可见，帮助城镇困难职工解困脱困，不仅关系到困难职工的具体福祉，更关系到各省市地区决战贫困、同步全面小康大局。未来，工会将与政府等多部门联合，将“输血”帮扶与“造血”帮扶并举，形成合力，一同出击，确保“小康路上一个也不掉队”。

⊙ 关键词：互联网

你的“娘家人”已24小时上线（8次）

2016年9月27日，全国“互联网+”工会普惠性服务现场推进会在宜昌召开。这是《全国总工会改革试点方案》出台后，在“互联网+”工会工作中的重大举措。随后，在2017年年初，全国总工会制定了《全国工会网上工作纲要（2017—2020年）》，提出以“一片心、一叠卡、一张网、一个家”为抓手，打造全国工会系统服务职工网络。

《中国工人》注意到，中国工会十七大报告中也将“互联网+”工会工作列为重点内容之一进行了阐述，涉及“互联网”的词汇在报告中共出现了8次。其中，报告指出，强化“互联网+”工会顶层设计，加强通用平台建设，推进上下级工会组织间互联互通，逐步形成全国总工会主导、地方跟进、产业参与、协同互动、线上线下有机结合的工会网上工作体系。

近年来，在全国总工会的指导下，所有省级工会和大部分市级工会已制定了具有本地区特色的网上工作规划，并逐步形成各自的品牌特色。

在北京，打开北京市总工会的“12351”App，已注册的80万工会会员即刻便可享受其搭载的7300多项服务项目：免费挂号就医、免费看电影、免费预订酒店……北京市总工会通过“一张网”打造了全方位立体化的服务项目，得到职工的喜爱。

在湖北，网络学习平台成为湖北省总工会“智慧工会”建设的重点内容之一。现已建成了包含职业技能、人文修养、班组建设、工会常识、农民工等类别的300多门课程的“网上免费课堂”，受到全省职工的热烈欢迎。

可以想见，各级工会在互联网领域扩大服务群体、增加服务项目的举措仍将不断叠加。从“医”“食”“助”“行”到“乐”“享”“惠”“聚”，不论你走到哪里，只要有工会会员这张名片在，打开手机，点点屏幕，都有“娘家人”24小时的线上守候。

2019年是《全国工会网上工作纲要（2017—2020年）》实施的第3个年头，距离打造全国工会系统服务职工网络的目标仅一步之遥。

未来，各级工会也势必将继续深耕这片新领域，坚守这个新阵地，持续开拓“互联网+”工会普惠性服务工作，让“互联网+”工会成为职工群众线上的“娘家人”、贴心人。

⊙ 关键词：劳动和技能竞赛

“老”赛项焕发新活力（6次）

2018年8月至9月，中国技能大赛——第六届全国职工职业技能大赛举行。本届大赛设置了钳工、焊工、数控加工中心操作工、数控机床装调维修工、网络与信息安全员、砌筑工6个工种的比赛，各工种决赛分别在南京、沈阳、宝鸡、郑州等地陆续展开。

据统计，5年来，参加基层企事业工会开展的劳动和技能竞赛的职工达5.2亿人次，提出合理化建议6224.6万件，实现技术革新349万项。

特别值得注意的是，5年来，581.3万人次的职工通过技能竞赛提升技术等级。《中国工人》发现，在全国大赛的推动下，劳动和技能竞赛已经成为各省市、各企业、各班组激发职工活力和提升职工技能的主要手段之一。从省级技能竞赛到企业岗位练兵，与技术技能相关的比赛形式多样且持续不断。

正因如此，中国工会十七大报告中既肯定了过去5年劳动和技能竞赛取得的成绩，又对其未来5年的工作提出要求。报告提出，围绕高质量发展深化劳动和技能竞赛。完善以企业岗位练兵和技术比武为基础、以国家和行业竞赛为主体、国内竞赛与国际竞赛相衔接的劳动和技能竞赛体系，丰富竞赛的领域、内涵、方式、机制，突出竞赛的时代特征、区域特色、行业特性和单位特点，积极探索在新产业新业态新组织中开展竞赛，提升职工参与率和受益度。

从3年一届的全国职工职业技能大赛来看，历届比赛的工种设置都延续了新老结合的特点，既有传统的“老”赛项，又有符合时代发展的“新”赛项。今年，各工种决赛的裁判组中还有行业知名技能大师，出战的各省市代表队也聘请了顶尖大国工匠担任教练。

当好主人翁、建功新时代。青年技术工人的成长离不开劳动和技能竞赛的平台，产业工人队伍的提素也与劳动和技能竞赛紧密相连，更重要的是，各级工会通过开展劳动和技能竞赛，为广大职工在推动国家经济社会发展中建功立业搭建了重要舞台。

从一线到奖台，看似遥远的距离却能在工会的搭台下，步步实现。未来，劳动和技能竞赛将同产业工人队伍建设改革一道，在助推高技能人才成长的过程中，相辅相成，共同作用。

⊙ 关键词：大国工匠

刮起工匠精神“龙卷风”（5次）

习近平总书记在同全国总工会新一届领导班子成员集体谈话时强调，大国工匠是职工队伍中的高技能人才。工会要协同各个方面为劳动模范、大国工匠发挥作用搭建平台、提供舞台，培养造就更多劳动模范、大国工匠。

5年来，全国总工会在叫响做实大国工匠品牌的行动上，从未间断过。从钻研航空发动机制造技术 20 年，走上国家科学最高领奖台的车工洪家光，到参与港珠澳大桥项目建设 7 年，用双手实现沉管零误差零缝隙的“深海钳工”管延安，他们的故事不断出现在电视中，出现在校园里，出现在网络上。

一批又一批的大国工匠用真实的人生，全景展现了劳动最光荣、劳动最崇高、劳动最伟大、劳动最美丽的理念，深入诠释了辛勤劳动、诚实劳动、创造性劳动的内涵。

中国工会十七大要求，持续开展学习宣传先进模范和大国工匠系列活动，广泛宣传劳模和大国工匠先进事迹，厚植工匠文化，大力弘扬劳模精神、劳动精神、工匠精神，让诚实劳动、勤勉工作蔚然成风。

下一步，全国各级工会将从多角度、多层面讲述劳模和工匠故事，并积极运用全媒体，多形式展现劳模和工匠精神。

今年 7 月，为充分发挥先进模范人物的示范引领作用，培育造就更多工匠人才，全国总工会和中央广播电视总台联合启动了 2018 年“大国工匠年度人物”发布活动。10 位“ 大国工匠年度人物”即将在明年年初揭晓。一场弘扬劳模精神、劳动精神、工匠精神的“龙卷风”即将袭来。人们对工人和劳动的价值认定将重回巅峰。

⊙ 关键词：职工书屋

让“悦读”无处不在（3 次）

今年 3 月，青海省总工会在为 31 万名职工开通阅读账号的基础上，又为基层工会发放了 70 万张电子职工书屋阅读卡，并通过开通微信端、设置阅读触屏等配套方式，率先在全国实现百万职工电子书屋全覆盖，真正实现了“一人一书屋，无处不阅读”的建设目标。

职工书屋的建设脚步从未停歇。目前，各基层企业、工业园区、项目工地已建成职工书屋 10 万余家，辐射职工 6000 万人以上。与此同时，还开通了全国工会电子职工书屋平台，让“阅读”到“悦读”的距离又进了一步。

今年，中国工会十七大报告无论是对过去 5 年工会工作的总结，还是对今后 5 年工会工作目标任务的部署，都重点提及了职工书屋建设情况，其重要性不言而喻。同时，习近平总书记同全国总工会新一届领导班子成员集体谈话时，提出要发挥职工书屋等宣传阵地作用，建设健康文明、昂扬向上、全员参与的职工文化。所有这些，都对职工书屋建设提出了更高要求。

《中国工人》记者到浙江杭州、嘉兴和宁波等地采访时发现，阅读已经成为职工休闲时不可缺少的重要部分。

走进宁波市凌云职工文化活动中心，职工书屋、书画创作室、舞蹈室和羽毛球场等14个功能场所一应俱全。其中，职工书屋面积250平方米，馆藏图书8000余册。活动中心负责人周文告诉《中国工人》记者："凌云公寓周边企业200余家，辐射职工2万余名，职工的受教育程度高，对精神文化的需求也高。"凌云职工书屋开办两年以来，累计接待群众2万余人次，日均达到百人次，以书屋为平台开展各类文化交流活动80余场，逐步形成了凌云职工书屋建设特色。

以健康文明、昂扬向上、全员参与的职工文化，引导职工践行社会主义核心价值观。未来，职工书屋将融合更多文化元素，形成集读书、沙龙、影音等多功能于一体的文化空间，成为提升广大职工素质、丰富职工精神文化生活、促进职工文化和企业文化建设的重要平台。

你好，副主席

——一线劳动者进入工会领导机构纪事

文/李　瑾

2018 年 10 月 25 日，京西宾馆。

中华全国总工会第十七届执委会第一次全体会议现场，又一次响起如潮的掌声。

根据《中国工会章程》规定，第十七届执委会委员以无记名投票方式，选出中华全国总工会主席、副主席和主席团委员。

郭明义、巨晓林、高凤林的名字，出现在最终公布的 15 位中华全国总工会副主席名单中。

此前，在人民大会堂进行的中国工会十七大唯一一场大会选举中，这 3 位来自生产一线的劳动者顺利入选由 283 名委员组成的中国工会第十七届执行委员会。

毫无疑问，这是本次工代会得到社会广泛关注的热点之一。全国总工会新闻发言人王晓峰就此表示，郭明义、巨晓林、高凤林当选副主席，将进一步增进工会工作的群众性。

从工会十六大到工会十七大的 5 年里，越来越多的一线劳动者进入各级工会组织的领导机构，成为中国工会深入推进改革创新的重要举措。

⊙ 历史一步

回看5年前的那一个日子，很多今天的现实或许在当初已蕴含着答案。

2013年4月28日，长安街边的全国总工会机关大楼，迎来了中国工运历史上的璀璨时刻——党的最高领导人第一次走进中华全国总工会的机关大楼。中共中央总书记、国家主席习近平走进6楼会议室，65名劳动模范如潮的掌声瞬间响起。

新华社当天播发的新闻通稿显示，共有9位劳模代表在这次座谈会上发言，其中包括“当代雷锋”郭明义。

当时在场的相关人员向《中国工人》杂志记者描述，习近平认真倾听，不时插话同大家交流，座谈会气氛十分活跃。

在新华社记者李斌采写的座谈侧记里，有这样一段关于郭明义的文字——

“总书记提出的中国梦，与每个人的梦紧紧相连。我个人的梦想就是要做一名好工人，做一个有利于人民的雷锋传人。”鞍钢矿业公司齐大山铁矿生产技术室采场公路管理员郭明义讲述起爱岗敬业、奉献社会、带动更多人的故事。

在他发言后，总书记关心地问：“明义同志，你这样献血，对健康有没有影响？”“目前看没有，去年还献了3次血。”总书记关切地叮嘱他“要注意身体”。

正是在这次座谈会上，习近平特别强调，工人阶级是我国的领导阶级，是我国先进生产力和生产关系的代表，是我们党最坚实最可靠的阶级基础，是全面建成小康社会、坚持和发展中国特色社会主义的主力军。

习近平同时指出，全心全意依靠工人阶级不能只当口号喊、标签贴，而要贯彻到党和国家政策制定、工作推进全过程，落实到企业生产经营各方面。

细心的人们注意到，45天前，十三届全国人大一次会议第四次全体会议以无记名投票方式，选出由161人组成的全国人大常委会。山东青岛前湾集装箱码头有限公司工程技术部固机经理许振超，连任全国人大常委。

习近平同全国劳动模范代表座谈时发表的重要讲话，在工会系统引起强烈反响。4 月 29 日，中华全国总工会发出通知，围绕学习宣传贯彻习近平总书记重要讲话精神进行部署。

这份全文 3600 余字的通知，明确提出要以改革创新精神加强工会自身建设，不断增强党的阶级基础、扩大党的群众基础、巩固党的执政地位，“要用讲话精神统领工会十六大筹备工作”，充分体现党中央对工会工作的新要求。

2013 年 10 月，中国工会十六大在北京开幕。许振超和郭明义的名字，出现在新一届执委会委员的候选名单中，并顺利当选。

10 月 21 日，经过中华全国总工会十六届一次执委会议选举，许振超、郭明义当选全国总工会兼职副主席。

当时公布的中国工会领导机构成员简历显示，许振超、郭明义均为来自生产一线的劳动模范。

许振超为 1950 年 1 月生，时任十二届全国人大常委，青岛前湾集装箱码头有限责任公司工程技术部固机高级经理。

郭明义为 1958 年 12 月生，时任十八届中央委员会候补委员，鞍钢集团矿业公司齐大山铁矿生产技术室采场公路管理业务主管。

现任中央党校（国家行政学院）副校（院）长的谢春涛，当时曾这样评价许振超、郭明义的当选：“他们成为工会最高领导机关的成员，可以更准确、更直接地反映职工群众的意愿和诉求，进一步增强工会工作的群众性。”

当选兼职副主席后，许振超表示要加强学习，尽快熟悉和掌握工会工作业务知识，更用心地了解各行各业职工群众的思想、工作和生活情况，发挥自身优势，努力为广大职工讲话办事，同时带头学习先进技能，提升自身素质，保持工人阶级先进性。

郭明义则说自己“心里沉甸甸的”，还是希望大部分时间能继续留在鞍钢工作，因为“鞍钢有我最亲爱的工友，有我的爱心团队，我要继续倾听职工最真实的声音”。

6 天以后，前往鞍钢采访的记者在齐大山铁矿见到了郭明义，头戴红色安全帽，身穿橘黄色安全警示服，“还是以往的那身装束”。

但是，对于中国工人阶级和中国工会而言，历史的一步已经迈出。

⊙ 改革深化

在许振超和郭明义成为全国总工会兼职副主席的那一年，51 岁的巨晓林还是中国中铁电气化局集团第一工程有限公司接触网六段一队 613 班组的技术员。

然而，在中国数以亿计的农民工中，巨晓林显然是名声最响的人。从全国劳动模范、高级技师到中华技能大奖获得者，这位原本普通的农民工成长为知识型技术工人的楷模，直至当选为党的十八大代表。

此刻，中国工会领导机构的大门，静静地迎候着中国农民工的代表。

2015 年 7 月 6 日，为期两天的中央党的群团工作会议在北京召开。由党中央召开党的群团工作会议，在党的历史上还是第一次。

正是在这次会议上，习近平总书记指出，"新形势下，党的群团工作只能加强、不能削弱，只能改进提高、不能停滞不前"。他特别强调，要坚持眼睛向下、面向基层，改革和改进机关机构设置、管理模式、运行机制，更多把普通群众中的优秀人物纳入组织。

16 天后，中央全面深化改革领导小组办公室下发通知，决定在全国总工会开展中央群团机关改革试点，两个月内制定出改革方案，争取在一年时间内取得可复制可推广的经验。

很快，《全国总工会改革试点方案》制定完成并审议通过。

11 月 24 日，新华社播发全国总工会负责人就全国总工会改革试点答记者问。在回答"这次改革对改进工会领导机构人员构成和全国总工会机构设置有哪些措施"时，全国总工会负责人明确表示，要"在本届全总执委会委员及主席团成员中，分别提高劳模和一线职工比例，全国总工会领导班子中增设农民工兼职副主席和挂职书记处书记"。

工会大楼的改革气息，让巨晓林代表亿万农民工走上历史的前台。

2016 年 1 月，全国总工会十六届四次执委会议在北京举行。

1 月 17 日，54 岁的巨晓林以农民工的身份，当选全国总工会兼职副主席。

敏感的新闻媒体以超出以往补选副主席的报道篇幅，把巨晓林的当选和全国总工会改革试点连在一起，给予了热情洋溢的评价。

北京知名时政新媒体“长安街知事”称：“一位农民工进入全国总工会最高领导班子并成为副主席，正是落实中央改革要求的生动案例”，并预见“未来会有各行各业的‘巨晓林’进入工青妇等群团组织的领导层”。

巨晓林当选全国总工会兼职副主席时，恰逢北京市人大会议召开。丰台区代表团首场小组讨论会开始前，会场最中间的位置被空了出来，区长冀岩主动坐到空位的旁边。

代表们疑惑之际，主持人建议全场鼓掌祝贺巨晓林当选为全国总工会兼职副主席，并坚持邀请他坐到专门空出的中间位置。

巨晓林当选以后，全国总工会领导班子中的劳模和一线职工、农民工达到 3 人。如何充分发挥这些劳模兼职副主席的作用，成为全国总工会改革试点工作的重要环节。

在中国工人出版社公开出版的《全国总工会改革试点制度文件与释义》一书中，收录了全国总工会 2016 年 5 月印发的《关于充分发挥全国总工会劳模兼职副主席作用的暂行办法》。

《中国工人》杂志记者注意到，这一暂行办法共分 13 条，主要包括 3 个方面内容，一是对劳模兼职副主席的总体要求，二是充分发挥劳模兼职副主席作用的有关规定，三是提供的相关保障。

暂行办法第一条明确规定：“劳模兼职副主席不脱离本职岗位，不配专职秘书、不配专车、不配专用办公室，永葆普通劳动者本色。”

暂行办法同时明确规定，及时向劳模兼职副主席送阅副省（部）级党员领导干部阅读的文件，每年安排参加两次跨省区、跨行业的调研活动，在全国总工会机关安排集体办公室，安排专门人员做好服务工作。

据悉，这一暂行办法的制定，是根据全国总工会领导同志的指示精神进行的，结合了《中华全国总工会第十六届主席会议工作规则》等制度规定，并报全国总工会党组会议审议通过。

至此，劳模和一线职工、农民工进入全国总工会领导班子已经形成制度，成为中国工会改革创新的特色亮点。

⊙ 新鲜气象

中国工会具有的完整组织体系，“以上率下”的工作机制，决定了劳模兼职副主席将在不同层级工会的政治架构里普遍出现。

事实上，在就改革试点答新华社记者问时，全国总工会负责人已经明确表示，要在本届各驻会产业工会全委会分别增设兼职副主席。

依据《全国总工会改革试点制度文件与释义》透露的情况，7个驻会全国产业工会全部配备了兼职副主席，总人数达到14人。

与此同时，截至2016年12月31日，北京、天津、山西、内蒙古、辽宁、黑龙江、上海、福建、河南、湖北、重庆、四川、云南、山西、甘肃15个省（区、市）总工会配备了20名劳模兼职副主席。

2018年10月，中国工会十七大在北京召开，郭明义、巨晓林连任全国总工会兼职副主席，高凤林新任全国总工会兼职副主席。

68岁的许振超没有进入新一届中国工会领导机构。此前，在结束连续两届全国人大常委任期后，他被全国人大任命为第十三届全国人民代表大会社会建设委员会委员。

就在中国工会十七大召开之前，全国多个省级工会进行换届，更多的劳模兼职副主席出现在省级工会领导机构中。

《中国工人》杂志归集整理的资料显示，第十七届全国总工会执委会名单里，就包括安徽省总工会兼职副主席许启金，云南省总工会兼职副主席耿家盛，新疆维吾尔自治区总工会兼职副主席肉孜麦麦提·巴克。他们和高凤林一样，都是首次进入中国工会领导机构。

劳模兼职副主席的出现，正在进一步增强中国工会各级组织的广泛性和代表性。他们参与工会领导班子集体决策，联系职工群众反映意见诉求，加强对职工群众思想引领。

这些特殊的工会领导人分赴各地进行的调研活动，也得到当地党政主要负责人的高度重视。依据《青海日报》的报道，时任青海省委书记骆惠宁在西宁会见了全国总工会兼职副主席郭明义，对郭明义来青表示欢迎和感谢，并简要介绍了青海的省情。

更为引人注意的是，全国总工会、全国产业工会、省级工会劳模兼职副主席当选党的十九大代表，俨然成为中国政治生活的新鲜气象，郭明义更是连续当选中央候补委员。

北京的新闻媒体曾经注意到，中央电视台新闻联播报道十八届六中全会的画面显示，在总书记习近平参加的分组讨论中，中央候补委员、全国总工会兼职副主席郭明义发言。

电视画面显示，郭明义坐在国家税务总局局长王军身旁，穿着浅灰色工装，戴着眼镜，还准备了一份发言稿。

中央电视台播报的党的十九大电视报道中，全国总工会兼职副主席巨晓林的镜头亦有出现。

其时，十九大“党代表通道”采访活动在人民大会堂中央大厅北侧举行。

有记者问：“您对如何维护农民工群体权益有什么想法？”

巨晓林回答：“工会组织一定要带头宣传好《劳动法》和相关政策法律，一定要多了解农民工的心声、意见和建议，一定要会同监督部门深入工地和企业做好监督工作。”

和郭明义、巨晓林一道出现在党的十九大会场的，还有更多来自全国产业工会和省级工会的劳模兼职副主席，包括何桂琴（中国教科文卫体工会），王进（中国能源化学地质工会）、薛莹（中国国防邮电工会）、邓建军（中国财贸轻纺烟草工会）、徐文华（天津市总工会）、李万君（吉林省总工会）、李斌（上海市总工会）、许启金（安徽省总工会）、黄久生（河南省总工会）、康厚明（重庆市总工会）和耿家盛（云南省总工会）等。

在全国总工会十六届执委会九次会议上，全国人大常委会副委员长、中华全国总工会主席王东明特别强调，要围绕保持和增强政治性、先进性、群众性，以更大力度、更实举措推进工会改革创新。

《中国工人》杂志同时注意到，在中国工会换届前后，共青团中央和全国妇联也先后完成换届，选举产生新一届领导班子。在以“眼睛向下、面向基层”为方向的群团改革背景下，多位基层和一线干部进入共青团中央和全国妇联领导机构。

由此而言，如果站在更高的层面看，郭明义、巨晓林、高凤林进入中国工会领导机构，意味着中国工会的改革创新正在继续深化。

或许，我们还可以这样判断，在全国总工会开展中央群团机关改革试点所取得的经验，正在复制和推广。

特　稿

所有前行者的精神财富，

都让我们拥有更多的勇气。

改革时间　我们和我们的时代

文 / 李　瑾　图 / 于文国

1978 年 1 月，深冬的北京。

凛冽的西北风夹杂着纷飞的雪花，扑向灰蒙蒙的低矮楼群。破旧不堪的四合院里，炊烟伴随着煤饼燃烧的味道，弥漫在行人寥寥的陋巷。

这一年的《人民日报》，继续刊登着“抓纲治国”的报道。甚至在它刊登的北京电视台节目预告表里，依然不乏这样政治化的词汇。

依照这份提前刊出的节目安排，1 月 21 日 18 时 35 分，北京电视台（*4 个月后的 5 月 1 日，才更名为中央电视台*）播出了电视新闻专辑《抓纲治国初见成效》。

坚冰尚未解冻，贫瘠的中国大地显得焦躁不安，仿佛在等待着梦醒时刻。

5 月 11 日，《光明日报》发表特约评论员文章——《实践是检验真理的唯一标准》。石破天惊，桎梏思想的樊篱溃决了第一道关口。

12 月 18 日，北京。历时 5 天的中共十一届三中全会，悄然开幕。

同一天晚上，安徽凤阳小岗生产队里，18 户没有外出要饭的农民秘密集会，决定包产到户，连夜丈量土地，抓阄分牲畜、农具。17 个农民的指印和 3 个图章落在保证书上——“我们干部作（坐）牢杀头也干（甘）心、社员保证把我们的小孩养活到十八岁”。

1986 年 10 月，宝钢一号高炉炉前工在炉前合影

12月22日，十一届三中全会闭幕。中华人民共和国成立29年以后，中国共产党终于完成了具有深远意义的伟大转折，中国改革开放的历史新时期由此开启。

浪潮席卷而来，没有谁能够置身其外。

我们和我们的时代，就这样进入波澜壮阔的改革时间。

⊙ 假如还有来生

1978年，改革开放的曙光照亮祖国山河。

这一年，吴运铎回到了自己钟爱的工作岗位，担任五机部第二十研究院副院长、副总工程师。党组织给他的政治结论是在“文化大革命”中立场坚定，“一切罪名纯属陷害”。

炸断四根手指，炸瞎了左眼，身上留下了大大小小的无数伤疤……所有的这一切，都无法让这位“中国的保尔”放弃为党工作的执念，他忙碌起来依然像战争年代一样“疯狂”。

这一年，82岁的戎冠秀第五次当选全国人大代表。得知消息的那一晚，老人激动得彻夜难眠：“我还不老，要跟上年轻人的脚步，一起建设四个现代化。”戎冠秀永远不会缺少革命者的激情。每天清晨，这位全国劳动模范都会背起粪筐去拾粪。在她看来，“劳动可不是一般的事情，它是一个大事情”。

这一年，71岁的马恒昌还是住在那处灰白外墙的平房里。房子紧邻公共厕所和垃圾堆，下水道常常堵塞，雨天泥泞不堪，冬天污水成冰。

此时，马恒昌已经担任了13年全国人大常务委员会委员。但是，在这位曾经叱咤中国工业战线的全国劳动模范身上，工人阶级的本色依然生动而鲜明。

这一年，张秉贵还站在他最钟爱的糖果柜台。从“一抓准”到“一口清”，这样的“一团火”成为北京百货大楼的传奇，如同春风传递给南来北往的每一个人。

在北京，张秉贵是最受尊敬的人。公共汽车上，买过糖的乘客主动给他让座。公共浴室里，素不相识的人主动为他搓背：“我是您的顾客，今天就让我为您服务一次吧！”

这是改革开放的第一年，打破坚冰正在让中国的发展面临“惊险的一跃”。无论是吴运铎、戎冠秀、马恒昌还是张秉贵，或许都没有意识到一次伟大的改革正在慢慢发生。然而，他们都在用自己生命的最后时光，继续着对祖国的忠诚。

1985 年 5 月，马恒昌第一次抗拒了组织上的决定，坚持离开友谊医院，乘上北京到齐齐哈尔的火车。他说：“北京不能再待了，花钱太多了，那都是工人的血汗钱啊！”

两个月后，马恒昌因癌症医治无效去世。临终时，他的眼角流出两颗热泪，并没有留下遗言。

1987 年 5 月，张秉贵胃穿孔大出血，被紧急送进医院，诊断发现癌细胞已经大面积扩散。他说：“我这一辈子，在柜台上用尽了全部的力气，可以画个圆满的句号了。”

139 天后，张秉贵去世，安葬在八宝山革命公墓。

1988 年 1 月，戎冠秀病重住院。康克清赶到病床前执手相望，聂荣臻专门送去一束蓝色的勿忘我。弥留之际，老人神志恍惚：“孩子们，好好养伤，养好了消灭敌人。”

1989 年 8 月 12 日，戎冠秀去世。她用自己的一生，诠释着中世纪意大利诗人但丁的名句——“世界上有一种最美丽的声音，那便是母亲的呼唤”。

1991 年 5 月 2 日，吴运铎因肺心病复发抢救无效，停止了呼吸。几个小时前，他还接待了三批来访者。在与死神抗争的最后日子里，他无比眷恋着党和祖国：“假如我有来生来世，我还要把一切献给党！”

今天，戎冠秀的故事依然在被人们传诵，张秉贵的半身铜像静静矗立在北京王府井大街，以马恒昌命名的班组始终是劳动者的标杆和旗帜。当然，还有吴运铎留下的那一句话——“在困难面前退却的人，从来不可能成为生活的强者”。

这些感动中国的劳动榜样，就这样离开了沸腾的生活。如果把中国比作一列开往富强美好的列车，他们已经无法欣赏愈加绚丽的风景。

但是，所有前行者的精神财富，都让我们拥有更多的勇气，迎接改变中国的凤凰涅槃。

⊙ 做最好的工匠

1980年，技校毕业生李斌成为上海液压泵厂的一名青工，他最大的梦想就是“学一手好技术，当一个好工人”。

没有人能够想到，这个憨厚的小伙子能够荣获国家科学技术进步二等奖。更没有人想到，23年后会有“李斌技师学院”的诞生。

这时的中国，“喇叭裤”已经悄然流行。每个傍晚，提着录音机的青年人都会涌进公园，在飞扬的尘土中跳起迪斯科舞。美国合众国际社发自广州的报道称中国人开始关心如何得到手表和电视机。澳大利亚旅行者对于中国的感受是：“简直像退回到20世纪20年代，他们太穷了”。

但所有的物欲和时尚似乎都与李斌无关。李斌就像一颗螺丝钉，牢牢地钉在生产第一线，成为驯服进口机床的优秀技术工人。老厂长禁不住连声夸赞：“有一个李斌，工厂就可以起步；有10个李斌，企业就能振兴。”

2016年3月，十二届全国人大四次会议上海代表团会场，全国人大代表李斌第四次和习近平总书记一起审议政府工作报告。李斌说：“提升技术工人的技能刻不容缓。”习近平回复：“我们要想办法调动一线工人、制造业工人、农民工的积极性。”

5个月后，根据中央全面深化改革领导小组要求，全国总工会牵头相关部委开始研究制定《新时期产业工人队伍建设改革方案》。中国技术工人的命运，由此变得更加光明。

在上海，包起帆的名声丝毫不逊于李斌。他的左手大拇指有一道深深的伤疤，那是在上海港务局码头当装卸工时被钢丝绳划伤留下的印记。中国工业水平的整体落后，使得成千上万的一线劳动者只能用手去进行危险的操作。

李斌走进工厂的那一年，在连续14个小时飞行1.1万公里后，一架巨型蓝白灰三色宽体客机降落在北京机场。后来的报道说，“这是中国以每架1.56亿美元的价格购买的3架波音747SP巨型喷气式客机中的第一架”。

1 | 2
  | 3

1 1991 年 12 月，上海证券交易所门外，一位股民用望远镜隔着玻璃远眺大厅内电子屏幕上随时刷新的股票交割信息

2 1992 年 2 月 16 日，上海柴油机厂举行签订劳动合同大会

3 1994 年 5 月 22 日，上海第一家民企工会在一片爆竹声中正式挂牌亮相

腾空而起的波音747客机，让包起帆和每日劳累的工友们对现代科学技术目瞪口呆，深切感受到落后生产力带来的刺痛。1981年，亲眼看到3位工友死在木材装卸作业现场后，30岁的包起帆暗下决心，要靠科学文化知识把工友的生命从“虎口”里夺回来。

3年后，一套完整的木材抓斗装卸工艺系统诞生，从此工人不再需要直接捆扎木材，包起帆也被大家亲切地称为“抓斗大王”。

1994年，包起帆报告会走进中南海，这位工人发明家的名声愈加爆红中国。千般显赫，他的创新之路却从不停歇。他用自己的17项发明金奖，去鼓舞每一位普通的劳动者：“我们可以没有学历、资历和背景，但只要努力学习、用心做事，照样能够取得成功。”

包起帆名扬中国的时候，窦铁成还只是中铁一局电务公司一名普通的电务工。初中文化程度的“先天障碍”，丝毫没有影响他最终成为技术的强者。

1999年，单位财务部门配备了办公电脑。窦铁成请求财务人员，“晚上帮你们看着办公室”。多少个不眠之夜过后，他终于学会了直接用电脑设计绘制技术图纸。

2008年，窦铁成的事迹传遍中国。人们记住了这位饱经沧桑的汉子说的一句话：“最优秀的人永远在超越自身，奉献他人。在生命本质的最高层面上，工人和哲学家没有差别。”

7年后，中央电视台播出8集系列节目《大国工匠》。这部充满主旋律的电视专题片所讲述的劳动者，没有进过名牌大学，没有拿过显赫文凭，只是在平凡的岗位默默坚守，追求职业技能的完美和极致。普通劳动者的极致精神和非凡技艺，令人折服，并迅速引发社会巨大关注，热度持续不退。

2018年，在工会组织的全力推动下，“大国工匠”成为中国社会最耀眼的“劳动明星”。打开人们常用的那款浏览器，输入“大国工匠”一词，可以搜索到149万个网页。改革开放40年造就的诸多新词汇中，它是最耀眼的那一个。

⊙ 为爱义无反顾

改革开放首先意味着思想的解放，意味着旧有的价值体系必然遭遇汹涌的冲击。

1979年3月，《诗刊》杂志公开发表北岛的朦胧诗《回答》——“卑鄙是卑鄙者的通行证，高尚是高尚者的墓志铭。看吧，那镀金的天空中，飘满了死者弯曲的身影”。

这段诗句中的叛逆意识，震撼着正在学习思考和判断的一代人。他们尝试用“黑色的眼睛”去“寻找光明”，在黎明初现的天空发现答案。

这一年9月，在毛泽东逝世3周年纪念日前夜，新华社播发了毛泽东1956年8月24日对音乐工作者的谈话全文。毛泽东认为，中国应当学习外国的东西，“非驴非马也可以”。

不同思想的碰撞，让容易躁动的年轻人陷入迷茫。1980年5月，《中国青年》杂志发表潘晓来信《人生的路啊，怎么越走越窄》，直言“任何人，不管是生存还是创造，都是主观为自己，客观为别人”。6万多封读者来信涌入北京，引发了一次人生真谛的大讨论。

远在长春的蒋筑英显然没有参加这次讨论，这不仅仅是因为他的时间已经全部被科研工作填满，更因为他早已找到了中国知识分子应有的信仰——“人的生命是有限的，党的事业是永存的。要看到国家的需要，要为国家解决实际问题”。

在科学的春天里，蒋筑英的理想展翅翱翔。作为长春光机所的业务骨干，他接连被派往欧洲学习。第一次出国，他把半年省吃俭用结余下来的外汇，为所里买了一台英文打字机、一部录音机和20部电子计算器。他似乎忘记了，他的家只有14平方米，挤着两代4口人。当然，他更忘记了自己一直梦想有一张书桌，这样就可以不用再趴在床板上研究课题。

生活简陋少人问津，理想依旧无比坚定。那个年代的知识分子，就这样孤傲地挺直脊梁。

当蒋筑英的名字成为中国知识界颂扬的榜样时，邓稼先依旧在罗布泊过着枯燥的科研生活，日复一日。这位最终签字确定中国原子弹设计方案的人，在学术刊物和科研联络中消失，甚至连妻子也不知丈夫究竟在执行什么样的保密任务。

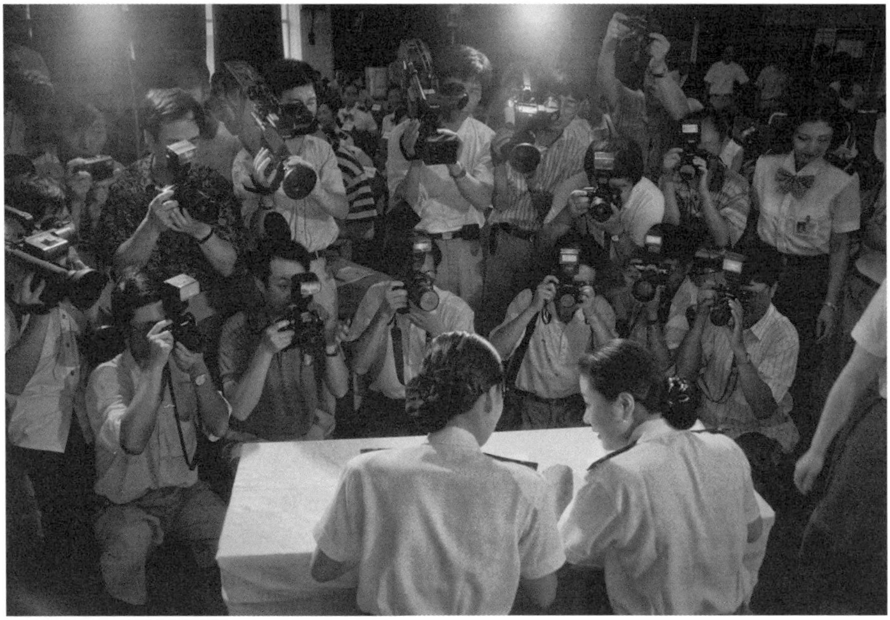

1/2

1 1995年1月，从5万名纺织女工中脱颖而出的18名女工被培训后在上海虹桥机场举行登机仪式

2 1997年4月29日，北京人民大会堂湖南厅，全国劳动模范、全国先进工作者和全国五一劳动奖章获得者的代表，列队等待党和国家领导人的接见

空投预试，降落伞没有打开，弹体摔碎了。邓稼先在荒漠中找到残骸，仔细检验碎片。然后，他拍下了自己的第一张工作照。他知道，严重的放射性侵害已经发生。

1985 年 7 月，邓稼先离开罗布泊回到北京，被确诊为直肠癌。他无力地倒在病床上，平静地告诉妻子："我知道这一天会来的，但没想到它来得这样快。"

1986 年 7 月 16 日，邓稼先被授予全国五一劳动奖章。13 天后，他全身大出血，不幸去世，终年 64 岁。张爱萍将军赋词悼念："君视名利如粪土，许身国威壮河山。"

此时此刻，蒋筑英已经离开人世 4 年。4 年前的一次科研出差，让这个身高一米八的"大个子"倒在了成都。离开长春的时间是凌晨 5 点，即便这样早的行程，他还是没有忘记给妻子做好早饭，没有忘记为孩子煮两个鸡蛋。

成都医院持续 20 个小时的抢救，没有挽回蒋筑英的生命。医生们觉得简直不可思议，这位患有化脓性胆管炎、败血症、急性肺水肿的危重病人，在抢救前竟然已经没日没夜连续工作了两天。

27 年后，93 岁的吴大观开始了同死神的最后抗争。依靠视力只有 0.3 的右眼，这位中国航空工业和航空发动机设计研制事业的主要创始人，研发成功中国第一台喷气发动机和第一台涡扇发动机。中国的航空发动机水平，终于穿越黑暗、迷雾和险滩，站到了世界的前台。

2009 年 3 月 18 日，吴大观永远闭上了眼睛。生前，他用 10 万元积蓄交了最后一次党费。他当年的办公室被保留下来，一张老式的写字桌，一个放大镜，一把计算尺，一幅巨大的发动机研制图。它们默默地停留在那里，留住了那段激情燃烧的岁月。

中国的改革开放是一次前所未有的长征。包括邓稼先、吴大观、蒋筑英在内，每一位充满理想主义的知识分子，都在为着现代化的未来拼命奔跑。虽然最终他们无力倒下，但依然化成一座精神的丰碑，默默矗立在这个国家的来路，深情地祝福着我们，祝福着之后的时代。

⊙ 底层的清贫者

中国社会的很多进步，尽管属于历史的必然，却往往显现为源自偶发的人物和事件。

1982年的蒋筑英之死，让更多中国科研工作者的生存状态得到强烈关注。人们惊呼："为什么不能让他们工作和生活得好一些？"聂荣臻、方毅、胡乔木先后公开表态，呼吁彻底肃清"左"的影响，真正落实知识分子政策。

一束无声的永恒之光，带来了有声有色的世界。随着改革开放的进行，中国知识分子的命运迎来了又一次转折，他们开始拥有平等、体面的生活。

1984年，带着中科院计算所的20万元，柳传志创立联想公司。如今，这位74岁的全国劳动模范依然名震江湖，"大概拥有联想集团不到1%的股份"。最新的《财富》世界500强排行榜中，联想集团排名第240名。

但是，生活的路途不会让所有勤奋的人都得到财富的成功，拥有志向、能力和承担一切苦难的坚持并不意味着可以远离清贫。

1981年，马永顺从黑龙江省铁力林业局退休。伐木33年，这位中华人民共和国第一代林业工人一共放倒了3.65万棵大树。

"砍倒了多少棵，我就要补种多少棵"，这是马永顺的目标。到了退休的时候，还差8000多棵树没有栽上。这位退休工人二话不说，回到工作过的林场，10年义务栽树7000棵。

这时，马永顺已经78岁了，生怕有生之年栽不完最后的1000多棵树。于是，他组织全家19口人一起上山植树。进山路远，他从每月357元的退休工资里，大方地拿出200元租车费。到了山上，老人兴奋地喊起了号子。

同样有着造福自然理想的退休工人，还有在太原钢铁公司工作一辈子的李双良。1983年，当他退休时，最放心不下的是公司南门外那座足有5个天安门广场大小的渣山。

600多人，300多辆小平车，65部手扶拖拉机……当年的"五一"劳动节，李双良没要国家一分钱，带着队伍冲向7层楼高的渣山。第一个月，8万多吨废渣就被清走了，近4000吨废钢铁回收了。整整50年来，这座渣山第一次开始变矮变小。

治渣第10年的时候，渣场总资产达到2亿元。李双良放弃了2000万元的政策奖励，依旧领着每个月800元的退休工资。他内心安宁快乐，从不后悔自己的选择。

和马永顺、李双良同样立志恢复自然的，还有远在毛乌素沙漠边缘的王有德。

1985年，王有德来到宁夏灵武白芨滩防沙林场，被沙漠吞噬的良田、房屋和公路的景象深深震惊，由此立志，“要让沙漠绿起来”。

治一亩沙需要180元，国家拨款的补助费只有60元。每亩120元的缺口，王有德带着工友挣钱去弥补。在20多年人进沙退的搏斗中，王有德每年治沙造林3万亩，在毛乌素沙漠的西南边缘建起了一道45公里长、10公里宽的绿色屏障。

昔日那个皮肤白皙的年轻人再也看不到了，今天的王有德双手黝黑粗糙，老茧丛生，指甲缝里钻满了抠不出、洗不净的泥土。但是，他用自己的青春留住了绿色，留住了春光。

马永顺、李双良、王有德默默造福自然的那个年代，空气污染指数还远远没有走进中国人的生活，北京街头的落叶被扫在一起随手烧掉。华北大地的“五小作坊”扩散着毒气浓烟，洁净的河流呜咽着混入掺杂有害成分的生产废液。享乐的欲望像沙漠一样吞噬着躁动的人们，清贫者在世俗的眼光中成为无能的象征，占有财富、放纵欲望的冲动无法控制。

1984年4月，中国第一家西式快餐店义利快餐厅在北京开业，人们津津有味地品尝着汉堡包、热狗和法国炸土豆条。

4个月后，成千上万的人们从中国各地奔向佛山，抢购佛山信托投资公司公开发行的股票，以求从中国的最新一次资本实验中分得一份好处。

1985年2月，中国台湾歌手邓丽君的照片出现在《中国青年报》上。4月，英国最著名的威猛乐团亮相北京工人体育馆，唱的第一首歌曲是《在你摇摆起舞前请叫醒我》。

1988年8月，中国先后发生3次抢购商品和提兑存款的风潮，一些地方

1996年1月17日，辽宁鞍钢下岗人员进行再就业培训

的日用百货、粮油食品和金银首饰几乎被一抢而空，惶恐不安的银行储户则争相提取存款。

1990 年 12 月，中华人民共和国第一家证券交易所 19 日在上海正式对外营业，时任上海市市长朱镕基提醒世界，应当从这里感受到中国的开放政策不会改变。

1992 年 3 月，广东珠海率先重奖科技人员，高级工程师迟斌元获得 100 平方米住房、26.7 万元奖金和一辆奥迪轿车。继 1984 年和 1987 年以后，中国第三次经商浪潮动地而来。

……

这些时代的喧嚣，走在悬崖峭壁间的邮差王顺友无从知晓。从接过父亲传给自己的马缰绳开始，这位四川凉山马班邮路的乡邮员就安心于一个人、一匹马的生活，默默行走。

他总是孤身上路，没有人能分担近乎残酷的艰苦。山洞，牛棚，树林，雪地。每一年，王顺友独自行走的日子，都要超过 330 天。20 年，他没有延误过一个班期，没有挂失过一个邮件，相当于在雪域高原上走了 21 次“二万五千里长征”。

人们总是惊讶于明艳的鲜花，却习惯忽略那些默默无闻的绿叶和土壤。

改变历史命运的力量，离不开那些底层的清贫者。他们把自己羸弱的肩膀挨在一起，挺起脊梁和胸膛，支撑着共和国改革开放的根基。

⊙ 恪守初心之辈

1978 年，知青大批返城，宗庆后从农村回到杭州，在校办厂做推销员，郁郁不得志。

1986 年，42 岁的宗庆后开始创业，承包一家校办工厂。有报道说，“在被命运遗弃了大半生之后，宗庆后这次紧紧抓住了命运给予的一丝可能”。白天，他骑着三轮车送货。晚上，他给员工煮饭煲汤。

2007 年，宗庆后登上《福布斯》全球亿万富豪排行榜，以 11 亿美元位列第 840 位。2010 年，宗庆后更是以 70 亿美元位列第 103 位，位居中国内地第一。

今天，尽管互联网的神话已经把所有凭借实业起家的“首富”打落宝座，宗庆后的财富却依然令人瞠目结舌。但是，在娃哈哈的王国里，宗庆后还是那个为员工盖楼买房的“家长”，继续保持着每年除夕夜与员工共餐守岁的习惯。

宗庆后说过，他最看重的荣誉是全国劳动模范。从为自己创造财富，到为社会创造财富，这才是每一位成功者最清晰的前路。

改革开放给每一个人带来了不同的可能。这种超过以往任何时代的选择性，显然容易让人陷入迷失，忘掉了自己的初心。唯有那些意志坚定的人，才能始终恪守着初心的方向。

1980年，杨怀远主动辞去上海海运局轮船政委的职务，回到船上担任服务员，重新打起那根服务乘客的扁担。

1997年11月，杨怀远退休，留下的是6000多首服务顺口溜，40多万字的服务经验，还有天南地北的乘客写满47根扁担的赞誉。

17年间，企业领导和员工的收入差距不断拉大，一线劳动者的社会地位持续下滑。面对这些，杨怀远对于自己当年的选择，后悔过吗？迷茫过吗？失落过吗？

没有人知道答案。但是，人们可以相信的是，35个在轮船上度过的春节，1360个放弃的休息日，足以让一颗不忘初心的心，获得快乐和满足。

同样经历过岗位转换的，还有那位名声显赫的“铁姑娘”。

1980年9月，郭凤莲收到昔阳县委组织部的通知：“即日起调离大寨村，工资定为行政24级。”这一刻，她哭了，默默按照组织安排来到山西晋中果树研究所。

1991年，郭凤莲重新回到大寨，成为大寨村第8任党支部书记。

第二年年底，“中国大寨羊毛衫厂”在北京举行新闻发布会。郭凤莲说，经受时代浪潮冲击的大寨，不会忘记昨天，也不会看不到大寨的今天和明天。

这是社会转型的时代。欢呼与喧嚣，兴奋与躁动，眺望与迷惘，前行与阵痛……猝不及防，骤然而至。40年恪守初心之辈，在官衙，在乡野，是

“居之不倦，行之以忠”，是“清心为治本，直道是身谋”，是“埋骨何须桑梓地，人生无处不青山”。

1979年，33岁的邱娥国从部队转业，成为南昌市广外派出所的一名户籍民警。他把100多位居民的户口迁进南昌，却把80岁的母亲、5个兄弟和16个侄儿、侄女的户口留在农村。在户籍警的岗位上，他穿街走巷的行程达12万公里，日复一日，风雨如常。

1983年，从海军退役的张云泉进入江苏省泰州市信访局，从此把爱和同情送给上访群众，把恨和愤怒泼向霸道之徒。22年间，他的手指被咬得露出骨头，他的鼻腔被拳击到喷射鲜血，他的左眼视力更从1.5被打成0.15，但是，这位“一号接待员”却成了泰州的“青天”。

1988年，44岁的孔繁森准备第二次进藏工作。告别家乡的时刻，他为母亲梳完头，跪倒在地号啕大哭。他不知道这一走，快90岁的母亲还能不能等到他再回来。

6年以后，孔繁森在工作途中遭遇车祸，不幸遇难。噩耗传来，一直神志不清的母亲忽然对家人说：“俺三儿回来了，快点香！”

8.6元是孔繁森给母亲留下的财产。然而，数不清的哈达敬献在他的灵前，堆得像洁白的雪山。

1999年，桂希恩走进河南省上蔡县文楼村，带走了11支试管血样。回到武汉，11支血样中，竟然有10支被确认为艾滋病。他顶住压力，秘密前往北京报告真实状况。很快，中央派出艾滋病防治工作组来到文楼村，这里成为中国第一个免费治疗艾滋病的村庄。

2003年4月，世界卫生组织在北京举行新闻发布会。官方表态，“非典疫情已经得到控制”。钟南山直言：“什么现在已经得到控制？根本就没有控制！”SARS的真相由此揭开，这位讲真话的从医几十年的中科院院士，成为人们心中的英雄。

初心的力量，就这样鼓舞着那些有志者，传递温暖的善意，唤醒社会的良知。它让中国改革开放航船上的每一个人，彼此忠诚相拥，融合你我，永远相亲相爱。

2005年5月15日，武汉长江五桥桥顶正在休息的农民工。《经济日报》高级记者邓维问："参加过五座大桥建设的请举手！"结果，他们全都举了手

⊙ 跨世纪的迁徙

1995年1月，苏北睢宁。18岁的朱雪芹扛起铺盖，与家乡渐行渐远。

这一年，发源于1978年改革开放大幕初启时的农民工流动大潮，已经进入第17个年头。这个新的社会阶层正在希冀中经历磨难，在嬗变中等待淬火重生。

这一年，广东珠海一家外资企业里，韩国女老板咆哮如雷，120多位农民工含泪跪倒一片。来自南阳的打工者孙天帅宁死不跪，在辱骂声中丢掉了工作。

朱雪芹来到上海的11年后，中国农民工总量达到了1.3181亿人。在中国社会转型的特殊时期，他们就像大草原上迁徙的野马，奔向每一处哪怕只闪烁着最微弱希望之光的角落。

2007年3月8日，北京，人民大会堂。

正在举行的十届全国人大五次会议宣布，十一届全国人大代表选举中，“在农民工比较集中的省、直辖市，应有农民工代表”。

历史航行的巨轮，就这样又一次驶入一个重要的时间点。

2008年1月21日，广东省十一届人大一次会议举行第三次全体会议，佛山市三水区新明珠陶瓷集团销售员胡小燕成为全国第一个当选全国人大代表的农民工。

5天以后，重庆市三届人大一次会议举行第三次全体会议，重庆建工集团第一市政工程有限责任公司路面工程处农工班班长康厚明当选第十一届全国人大代表。

再过3天，已经从缝纫工成长为上海华日服装有限公司工会副主席的朱雪芹，和习近平一道出现在上海市十一届全国人大代表64人名单中。

当朱雪芹把这个消息告诉远在农村老家的父母时，老人喜极而泣。

2008年3月，十一届全国人大一次会议在北京举行。农民工胡小燕、康厚明、朱雪芹联袂亮相，以最高国家权力机关组成人员的身份走进人民大会堂。

在接受媒体采访时，朱雪芹特意穿上了浅灰色的职业套装。她说自己愿意用这种方式让农民工们知道，“知识可以改变命运”。

广东代表团的分组讨论会上，温家宝总理听完胡小燕的发言，忍不住对时任广东省委书记汪洋说：“这个代表选得好，你们看她讲得多慷慨激昂。”

从此，胡小燕在农民工眼里成了更耀眼的明星，甚至有人找她索要温家宝的电话。在北京开会的十几天里，月收入只有3000多元的胡小燕，竟然花了1500多元钱的电话费。她说：“我感觉全世界都在看着我。”

十一届全国人大代表履职期间，朱雪芹领衔提出1份议案，先后提出14份建议。就连最苛刻的西方记者都不得不承认，让农民工在中国最高权力机关表达利益诉求，中国民主政治的这次伟大尝试获得了成功。

5年以后，十二届全国人大一次会议即将开幕。这一届全国人大代表中的农民工代表，从上一届的3人增加到31人。朱雪芹当选连任，胡小燕成了一名公务员，康厚明则出现在全国党代会的会场。中国“草根阶层”的权利保障，日显高层次和多样化。

没有了胡小燕和康厚明的相伴，朱雪芹并没有感到孤独，因为还有30位新的农民工代表和自己站在一起。他们每个人的身后，都是一支庞大的外来务工者大军。

毫无疑问，利益群体多元化正在成为中国社会最重要的特征之一，不同群体利益的差别性与同一群体利益诉求的一致性，需要借助协商才能实现各方利益的最大公约数。

在国家最高权力机关这个平台上，一旦农民工全国人大代表真正成长起来，农民工与资本博弈的天平就不会再像以往那样倾斜，法律和决策的制定将会进一步公平和公正，中国农民工阶层的利益诉求才能得到更加直接有效的表达。

今天，胡小燕落户佛山，康厚明落户重庆，朱雪芹落户上海。在人生发展的通道上，他们都完成了自己的身份转型。在不远的历史转角处，千百万农民工都将像胡小燕、康厚明、朱雪芹一样落户城市，成为中国新型产业工人队伍中的一员。

2006 年 5 月 28 日，夜色中的北京鸟巢工地

中国农民工群体从产生、发展到融入的历史，就是中国改革开放和走向现代化的历史。

2.8亿中国农民工的未来，正在徐徐拉开新时代的大幕。

⊙ 走向光明未来

1984年10月1日，北京，天安门广场。

在80岁的邓小平身旁，簇拥着头发花白的老战士，他们和50万北京市民一起注视着6000名军人和武警从眼前走过，洲际弹道导弹和新型坦克首次亮相，94架军机在空中呼啸飞过。当群众游行队伍走过天安门时，大学生们用竹竿挑起这样一幅横标——“小平你好！”

2013年4月28日，北京，复兴门外。

这是中国工运历史的璀璨时刻——党和国家最高领导人第一次走进全国总工会机关大楼。习近平总书记向会议室里的65位劳动模范挥手致意，郭凤莲、窦铁成、郭明义等激情澎湃。

听完9位劳模代表的发言，习近平充满感情地说，人世间的美好梦想，只有通过诚实劳动才能实现；发展中的各种难题，只有通过诚实劳动才能破解；生命里的一切辉煌，只有通过诚实劳动才能铸就。

6个月后，中国工会十六大在北京举行，许振超、郭明义顺利当选中华全国总工会兼职副主席。中国政治的历史格局里，中国工人阶级又迈出了重要的一步。

来自青岛港的“金牌工人”许振超，是位吊车司机，他的岗位很普通，吊装货物的工作很单调。

然而，机会来了。2002年4月27日晚上，装载3400个集装箱的“地中海法米娅”货轮靠港，8台桥吊一字排开。在许振超的指挥下，桥吊队以339箱的出色成绩，一举打破了单船自然小时内336箱桥吊装卸的世界纪录。15个月后，这一纪录再次被刷新为381箱。

另一位全国总工会兼职副主席郭明义，同样有着自己的人生传奇。

1982年，郭明义复员转业，进入鞍钢矿山公司齐大山铁矿。他从部队带回来的纪念品，就是一本《雷锋的故事》。

27米高的牙轮钻，20米高的电铲车，6米高的电动轮汽车，这就是采场公路管理员郭明义的工作岗位。但是，在他的抽屉里还有140多张汇款单，那是寄给180多个希望工程孩子的学费。这些年来，他累计无偿献血近6万毫升，相当于一个正常人全身血液的10多倍。

当选全国总工会兼职副主席后，郭明义每月4000元左右的工资没变，每天提前2个小时上班的习惯没变，住房依然只有60平方米，女儿结婚时没有办一桌酒席。

郭明义不抽烟，不喝酒，能说一口流利的英语。当然，他也会玩麻将，也会玩“斗地主”。家人聚会，他也要跟着摸上几把。从1984年通过干部考试，他的行政级别长期不变，一直是最普通的科员。但是，付出的幸福，只有他自己知道。

在许振超和郭明义成为全国总工会兼职副主席的那一年，51岁的巨晓林还是中国中铁电气化局集团的一名技术员。

1979年，巨晓林高考落榜，在家务农。8年以后，他成为工地上的一名农民工，开始面对纵横交错的电杆和接触网，还有犹如天书的图纸。70多本工作笔记，230多万字的学习记录，最终让他成为电力接触网施工的“工人专家”。

2016年1月，中国工会改革创新的浪潮，把54岁的巨晓林推上历史的前台，以农民工身份当选全国总工会兼职副主席。作为兼职副主席，他没有秘书，没有司机，工资、奖金仍由企业发放，和过去一样还是6000余元。

2018年10月，“大国工匠”高凤林当选全国总工会兼职副主席，他的“出道”时间，其实远远早于许振超、郭明义和巨晓林。1996年，34岁的高凤林获得国家科学技术进步二等奖。3年后，高凤林受邀在中央电视台《实话实说》特别节目亮相，广被追捧。2006年，丁肇中教授主持的世界反物质探测器项目受困低温超导磁铁的制造，高凤林出手相助，难题迎刃而解。如今，他更成为中国最有名的为火箭焊接心脏的人。

40年，多少人无而有，生而死。

40年，多少事小而大，盛而衰。

40年改革开放，就这样改变着每一个普通的中国人。我们奋斗的样子，我们散发职业魅力的瞬间，我们闪耀人性光辉的时刻，都是这个伟大时代的印记。所有的细节汇聚起来，融合成波澜壮阔的历史画卷，成为中国故事足以打动人心的情节。

2003年10月15日，长征二号火箭尾部发出巨大的轰鸣声，总重487吨的火箭和神舟五号飞船腾空而起，中国人第一次飞向太空。有记者问："你在太空的时候有没有看到上帝？"杨利伟回答："我看到了——全国人民就是我的上帝。"

毫无疑问，中国的改革开放，就是改变中国命运的"上帝之手"。

这是影响中国未来的改革时间，它已经开始，永不结束。

这是写入中国历史的关键节点，我们和我们的时代，致敬来路，再次出发。

扫一扫，发现更多精彩

1978—2018 年 中国农民工发展简史

文 / 盛明富　图 / 于文国

40 年前，中国历史上前所未有的另类长征拉开了序幕。上亿青壮年农民离开了田埂，踏上了工业化和城镇化的征程。

起初，进城打工的农民还是三三两两的，但很快便从涓涓细流汇聚成了滚滚洪流：

公路上，成群结队的外出打工者势不可当。通往南方的公路上，不管什么车，只要是向南走的，统统被拦下搭乘。车一定要挤到装不下最后一个人为止。

铁路上，各大火车站人头攒动。通往东南沿海各大中城市的客运列车上，人满为患，连厕所和车厢连接处都没有落脚的地方。[1]

改革开放的强国之策是亿万农民工大流动的前提，工业化、信息化、城镇化、农业现代化的强国之路为亿万农民工大流动提供了渠道，法治国家、

1　李昌平. 一个乡党委书记的心里话——给朱总理的信[J]. 南风窗，2002-12-3.

法治政府、法治社会的治国之道为亿万农民工大流动创造了条件，全面小康、民族复兴的宏伟蓝图为亿万农民工大流动提供了融入城镇的保障。

中国农民工的命运与国家命运始终紧密相联：农民工因国运而走出田埂、走进企业、融入城镇、走向小康、奔向有产；国家命运也因农民工的艰苦奋斗、开拓创新、拼搏奉献而繁荣发展。

农民工的爱岗敬业、勤勤恳恳，为“中国制造”注入了核心竞争力。农民工的任劳任怨、艰苦奋斗，为“中国速度”注入了正能量。农民工的孜孜以求、传承创新，为现代生活方式的形成注入了新活力。

如今，2.87亿农民工已成为工人阶级的主体，成为中国共产党长期执政的依靠力量、民族复兴的中坚力量。他们是改革开放大潮的参与者、见证者和推动者，他们的迁徙改变着中国历史上的工农差别和城乡差别，改变着中国的未来。

这是历史变局里的阶层迁徙。

这是改革进程中的国家力量。

大潮涌起 1978—1991年

阶层的出现是一种社会进步的标志。

如同生物进化要靠基因的传承与裂变一样，永恒的遗传与不变及其同一性，带来的只能是停滞与萎缩，只有裂变与差异才会带来进化和社会的进步。

阶层的出现又是一种历史的必然。

农民工阶层的出现是中国传统农业社会向工业化、城镇化和现代化转变的必然产物，是相对过剩的农业人口与相对稀缺的工业资本结合的必然结果。

⊙ 风起于青蘋之末

自然界气流的变化带来了风霜雨雪、云聚云散。

人类社会工业化的进程催生了社会转型、人口流动，工业化是人口流动

1993 年 1 月，大年初三，在全国四大民工潮源头安徽阜阳火车站排队的农民工

的杠杆。

1978年5月10日，《光明日报》发表了《实践是检验真理的唯一标准》的文章，由此拉开了中华人民共和国成立后的首次思想解放大幕。

邓小平同志指出，“一个党，一个国家，一个民族，如果一切从本本出发，思想僵化，迷信盛行，那它就不能前进，它的生机就停止了，就要亡党亡国”。

以“真理标准问题”大讨论为起点，中国共产党逐步确立了“一个中心、两个基本点”的新时期基本路线。正是这条基本路线的贯彻执行，推动了中国的改革开放进程。

在中国国家博物馆里，有一份特殊的藏品——印有18个红手印的协议书。这件国家一级文物是由中国农村改革第一村——安徽省凤阳县小岗村的农民们亲手创造的。

1978年的小岗村，集体经济财产只剩下3间草屋、1头耕牛、1张耙和1架犁，一个劳动力辛苦一年的收入仅为18.2元。不论男人女人，只要能走路的都讨过饭。全队近20户人家有11户的门是用高粱秸扎的。

18位农民在饥饿的逼迫下偷偷签署了大包干协议。这项秘密协议规定，18位农民各自得到部分土地，自由选择种植作物，“交足国家的，留够集体的，剩下都是自己的”，如果队长因此犯法坐牢，他家的活儿由全队包下来，他家孩子由全队养到18岁。

小岗村人是勇敢的，也是幸运的。因为他们的行为产生在思想解放的大背景下，并得到了邓小平同志的支持和倡导，大包干才没有以悲剧收场。

很快，“包产到户”有了社会主义的正式户口，并迅即在全国推广，由此掀起了中国历史上规模最大、历时最长、触角最深的当代改革大潮。

正是包产到户的政策和农村改革的杠杆，最终撬动了农民工的“魔方”。它从体制上实现了农民自身的解放。农民在“交够国家和集体的”之后，可以自由支配自己的劳动力。

1979年元旦刚过，一份由广东省委和交通部联合呈送的报告就递到了时任中共中央副主席、国务院副总理李先念的手中。报告提出要在靠近香港的蛇口兴建一些船坞、码头和工业企业，利用国内价格较低廉的土地和劳动力，引进国外的资金和技术建立工业区。

1979 年 1 月 31 日，李先念批示“同意”。

当年夏天，蛇口工业区的大规模开发全面展开，仅用了 21 个月的时间，就把 2.14 平方公里工业区内的基础工程和公用设施全部建造完成了，同时从境外引进了 14 个工业项目，兴办了 23 家企业，一批先进的技术和设备陆续被引进，国外的先进管理经验亦被大胆移植或借鉴。

在只有 2.14 平方公里的土地上，“蛇口模式”在中国的经济舞台闪亮登场。昔日的荒坡变成了工业园区，当地的农民“穿鞋进厂”变成了工人，异地招收的农村年轻劳动力虽然户口仍在农村，却不影响他们进特区打工，成为一名工人。

几年之内，蛇口工业区就吸纳了 3 万多名外来打工者。这些从农村土地上转移出来的富余劳动力，给自己创造了一个新的身份——农民工，即以农民的户口在工厂从事工人的工作。他们论职业是工人，论身份（户口作为身份的标志）是农民。传统身份与所从事的职业相结合，让这些劳动者成了一个工农兼顾、城乡流动的新群体。这个群体的产生是自发的，从一开始它就不是一种制度的自觉安排。但这个群体的产生又是必然的，当户籍管理制度、家庭联产承包责任制与中国的工业化和城镇化进程产生碰撞时，它是制度矛盾的必然结果。这个群体是微弱的，一开始并未引起多少人的关注，其数量相对于农民和城市传统体制下的工人来说，显得微不足道，声音连工厂的围墙都穿不透。但这个群体又是巨大的，它的产生和发展冲击着整个社会的城乡二元结构，当这个群体中的每个个体发出的声音形成共鸣时，足以振聋发聩。

1980 年 8 月 26 日，面积 327.5 平方公里的深圳经济特区正式诞生。

到 1983 年年底，已有 15 万农民工涌入深圳。

就这样，中国的工业化和城镇化进程与农民工的产生和发展交织在一起，从 2.14 平方公里扩大到 327.5 平方公里，再拓展到 960 万平方公里。当代意义上的中国工业化和城镇化从这里起步，当代中国的农民工从这里走上历史舞台。

⊙ 城门开启与新阶层诞生

举国体制下，国家意志决定体制，体制影响着生产力的发展。20世纪80年代初，党和国家围绕经济建设这个中心，在工业化、城镇化等方面实行了一系列的改革举措，在催生经济结构变化的同时，也为农民进城打开了“一道门缝”。

1984年，中共中央1号文件明确提出，“各省、自治区、直辖市可选若干集镇进行试点，允许务工、经商、办服务业的农民自理口粮到集镇落户”。

1985年，《关于进一步活跃农村经济的10项政策》作为中共中央1号文件发布，标志着农村以改革农产品统派购制度和调整农业产业结构为主要内容的第二次改革的开始。

如果说以家庭联产承包责任制为核心的第一次农村改革带来了农业劳动生产率的提高和农民的解放，那么，第二次农村改革则带来了农村剩余劳动力在农业结构调整中的重新分布，同时，也为农民进城打工创造了最基本的生存条件。

允许农民自理口粮进城，这是中华人民共和国成立以来城乡二元结构壁垒首次在政策上出现松动。农民中的佼佼者正是借着这道“晨曦”，开始冲击城市服务业的大门。

最早与城市联系在一起的农民工，当属“修鞋族”“缝衣族”“弹棉花族”“保姆族”和“卖菜族”。正是这些掌握生活技能的能工巧匠，硬生生地把城市的大门挤出“一道缝”来，他们在改变自身生活方式和劳动方式的同时，也在改变历史。

20世纪80年代初，《人民日报》有一则报道称，在北方“有山必有城，有城必有江浙人”，主要是指散布于北方城市的修鞋、擦鞋、弹棉花和缝补衣服的江浙农民。这些人利用自己的一技之长和吃苦耐劳精神，不畏世俗，走南闯北，活跃于城市的大街小巷。

发端于安徽的“保姆族”由老乡关系而逐渐形成，规模越来越大，直接带动安徽农村劳动力的外流。妇女进城当保姆，家属或亲戚便跟着进城卖菜。他们携家带口，奔走于北京等大城市的街巷，栖居在窝棚、桥洞甚至公共厕所。

来自江苏扬州的搓澡工和修脚工，则是凭借“一条毛巾”和“一把修脚刀”闯天下。城市里的公共澡堂和企事业单位的内部浴室，成为这些“能工巧匠”谋生的场所。

现在已经找不到1984年进入城市服务业的农民工的准确数据，但从当年媒体的报道中仍然可见一斑——“温州10万鞋匠和弹棉花郎走全国”“安徽10万保姆进京城”“江西10万斗笠闯天下”……这些散落在全国各大中小城市服务业的农民工人数虽少，却正在汇聚成涓涓细流。当这股细流与工业化所带来的民工潮相交汇时，就变成了一股洪流。在这股洪流的冲击下，城市的大门再也无法关上。

1984年5月4日，中共中央、国务院正式确定开放大连、秦皇岛、天津、烟台、青岛、连云港、南通、上海、宁波、温州、福州、广州、湛江和北海14个港口城市，再加上1980年确定的4个经济特区，沿海从北到南连成了一个我国对外开放的前沿地带。

消息一传出，举世震惊。国际舆论认为，“开放整个海岸，意味着实际开放半个中国”，这是“35年来采取的最大胆的行动”。

同样是在这一年，《中共中央关于经济体制改革的决定》公布，明确指出“闭关自守是不可能实现现代化的”“进一步开放沿海港口城市”“充分利用国内和国外两种资源，开拓国内和国外两个市场”。

如果说1978年是思想解放年，1979年是农村改革年，1984年是对外开放年，那么1986年则是企业改革年。增强企业活力作为中心议题被摆在了全国人民面前，劳动制度改革受到了社会的广泛关注。继城门开启一道缝之后，国有企业的围墙也打开了一段栅栏，农民进入国有企业务工成为当时重大的体制突破。

资本不是施舍和慈善，那些当年“夹着尾巴逃跑了”的人又“夹着钱包回来了”，他们看中的是中国低成本的劳动力优势和政策上的优惠。外商投资企业的大量登陆，对农村剩余劳动力的转移形成了巨大的拉力；农业劳动生产率的提高，对农村剩余劳动力的转移形成了强大的推力；国有企业改革尤其是国有企业劳动制度的改革，为农村剩余劳动力进厂、进城提供了可能；农民对改善自身生活条件的欲望，形成了农村剩余劳动力转移的内在动力。这些因素交织在一起，直接推动了中国历史上最大规模的农村剩余劳动力转移，中国农民工自此正式加入了工业化、城镇化的“大合唱”，拉开了改革开放“人口红利”的序幕。

在深圳，从1979年到1987年，外来人口从1500人猛增到80多万人，为当地居民数量的两倍多。

从全国来看，农民工的数字同样在快速攀升。

1984年，全国农民工的数量约200万人。

1986年年底，全国登记在册的进城农民达480万人，未登记入册者更是超过1000万。

1987年10月，中国共产党的第十三次全国代表大会报告提出，农村中乡镇企业异军突起，有8000万农民转入或部分转入了非农产业。

从1978年至1989年，中国的改革开放看上去并没有关于农民工的制度设计，从高层决策到体现国家意志的各类政策都没有涉及农民工问题。但是，当户籍管理制度、家庭联产承包责任制、城乡二元结构下的巨大城乡差别与改革开放所带来的工业化、城镇化、市场化和国际化相碰撞时，巨大的撞击和反射带来了社会结构的调整，最终促动中国农民工作为一个新的社会阶层正式登上了历史舞台。

在政治上，他们没有特殊的要求，对改革开放带来的打工机遇持朴素的感激心态。在经济上，他们没有过高的奢望，虽然每个月的工资都比较低，但与在农村种地相比，依然有比较强的满足感。在生活上，他们没有多少福利保障，但农村留下的责任田为他们留下了生活的底钱。因此，他们虽然羡慕城市生活，却能以平和之心坦然面对。在社会定位上，他们没有城市职工的优越感，却也没有农民的失落感，在与过去比、与农民比的过程中，比上不足、比下有余。

毫无疑问，中国农民工是中国社会这一特定历史时期里的特殊阶层。

它的形成是经济发展和经济转型的结果，不带有任何政治属性，但它作为“第三元”的存在，客观上又赋予工农联盟以新的内涵，成为新时期工农联盟的纽带。

⊙ 欲罢不能的流动

人的解放是解放和发展生产力的根本，也是一切改革和革命的动因。但人的解放是一个不断推进的过程，这一过程由于受各种客观条件和社会因素的制约，有时飞流向前，有时迂回曲折。中国的农民在经历了土地改革、家庭联产承包责任制和进城的三次解放之后，在 960 万平方公里的国土上形成了一支空前的流动大军。这支大军既是中国工业化和城镇化的推力和动力，也是中国实现工业化和城镇化的优势所在。

然而，在整个 20 世纪 80 年代，人们对于这支流动大军的认识还没有上升到自觉的程度，接受程度也没有达到自愿的高度。在这支流动大军面前，社会公共设施建设呈现出难以承载的疲态，原有的社会秩序受到巨大的冲击。

1989 年春节前的北京，火车站人满为患，衣衫不整、操着南腔北调、手拎肩扛编织袋的农民工挤满了广场，以往排队购票的窗口前出现了人挤人、人叠人的乱象。好不容易带着一身臭汗挤上火车的乘客发现，车厢里早已被挤得满满当当，连车厢连接处和厕所都站满了人，站台上还有人从火车车窗往里爬。

安徽省合肥市的大东门汽车站也成为“乱战”之地：开往安庆和阜阳的长途汽车成倍超载，尽管车上的人挤到连落脚都困难的程度，但还是有人硬拽着车门不放。一些实在挤不上去的农民工转而拦截过往的货车，只要是 4 个轮子的都不放过。

事实上，1989 年春节期间，全国多地交通运输告急。

广东告急：15 天内，150 万名外省农民工涌进广州。2 月 13 日中午，3.7 万名农民工聚集在广州火车站。

武汉告急：湖北及临近省区的数十万农民工停留武昌站，由此转车南下或

1992年4月13日，上海市首次大型劳务市场开放，一家外资企业招聘柜台前的一景

北上。从武昌站发出的火车严重超载，车簧压死，不能正点开出……

2月26日，中央电视台《新闻联播》里，首次出现“盲流”这个词。

3月2日，中央人民广播电台《新闻和报纸摘要》称，百万“盲流”南下，正制造着一堆堆“措手不及的社会问题”，必须引起广泛重视和关注。

此后，有关“盲流”的报道罕见地占据了中央媒体的主要版面和主要时段。这些声音指责民工潮现象在一定程度上超过了当前经济发展的需求水平，造成了粮田撂荒，运输超载，城市交通、就业压力以及社会治安混乱等一系列问题，农村在呻吟，城市在喘息。

在经过了20世纪80年代中期的高速发展之后，中国生产资料的短缺问题日益凸显，价格改革“闯关”前的“价格双轨制”带来流通领域的各种乱象，导致物价飞涨。1988年零售物价指数上升18.5%，经济过热已十分明显，经济紧缩政策出台。

与此同时，中国农村接连发生严重自然灾害，1988年，全国农田成灾面积达2394万亩，比1987年的成灾面积增加20.9%，为20世纪80年代以来最严重的一年，城市的粮油副食供应不堪重负，尤其是粮食供应频频告急。

多种因素的叠加，导致向农民开启的城门又欲重新关闭。

1989年3月6日，国务院办公厅发出紧急通知，要求各省市自治区和各部门做好严格控制民工盲目外出的工作。通知指出，春节过后，民工大量集中于东北和广东等地，致使铁路客流暴涨、车站旅客积压、列车严重超员，给铁路运输造成了极大的压力。一些民工到达上述地区后，因找不到工作而流落街头，大量民工的涌入也给当地治安造成混乱。因此，要求各级人民政府要加强对外出民工的管理，控制民工外出。

1989年4月，民政部、公安部发出《关于进一步做好控制民工盲目外流的通知》，要求各地政府采取有效措施，严格控制当地民工盲目外出。

1989年5月，广东省政府转批了省劳动局《关于整顿劳务市场秩序，加强劳动力管理的意见》，要求各级政府各部门认真清退来自外省和农村的劳动力，清退的重点是外省民工和农村劳动力。招用民工应根据当地粮食生产、市场供应能力等方面的承受力，综合考虑，按照先城镇后农村、先本地后外地、先省内后省外的原则，严格控制，统筹安排。

1989 年 10 月，国务院发布《全民所有制企业临时工管理暂行规定》，明确要求企业需要临时工，原则上在城镇招用；确需从农村招用时，应报经设区的市或相当于设区的市一级劳动行政部门批准。从农村招用的临时工，不转户口和粮食关系。解除劳动合同后，来自农村的应当返回农村。

1990 年 4 月，国务院发出《关于做好劳动就业工作的通知》，提出"对农村劳动力进城务工，要运用法律、行政、经济的手段和搞好宣传教育，实行有效控制，严格管理""对现有计划外用工，要按照国家政策做好清退工作，重点清退来自农村的计划外用工，使他们尽早返回农村劳动"。

至此，国家控制农民工流动的政策已经传达到基层，改革开放以来产生的大规模农民工进城现象出现了拐点。

1989 年，中国农村回流劳动力总量达 1433 万人，非农业劳动力自 1978 年以来第一次出现绝对减少趋势。

1989 年，全国共关停并转 300 多万个乡镇企业，其中有 350 万农民工弹性复归传统农业。城镇清退计划外用工 200 万人，相当一部分短期临时工也返回到农村，劳动力逆向调节的效果开始显现。

从今天的视角看，当年充斥媒体和文件的"盲流"概念并不能反映农民工进城流动的本质，反而暴露出社会对农民工进城流动的偏见和歧视。

中国农民工的产生和发展虽然以工业化和城镇化为基础，却又始终与旧体制的改革和新体制的建立密切相关。只要体制改革的过程没有完成，中国农民工的大迁徙就必然会呈现出迂回曲折的特点。

尽管这一时期政府试图控制农民工的盲目流动，但在市场经济规律的作用下，农民工已形成滚滚洪流。或许在数量上因时因地有增有减，但这股洪流已不可阻挡。

1994 年大年初一，位于上海市吴淞区长江入海口的上海港搬运工的单身宿舍里，来自山东沂蒙山区的农民工，因买不到火车票回家过年而滞留原地喝闷酒

“双潮”叠加1992—2001年

1992年，以邓小平南方谈话为起始，中国的改革开放进入新阶段。随着改革开放力度的加大和工业化的加速，农民工流动呈现出狂潮奔腾之势。在经历了1994年的国有企业改革和1997年至2000年的国企改革攻坚之后，体制内的职工也出现了“下岗潮”。“民工潮”与“下岗潮”相碰撞，产生了各种波澜起伏的社会现象。

从1992年至2001年，工业化是发展的主基调，流动是农民工的主要趋势，与资本大鳄的博弈是农民工在迁徙征程中的主要社会特征。

从计划经济转向认识和驾驭经济规律，是一个历史性的进步。但是，按照经济规律办事，意味着资本与劳动力的较量并不平等。发展经济缺少资本，劳动力则供过于求，这就决定了农民工在与资本进行的原始博弈里，从一开始就处于下风，残酷性可想而知。

在这场并不对等的对抗中，有的农民工成了资本这只机器大鳄的嘴中肉，为后来者画下了警示符；有的农民工用屈辱换得了生存，让人颇感无奈和悲凉；还有的农民工为了保住自己不肯放弃的一丝尊严，不惜退出这场改变命运的大迁徙。

⊙ 流动狂潮与生存状态

1992年，邓小平南方谈话拉开了建设中国特色社会主义市场经济的序幕。邓小平指出，改革开放迈不开步子，要害是姓“资”还是姓“社”的问题。计划多一点还是市场多一点，不是社会主义与资本主义的本质区别。计划经济不等于社会主义，资本主义也有计划；市场经济不等于资本主义，社会主义也有市场。计划和市场都是经济手段。

南方谈话内容公布后，举国上下精神振奋，以空前的热情和积极性去探索新路子，国民经济很快出现了快速增长的势头，外资企业的数量大幅增加。

在“三年治理整顿”时期稍有延缓的民工潮再次掀起更大的潮头，并从此一浪高过一浪，再也没有停歇。

最能反映民工潮所带来的冲击的仍然是铁路系统的“春运”。1993 年春节前后，有关方面对乘火车进出广东省和广东省内的乘客实行火车票浮动加价的办法，但这仍然挡不住民工流动的潮流。

当年春天，《瞭望》周刊推出组合报道《民工潮——风起云涌又一年》，全景式反映了当年农民工的流动状况：

今年的民工潮不但来得早，而且来势猛。往年潮头主要涌向岭南，而今年潮势所向，波及西南、中南、华东、京津地区等大半个中国。南京、上海、武昌、广州、成都、重庆、贵阳、南昌、蚌埠……一条条交通干线上所有的铁路枢纽站，几天之内都淹没在民工的海洋里。[1]

如果说“春运”只是个窗口，只能反映农民工流动的现象，那么，数据则更能说明这股民工狂潮的真实性与可靠性。

据统计，1993年全国乡镇企业的职工人数已达 1.12亿人，跨省区流动打工的有 6200 万人。其中，四川省跨地区流动的农民工达 1000 万人，占四川农村劳动力的 1/5，占全国流动农民工的 1/6，“川军”的规模已成为各路流动农民工大军之冠。安徽跨地区流动的农民工达 500 多万人，占当年全省农村劳动力总量的 20.66%。

如此大规模的民工潮，在世界工业化和城镇化进程中绝无仅有。

“春运”期间，湖南、广西、安徽等省区的地方政府甚至主动出面协调铁路和公路客运部门，有计划地调专列或开专车到农民工集中的沿海城市接送本地的打工者。

来自权威部门的调查和统计，更清晰地说明了当时农民工的主要流向。

据劳动部 1994 年《中国农村劳动力就业与流动状况调查》显示，跨省流动

1 黄强，詹仲德，吴东萍，成建，李四清，林晨. 民工潮——风起云涌又一年[J]. 瞭望，1993（6）.

的农民工从业的主要去向以沿海地区居多。当年，农民工流入人数最多的5个省市依次是广东（18%）、江苏（10%）、上海（8%）、北京（8%）、新疆（6%）。

这种流向与当时中国的对外开放步伐、工业化和城镇化进程基本一致。

对新生活的希冀，对城市生活的向往，对改变自身命运的冲动，让农民工开始向工业化和城镇化大进军。然而，希冀总是与痛苦相伴。这些从“恋土”“盼土”到“弃土”“离土”的农民工，在客观上推动中国工业化和城镇化进程的同时，自身也经受着磨难、洗礼和裂变。

1992年至1993年，在沿海开放城市以及珠江三角洲，农民工的生活和工作场景让人唏嘘——

《工人日报》采访报道了珠江三角洲多家“三来一补”企业，包括一家制衣厂、一家皮革厂和一家制鞋厂。三家企业都为农民工提供集体宿舍和职工食堂。食堂的卖饭窗口，摆着一盆米饭、一盆大白菜和一桶漂着几根菜叶的汤。正在就餐的农民工说，“天天都是白菜汤”，每周只有一次加餐，加餐时菜里会放一点肉。对于劳动强度很大的农民工来说，这样的伙食远远满足不了身体的营养需求。

珠江三角洲的外商投资企业大多提供集体宿舍供农民工居住，一间20平方米左右的房间放着6张双人床，12个人共居一室，一点多余的空间也没有。床下放满了脸盆和鞋子，衣服密密麻麻地挂在阳台上。在虎门镇一家建筑企业里，农民工睡在建筑工地上临时搭建的工棚里，一排木板，10多张席子，一盏照明灯，什么电器也没有，灰尘大、不通风，苍蝇乱飞。

皮革厂和制鞋厂总体工作环境要比建筑业好一些。车间里的流水线上方有悬吊的电风扇，农民工可以在岗位上坐着劳动，但是整个车间弥漫着一股刺鼻的异味。中国社会科学院社会学研究所外来农民工课题组在珠江三角洲进行的调查表明，受访农民工认为高温情况严重的占33.7%，认为粉尘情况严重的占38%，认为噪声严重的占50.1%，认为工作毒性严重的占28.9%，认为工作场所通风状况不好的占39%。

1988年颁布实施的《广东省经济特区劳动条例》和1993年颁布实施的《深圳经济特区劳务工条例》均明文规定，“职工每周工作时间不超过六日，每日工作时间不超过八小时；工人每月加班时间不得超过四十八小时”。但是，这些法规并未得到认真执行，超过 50% 的企业存在让员工过度加班的行为。

在 20 世纪 90 年代相当长的一个时期内，这种情况都没有得到改善。直到 1997 年全国总工会进行农民工问题调查时发现，仍有 45.2% 的农民工在完成劳动定额后需要加班，延长工时或节假日安排工作不能得到加班工资的占 30.7%。有一些企业主提出，“要想多挣钱，就得多加班”，鼓励和引导农民工加班加点。甚至有些企业强迫农民工加班加点，不加班要以旷工论处，被倒扣钱或除名，而加班工资则是任意施给，有的加班一小时只付几角钱。由于长时间加班，很多农民工都疲劳不堪，往往是“走出厂房进了宿舍倒床便睡”，连看电视的时间和精力都没有。即便如此，算上加班工资在内，月均收入只有 300 多元的农民工约占 40%，月均收入 500 元的不到 20%，月均收入 500 元以上的是少数，还有不少企业农民工的月收入不到 300 元。

珠江三角洲早期的“三来一补”企业女性较多，但这里对女性农民工的特殊保护却很少。企业招工时多选择未婚青年，多签订短期合同，基本不承担“四期”（经期、孕期、产期、哺乳期）的各项负担。女性农民工进入婚育年龄后续签合同的仅占 1/3，有个别企业甚至在厂规中列有怀孕要解除劳动合同的规定。

农民工流动之初的这种生存状况，从一个侧面揭示了当时的农民工在流动过程中的劳动关系特征。一方面，农民工流动的政策性障碍已经扫除；另一方面，整个社会对农民工流动所引起的社会结构的变化并没有做好准备，制度上缺少设计，管理上规范缺失，社会组织渠道不畅，劳动关系严重倾斜。

⊙“葵涌大火”与《劳动法》出台

中国的工业化和城镇化进程是在资本积累严重不足和农业劳动力大量过剩的情况下起步的。抓住机遇，承接世界产业转移的浪潮，把人口众多的包袱转变为廉价劳动力的优势，通过消化吸收实现自身的工业化，这是唯一可行的思路。

政府与资本强势结合，资金和技术稀缺问题迅速得以缓解，经济发展呈现出强劲势头。与此同时，劳动关系的脆弱性也暴露无遗。

与“招商引资热”形成鲜明对比的是，相当多的地方政府并没有对劳动力市场的规范、劳动用工制度的建设、劳动关系的调节、农民工的权益维护等问题进行制度设计。利润和工资的“跷跷板”效应，让企业急于降低劳动条件和标准，压低工人工资，以此来获取最大利润。

尽管劳资矛盾频发在这一时期已经成为普遍现象，但并未引起人们的广泛关注，各地并未像重视资本那样来重视劳动关系。直至1993年发生在深圳市的一场特大火灾，才对整个社会形成了一个巨大的冲击波，把人们的聚焦点拉到了农民工身上。

1993年11月19日，深圳市葵涌镇致丽工艺制品厂发生特大火灾事故，84人葬身火海，20人重伤。这是中华人民共和国成立以来发生的最大的火灾事故，震惊全国。虽然造成事故的原因有很多，但诸多原因的背后，隐藏着一个关键的因素，即在一场不公平的博弈中，资本之手借助火神之口吞噬了84位农民工的生命。

当年的《南方周末》一篇报道记录下了这悲惨的一幕——

致丽工艺制品厂厂区是一幢三层的楼房，东面全是生产用楼。一楼是仓库，二楼是流水生产线车间，三楼是制衣车间。这栋楼共有两个楼梯，东边的楼梯早已堵死，西边的楼梯也只能并排走两个人，厂房的四个大门有三个已被封死，这是怕打工妹偷东西和提前下班。

该厂主要生产工艺玩具，厂内放有大量的布、海绵、毛料等原材料，以及大量已制作好的儿童玩具。起火以后，厂房里喊声、哭声混成一片，300多名打工妹摸索着就往西边的楼梯口跑。她们不停地呼喊着自己的亲人、老乡，有的被烧死，有的被踩死，有的因中毒窒息而死。直到两个多小时后，消防队员用铁钳把窗户上的铁条给夹断，幸存的打工妹才由二楼或三楼往下跳，而楼下是坚硬的水泥地。

一位叫王小芳的女工遇难前的一封家信，透露了她们的生活状况——

1998 年农历大年初二，上棉九厂的厂房中，一位车间的管理者脚踩着已经砸碎的老纺织机器深思不语，春节之后，他将带领失去岗位的纺织工人参加培训，以便适应新的上岗需求

还是谈谈我工作的事吧，我将工资表示意如下，你们看一看。一共一百五十九元八毛七，不过工资的多少，还得由每月的货多货少以及价格的高低、做货的好孬决定，这个月经自己认真干，挣得了这点钱，我准备寄一百五十元回家。在生活上，我已经习惯了，每天两餐，早上买三毛钱的东西吃，菜是白菜，有时改善一下是豆腐、豆芽，白菜里有一点肉，身体也好，只是有时发（上）火，也许是水土不服吧。不过，这个请你们不要担心，我自己会处理好的。[1]

葵涌大火的现实表明，在资本与农民工的博弈中，资本处于强势地位，在门窗被封的环境下劳动，其实质就是奴役劳动，也就是资本对农民工的奴役。葵涌大火的残酷现实还表明，在资本所有者与农民工的博弈中，资本所有者处于主宰地位。相比之下，农民工背井离乡，来到一无所知的陌生环境，不得不接受最低的工资，面对雇主的侵害只能忍气吞声，处于毫无争议的弱者地位。

葵涌大火的残酷现实更表明，在资本和农民工双方的关系上，当时的政府部门没有足够重视创造和维护良好的博弈环境，没有注重制定和维护博弈的规则，没有注重管理和监督博弈双方力量对比的均衡和博弈结果的公平。

有些地方政府对农民工认识存在偏差，转型时期制度建设滞后。有些地方政府官员片面追求政绩，只重视招商引资，不重视劳动环境；只重视经济增长速度，不重视劳动关系的公平，甚至把农民工的低工资和不交“三险”作为降低劳动成本和引进资本的优势，不仅没有在雇主与农民工的博弈中起到裁判的作用，反而加剧了农民工在博弈中的劣势。

就在深圳市葵涌镇大火发生20多天之后，1993年12月13日，福州市马尾经济技术开发区内的台资企业高福纺织有限公司也因劳资纠纷引发特大火灾，造成61人死亡。

1　佚名.魂断葵涌——深圳11·19火灾纪实[N].南方周末，1993（11）.

频发的劳资纠纷，特别是接连发生的两场特大火灾，举国震惊，立法保护劳动者合法权益的话题进一步升温。

时任中共中央政治局委员、中华全国总工会主席尉健行同志指出，发生在深圳和福州的两起特大火灾事故，“充分暴露了少数外商投资企业违反我国法律法规，漠视安全生产，只顾赚钱，置工人死活于不顾的严重问题，也反映了一些企业基础工作的薄弱和管理的落后。维护职工合法权益，首先要保护职工生命和财产安全。工会对此必须高度重视”。

1994 年，厦门市一台资企业发生重大劳资纠纷，1700 多名员工为要求缩短工时、提高待遇举行集体罢工。

1994 年 7 月 5 日，全国人大颁布《中华人民共和国劳动法》，首次将经济转型时期的劳动政策上升到法律规范的层次。

1994 年 3 月 2 日，时任劳动部部长李伯勇在八届人大常委会第六次会议上作关于《劳动法（草案）》的说明，详细分析《劳动法》的出台与劳资矛盾的关系。时任中华全国总工会副主席张国祥参加了《劳动法》的起草工作。他认为，发生在深圳和福州的两起大火加速了《劳动法》的出台，“如果再不立法对劳动者权益加以保护，将导致严重的社会问题”“不管付出多大辛劳、经历多少曲折，都要制定出《劳动法》”。

毫无疑问，《劳动法》在一定程度上起到了规范市场经济条件下的劳动关系和维护劳动者权益的作用。这一法律的出台，把劳动关系的调整纳入法治的轨道，这是劳动关系法治建设的里程碑，是劳动关系领域由人治走向法治的起点。

1994 年 12 月 6 日，针对拖欠农民工工资问题以及日益突出的劳资矛盾问题，劳动部出台了《工资支付暂行规定》，对涉及工资支付的一系列问题进行了明文约束。

应当说，以《劳动法》为代表的一系列法律和法规的出台，具有很强的针对性，也为基层和企业调处劳动关系提供了准绳和依据。但是，各种主客观因素的叠加，使法律法规落地的概率大打折扣，有法不依、执法不严的问题比较普遍。

⊙ 生存与尊严

尽管农民工通过参与工业化进程，开始向城里人转变，但由于户籍制度带来的身份差异，这种“转变”只停留在职业层面。

即便如此，身份不平等、岗位不平等、收入不平等、生活不平等，必然带来认知上的歧视、管理上的歧视、经济上的歧视和人格上的歧视。农民工从进入工厂和城市的第一天起，就在与不平等和社会歧视抗争。

称谓歧视。兴起于20世纪80年代延续至整个20世纪90年代的“打工仔”和“打工妹”的称谓，或许在粤语的地域文化中并无贬义，但这种称谓一旦成为庞大的农民工这个阶层的代名词时，歧视的特点就暴露无遗了。

流动歧视。在20世纪80年代末和整个20世纪90年代，农民工自发性的、分散性的流动方式都被称为“盲流”现象，是劳动力“无序”流动的体现，有的人甚至主张靠围追堵截等办法使其实现“有序”。

管理歧视。中央社会治安综合治理委员会《关于加强流动人口管理工作的意见》提出，凡是离开农村常住户口所在地跨地区务工经商人员外出前，须按规定在常住户口所在地劳动部门办理“外出人员就业登记卡”，到达目的地之后，须在当地公安机关和劳动部门办理“暂住证”和“外来人员就业证”，任何单位和个人不准雇佣无上述证件的外来人员。

认知歧视。这一时期，城市社会对农民工普遍采取的是“经济吸入”和“社会拒入”的双重态度，一些城市居民潜意识里轻视、排斥农民工，有的甚至是歧视、欺侮农民工，无论在公交车上还是在餐馆里，对农民工不是投以藐视的眼神就是避之唯恐不及。

诸多歧视在侵害农民工合法权益的同时，更进一步损害着劳动关系。

1995年3月，珠海市南山工业区瑞进电子有限公司的一位女工因过度疲劳在工作台上打盹，为了惩罚这位女工的“违规”行为，外商女老板突然让生产线上的120多名打工者跪下。迫于无奈，绝大多数人在犹豫中淌着泪水跪下了。但是，来自南阳的打工者孙天帅却一动不动。“跪下！”女老板向他咆哮。“请问，我为什么要跪下？”孙天帅压抑住心中的愤怒。“不跪你就滚蛋！”“我是中国人，死也不在洋老板面前跪下！”在女老板的辱骂声中，孙天帅离开了这个月薪1300元的难得的工作岗位。

“孙天帅不跪”的新闻经多家媒体报道后，在社会上引起了很大反响，他甚至成了千万打工族传颂的英雄，许多企业表示愿意为其提供工作岗位。

“孙天帅不跪”的深层含义实际上是资本与人本的对冲。打工者下跪是他们为了生存而对资本的屈从，资本与打工者的地位强弱由此凸显。在这起下跪事件之后接连发生的非法搜身事件，就足以说明问题——

2000年7月4日上午下班时，深圳龙岗一台资企业弘扬手袋厂在清货时发现少了20多个小手袋，工厂负责人遂命令4名男保安对全厂500名农民工一个个搜身检查，不让搜身者就会被炒掉。

2000年7月28日，深圳市观澜镇一家玩具厂对数百名工人搜身，男女各排成一队，由工厂男女保安员分头逐个地搜身。该厂有的工人说，他们来厂半年了，每天都被搜身，已经习惯了。

2001年9月28日上午11时，深圳市宝安县松岗镇广田贴合纸业厂一名管理人员因丢失5000元原料款，其中三名来例假的女工还被搜身者拉开内裤，扯看卫生巾，以检查是否藏有钱款。

……

不懂中国法律，是很多发生搜身事件的外资企业老板常用的借口。然而，在他们自己的国家，法律就允许这样的事情发生吗？显然不是。那么，为什么这些外资企业管理者竟敢在中国如此藐视法律、侵犯劳动者的尊严？

从浅层次来看，这暴露出中国在监管外资企业用工制度等方面存在的漏洞，对外资企业违反《劳动法》行为的惩罚力度不够。

从深层次来看，一是法律法规不完善，导致雇主能肆意侵害农民工合法权益；二是农民工与雇主博弈时，一些地方政府甚至发挥了负面的作用，加剧了农民工在博弈中的劣势。

如果一个地区或企业长期存在社会歧视，一旦别的地区或企业出现新的就业机会时，那些饱受歧视的农民工很快就会流走，谁愿意长期待在一个连人格尊严都没有的地方？

珠江三角洲后来出现的民工荒事实就充分证明了这一点，外资企业的老板们最终为他们的行为付出了代价。

⊙ 回流、断指与社会之痛

外商的涌入和外资企业灵活的经营机制，催促着国有企业和集体企业改革。

但是，随着国企改革进入攻坚阶段，国有企业下岗失业人员越来越多，下岗职工再就业的社会压力越来越大。

从1997年起，国有企业职工人数连续5年大幅下降，从10766万人降到6924万人。依此推算，国有企业职工下岗分流总人数达3842万人。

与此同时，城镇集体企业的职工人数也大幅下降，从1997年的2817万人降到2000年后的1000多万人。

面对如此巨大的“下岗潮”，为进一步拓宽下岗工人再就业的通道，国家对使用外来农民工进行行政干预，以减轻城市就业压力。

在整个20世纪90年代，出现了两次规模较大的农民工“回流潮”。

第一次出现在1994年，当时并没有全国性的宏观数据记载，但已经作为一个宏观社会现象引起广泛关注。

第二次出现在1997年至2000年。据劳动保障部培训就业司和国家统计局农村调查总队的调查报告显示，2000年返回劳动力占农村劳动力总数的0.546%，由城市返回农村的劳动力占返回劳动力的71%，返回总量和由城市返回的占比均有一定程度的增加。

在城市就业空间持续缩小的背景下，农民工的生存状态仍显尴尬。

1999年3月31日，《工人日报》在一版头条位置刊发报道《深圳部分外来劳务工安全状况堪忧》，这是当时主流媒体中率先为伤残农民工呼吁的报道。报道认为，深圳外来劳务工的劳动安全状况令人忧虑。深圳市7个法医室1998年鉴定的12189例工伤中，90%以上都是断指、断掌或断臂。

深圳市劳动局官员同时透露，1998年深圳市工伤死亡人数达80多人。

综上调查，1998年深圳有这样两个数字：每天有31人因工致伤致残；每

2002 年 12 月 8 日，在工会组织的干预下，福建泉州一位企业主提着水果登门看望此前在他的企业受伤不被赔付的农民工

4天半有1人因工伤死亡。

记者调查发现，出工伤事故的多是外来劳务工，这部分人群具有年龄小、流动性大、文化层次偏低的特点。工伤事故大多发生在台资、港资等“三来一补”企业及个体私营企业里。

这篇报道立刻引起社会广泛关注。中央有关部委联合下发文件，强调“不能以牺牲劳动者的安全和健康来换取外资引进和经济增长”，深圳等地关停了上千家安全不达标的私企及“三来一补”企业。

然而，事情到此并没有结束。由于地方上政策执行的偏好以及政策的执行力问题，地方干部唯GDP论和劳动监管机制不健全，农民工在工作岗位的伤残问题并未根本解决。

农民工的流动从一开始就非制度安排，而是市场调节的结果。在城市对农民工就业限制众多的情况下，农民工的流向发生了变化，民营矿区变成了农民工争相赶赴的淘金“圣地”。

在煤炭大省山西，300多万名农民工散落在全省的采煤一线。虽然井下采掘工作苦、脏、累、险、重，但每个月400~500元的收入对农民工仍然有着巨大的吸引力。

据1997年的一份调查显示，在全国煤炭业排名第二的河南省，全省煤炭行业有70万名职工，其中，农民工总数为33.57万人，主要分布在井下采掘一线岗位，少部分在井下辅助岗位工作。

然而，采掘业并非都是农民工就业的“天堂”。在采掘业就业的农民工，大多要经受社会歧视、奴役式管理和矿难的三重考验。

1997年，全国总工会对34岁的井下采煤农民工周树春的个案访谈就相当典型——

我在亲属的介绍下，来到了矿山（河南省鹤壁煤矿五矿采煤二队），当了一名协议工。煤矿上是很苦的，自然环境让人难忍受，可自己上有老人下有儿子，要忍。

在城市里，我们到郊区租房，被问的第一句话便是：“你是正式工，还是协议工？”话语虽不多，却让我们受到了人格侮辱。

我们在矿山的工作时间特长，打疲劳仗，得不到很好的休息，敢怒不敢言。矿向队要任务，队向班要任务，为“任务”二字不讲协议工的死活。哪一个敢言，轻者当班不记工，重者停止工作，罚款开除，我们只有忍。[1]

这种歧视，在乡镇企业尤其是个体和民营企业更加普遍。

在山西省太谷县任村乡东卜砖厂，来自四川省中江县的民工全部被安排在制砖、晒砖、装窑等粗笨工序岗位。每天凌晨4点就得上班，晚上一般要到12点左右才能下班。遇上停电，民工们可以休息，但来电后，他们必须通宵工作。

东卜砖厂对民工的吃饭时间也作严格限制，超过时限，下一顿就没饭吃。民工们不能打电话、不能发短信。有人在三四人的监视监听之下给家乡人打过一回电话，电话内容是“这里很好”。

如果说社会歧视、奴役式管理已经给农民工造成了巨大伤害的话，那么，这一时期多发的矿难带给农民工的则是生命之虞。

来自国家安全生产管理局的数据显示，2001年煤矿事故死亡人数为5965人，基本上全是农民工。

2001年7月17日凌晨3时许，广西南丹龙泉矿冶总厂拉甲坡矿发生特大透水事故，81名矿工遇难。

直到当天傍晚17时，南丹龙泉矿冶总厂负责人黎东明才第一次向分管南丹矿业的县委副书记莫壮龙汇报，请求县里不要上报，由龙泉自己处理。

第二天晚上，县委书记万瑞忠、南丹县县长唐毓盛等人碰头。万瑞忠最后“拍板”：一是事故由龙泉自己处理，县里不往上报；二是防止消息泄露，同时密切关注社会上的议论；三是如果上级机关知道了，就说龙泉从没有正式的事故书面报告，把责任全推给龙泉。

7月27日，龙山矿里抽水时发现两具死难矿工尸体浮出水面。龙泉有关

1 全国总工会政策研究室. 1997中国农民工问题调查[R]. 1997.

人员及两名民工悄悄将尸体连夜拉到外地火化，事后给每个民工360元，交代他们不要泄露。[1]

这是一起非常典型的官商勾结事件。官员提供保护伞，矿主们输送利益，矿工们的生命仅仅被视为普通的“生产资料”。

频发的矿难引起了高层领导的震怒。南丹矿难事故中，原县委书记被判处死刑，并先后对128名责任者进行了刑事追究或党纪、政纪处理。

南丹特大矿难以牺牲81位农民工的生命为代价，直接催生了《安全生产法》，成为中国农民工历史进程中的又一个重要节点。

与《劳动法》的产生背景相一致，农民工进城的历史、农民工流动中的重大事件，成为劳动法治建设的直接推手和动因。而后者又进一步推动了经济发展、资源利用与劳动者权益保护的规范和有序。

⊙ 前赴后继 2002—2011 年

2002年开始，随着国企改革攻坚任务完成和中国加入WTO，中国的工业化进入“快车道”。中国的农民工流动也呈现出空前的发展势头，新生代农民工持续加入。

与此同时，中央政府从经济社会发展的全局对农民工问题进行顶层设计，推动一系列实际问题的解决，展现出政策走向与农民工流动良性互动的特点。

革除束缚农民工流动的旧的体制、机制，建立引导和服务农民工迁徙的新的制度和政策，成为这一时期农民工迁徙的主要社会特征。

这一时期，既是前期劳资矛盾积累的显性化时期，又是中央政府关于农民工政策出台的密集期。中央政府的政策导向呈现三大明确特征：从被动应对转向主动引导，从微观上的事件处理转向宏观上的顶层设计，从管理为主转向服务和改善环境为主。

但是，由于旧体制的延后性、旧思维习惯的惰性、GDP考核指标和地方利益以及官员的腐败问题影响，中央政策落地依然有一个过程。再加上资本

1 蒋桂斌，刘水玉，杨越. 南丹矿难瞒报黑幕揭开[EB/OL]. 新华网，2002-5-29.

2006 年，6 月 28 日的三峡工地，完成施工任务后即将启程的湖北籍农民工恋恋不舍

与劳动者的强弱状况并未发生大的实质性变化。

因此，劳资矛盾仍然不断发生，侵害农民工权益的事件不断出现，成为农民工流动中不和谐的音符。

⊙“讨薪风暴”与土地财政

劳动力作为特殊商品进入劳动市场，是市场经济的重要特征。工资作为劳动力价值的实现形式，既是对劳动者付出有效劳动的薪酬，也是劳动者自身生存和发展的必要条件。付出劳动，生产产品，创造价值，领取薪酬，这是市场经济条件的通行规则，无论社会制度如何，在此问题上概无例外。

然而，就是这样一个天经地义的事，却成了农民工的一道“坎”。很多农民工在付出辛苦劳动之后，并不能按时足额领到工资。工资拖欠成了农民工的心头之痛，也成了发展市场经济初期中国特有的社会现象。

2003年年底，一场“讨薪风暴”在全国范围内平地而起，肇始是时任国务院总理温家宝考察途中一次行程安排外的“拐弯”。

“总理考察时经常临时决定停车，我们必须随时做好准备。”新华社摄影记者刘卫兵回忆道。2003年10月24日至26日，温家宝赴重庆、湖北三峡库区考察。24日下午5时许，随行记者乘坐的面包车突然停了。“后边总理的面包车没跟上来，赶紧回！”

走过坑洼不平的泥泞小路，记者们看到一处略显破旧的农舍前，温家宝总理正坐在木凳上和村民交谈。

打完猪草回家的熊德明向总理反映，丈夫李建民有2000多元的工钱已经拖欠一年，影响了给孩子交学费。

“一会儿我到县里去，这事一定要跟县长说，拖欠农民的工资一定要还！”温家宝总理做出了承诺。

当夜，熊德明和丈夫拿到了被拖欠的2240元工资。这一年，熊德明被评为2003年CCTV中国经济年度社会公益人物，由此成了农民工讨薪的代表。[1]

国务院总理为农民工讨薪，立即在全国掀起了一场“讨薪风暴”。

1 孙杰，黄豁.总理为农民追工钱[N].人民日报海外版，2003-10-28.

据统计，仅在首次发起“清欠风暴”的2004年第一季度，便帮助农民工追回被拖欠的工资253.8亿元。其中，追回2003年当年拖欠的工资156.82亿元，超过当年拖欠工资总额的96%，此后，全国各地每年年底都要发动“清欠风暴”。

但是，在没有制度保证的情况下，原有的拖欠尚未清理干净，新的拖欠又接着发生。这种运动式的清欠方式，根治不了欠薪的顽疾，暴力拒付和暴力对抗讨薪接连发生。

2003年11月2日，在广州市海珠区南洲路某楼盘工地，讨薪的25名农民工被30多名身着便服的男子毒打，造成多名民工受伤。

2004年8月23日，在西安紫薇地产开发有限公司，20多名农民工讨薪被打，其中多人受伤。

2005年5月发生在宁夏石嘴山市的农民工王斌余讨薪杀人案，更是在全国引起了巨大震动。新华网刊出的报道《死囚王斌余的道白》，剥开了恶性事件与恶性欠薪的关联——

我17岁就开始到甘肃天水市打工。刚开始干建筑活，一天工资11.5元，扣除4元伙食费，最后可以拿7.5元。随后，我14岁的弟弟也到这里来干活了，他一天拿5元。我们吃的是土豆、白菜加面，啥菜便宜就买啥，住在用木板支起来的大通铺上，几十个人挤一间。

有一年春天，我在2米多高的地方打钢筋，掉到了下面7米多深的井里，里面都是稀泥巴，我差点淹死。后来大家把我拉上去了，我总算逃过一死，却大病一场。老板不给我看病，只给了几片感冒药。

2003年8月起，我一直跟着包工头陈某干活，他揽的都是又脏又累又危险的活儿。在石嘴山一家电厂做保温工时，一天27元。保温用的玻璃纤维扎得人浑身起红疙瘩，我忍受不了，老板就骂我偷懒。

吴华是工地的负责人。我们平常从早上7点干到晚上7点，有时候到晚上八九点才下班，只要天亮着就得干活儿。

我们的工资一般都是年底结算，平时我们用钱只能找他借。可即使结算清了工钱，仍要扣300元的滞保金。今年老板跟我们说，晚上加班就多加8元1角钱，但最后发工资的时候，他们能赖掉就赖掉了。去年我们签了劳动合同，合同上写了交医疗保险。结果有病根本拿不到，我胃病花了1000多元还是自己掏的。

今年5月，父亲因为去年修房子腿被砸断一直没治好，家里急需用钱，再加上我身体一直不好，实在不想继续干下去了，就想要回今年挣的5000多元钱。可老板却只给了50元。

我气不过，就去找劳动部门，他们建议我到法院。法院说受理案子要3~6个月，时间太长，让我找劳动部门。劳动部门负责人立即给陈某打电话，说他违反《劳动法》。陈某却诬赖我看工地时偷了铝皮，不给我工钱，可我并没有偷。

5月11日，经劳动部门调解，包工头吴新国向劳动部门承诺5天内给我算清工资。谁知回到工地，吴华把我们宿舍的钥匙要走了，不让我们在工地上住。晚上，我和弟弟身上没钱，可住店一天最少要10元钱，我们就到吴新国家要点生活费。吴新国一直不开门，住在旁边的苏文才、苏志刚、苏香兰、吴华还有吴新国的老婆过来让我们走。吴华像骂狗一样骂我，用拳头打我的头，还用脚踢我，苏文才、苏志刚也一起打我和弟弟。我当时实在忍受不了，我受够了他们的气，就拿刀连捅了5个人。我当时十分害怕，就跑了，到河边洗干净血迹，就去公安局自首了。

我的愿望很简单，让我父亲、爷爷、奶奶过得好一点，他们苦了一辈子。我希望周围人都要有一颗善良的心，不要瞧不起我们农民工。我希望人和人之间都很友好，都能够互帮互助。我希望社会能够更多地关注我们农民工。[1]

王斌余讨薪杀人案说明，欠薪与讨薪已不再是企业或包工头与农民工之间的事，而直接涉及社会的安定与和谐社会的建设。这起事件带给整个社会的反思是沉重和发人深省的。

1 孟昭丽，刘佳婧，刘晓莉. 死囚王斌余的道白[EB/OL]. 新华网，2005-9-4.

一方面是中央高层不断采取措施制止欠薪问题，另一方面是欠薪问题不断发生而根治不了，不能不说这与当时的体制、机制和发展背景密切相关。

从20世纪90年代末到21世纪初的头10年，城市建设大规模上马，“形象工程”“城市名片”成了一大特色，全国成了一个大工地。一个法国代表团来北京访问时曾感叹，“整个欧洲建设用的塔吊还不及北京市的多”。

捉襟见肘的财政收入与疯狂的扩张规模速度显然不相适应。除沿海少数省市完成了早期的财富积累之外，中国城市扩张大多与经济发展的规模同时推进，只能走土地财政和举债建设这条路。

在这种情况下，政府成了债务链的顶端，政府欠开发商的钱和工程施工单位的钱，后者又把这种债务传导到二级和三级承包商，最后又都落到了农民工的欠薪上。

鉴于欠薪的复杂性和讨薪的难度，中央政府再次调整了彻底解决欠薪问题的时间表——到2020年，基本解决欠薪问题。

⊙“孙志刚事件”与收容遣送制度的终结

“孙志刚事件”是中国农民工历史中的关键“拐点”。尽管孙志刚本人并非农民工，但在他身上发生的事件与社会如何对待农民工有关，与政府部门如何管理农民工有关，与制度的存废和变革有关。

2003年3月17日晚上，大学毕业两年、任职于广州市某公司的湖北青年孙志刚因为缺少暂住证，被警察送至广州市“三无人员”（即无身份证、无暂住证、无用工证明的外来人员）收容遣送中转站收容，受到工作人员以及其他收容人员的野蛮殴打。

3月20日，孙志刚在广州收容人员救治站死去。医院在护理记录中认为，孙志刚是猝死，死因是脑血管意外，心脏病突发。

但是，这个说法遭到了孙志刚家属和同学的反驳。孙志刚的父亲表示，从来不知道儿子有心脏病。法医尸检的结果，也推翻了院方的诊断。

在中山大学中山医学院法医鉴定中心出具的检验鉴定书中，明确指出：“综合分析，孙志刚符合大面积软组织损伤致创伤性休克死亡。”按法医的说法，孙志刚体内的大出血是被钝物打击的结果，而且不止一次，因为“一次打击解释不了这么大面积的出血”，孙志刚被人殴打并最终致死已是不争的事实。

“孙志刚事件”之所以发生，收容遣送之所以激起公愤，与收容遣送站的恶行密切相关。

2002年，全国有700多个收容遣送站，每年都有100多万人被收容遣送返回原籍。在一些地方，因收容而导致的死伤事件屡有发生，收容遣送站内打人、劫财行为屡见不鲜。

从表面上看，这些都是管理混乱，公职人员失职、失察、失责所致，但在这些表象的背后，却隐藏着专门收容农民工来牟取私利的黑色利益链条。

湖南省涟源市收容遣送站从1996年开始，通过给回扣与当地派出所勾结“收容”外来人员，并向每个被收容的人员收取500元至800元遣送费后放人。

据收容站内部人员统计，从1996年到2002年11月，涟源收容站利用扣人索钱的手段，已经从一万多名农民工身上获取现金320万元。

涟源市收容站的主要“致富”手段其实非常简单——和涟源市火车站订立口头协议，火车站派出所和联防队员以收容“三无人员”的名义，把经过涟源的农民工扣下来，由收容站接走。联防队员每抓一个农民工可以得到5元，而火车站则可以从每个农民工身上得到50元的回扣。

这些农民工被接到收容站以后，如果身上搜出的钱足够的话，就可以幸运地免受监牢之灾，只要留下钱，便能带着一张名目为“生活费”的收据离开。如果身上带的钱不够，收容站就会向他家里拍电报，要求速带800元来涟源收容站接人，这叫“自保”。[1]

收容遣送站的管理人员基本上都是吃“皇粮”的公职人员。在“孙志刚

1　陈锋. 前收容站书记披露收容黑幕[N]. 北京青年报，2003-6-19.

事件”中，正是这些公职人员当起了打人凶手的“导演”，让先期被收容的人打后期被收容的人。孙志刚的家属为了申冤，到许多部门上访投诉却无一受理，如果不是媒体的曝光，最后的结果很难预料。这种对农民工的歧视和对生命的冷漠，说明收容遣送站的性质已经异化，已经与社会主义制度的性质相去甚远。

把收容遣送对象扩大到“三无”人员，等同于把无暂住证和务工证的农民工涵盖在内，这是用计划经济体制下的管理方式和管理手段来对待社会主义市场经济体制下的要素流动。

把农民工按在土地上，通过限制流动来维护社会秩序，不可能带来社会的长治久安。农民工的流动是农民摆脱贫困、走向富裕的路径，尽管流动过程会对原有的社会设施和社会秩序形成冲击，但这种冲击又是推动社会发展和更高层次上的有序的必经阶段，最终结果必将是带来农民的增收、生活条件的改善和无业流浪乞讨人员的减少。

在实际执行过程中，很多地方往往把收容遣送作为维护社会治安的手段，在农民工流动压力较大的地区，往往又进一步把它延伸为对付农民工的手段，“孙志刚事件”和“涟源违法收容事件”都是如此。有些地方甚至把收容当成有“油水”的创收事业，这就使收容遣送犹如一把利剑，让农民工时刻提心吊胆。

在孙志刚含冤离世 3 个月后，2003 年 6 月 18 日，国务院常务会议认为，由于我国经济社会发展和人口流动状况已经发生了很大变化，1982 年 5 月国务院发布实行的《城市流浪乞讨人员收容遣送办法》已经不适应新形势的需要，决定废止。

2003 年 6 月 20 日，时任国务院总理温家宝签署国务院第 381 号令，公布施行《城市生活无着的流浪乞讨人员救助管理办法》。

同年 8 月 1 日，1982 年颁布的《城市流动乞讨人员收容遣送办法》被废止。

孙志刚以生命为代价，为亿万流动的农民工解除了收容遣送制度，成为中国农民工历史发展进程中的重要节点。

中国的农民工流动因生产力发展的需要而产生，因制度改革而形成，因此，尽管在流动中会带来这样或那样的社会问题，但归根结底是一股社会前进的洪流，如何对待它也成为衡量管理制度进步与落后的标志。

2005年，劳动和社会保障部颁发《关于废止〈农村劳动力跨省流动就业管理暂行规定〉及有关配套文件的通知》，国务院进一步废除了农民工外出务工办理证卡的有关规定，由此也开启了农民工流动和农村剩余劳动力转移完全由市场主导转向市场主导与政府引导相结合的新时期。

在“孙志刚事件”发生后，多家新闻媒体还报道了“馋嘴民工”偷吃“天价葡萄”事件。

2003年8月7日，4名农民工进入北京农业科学院林业果树研究所葡萄研究园，偷偷摘食葡萄。他们并不知道，这些葡萄竟是投资40万元、培育10年的新品种。

2003年9月，北京市物价局评估确认“天价葡萄”价值11220元，4位农民工被拘捕。

此后，经过两次退补侦查，北京市物价局最终在2004年5月认定，被偷吃葡萄的价值仅为376元，农民工被免于起诉。

在这起事件中，尽管农民工偷吃葡萄是事实，但充斥都市报纸的“馋嘴”“天价”等字眼，显示出部分社会公众对于农民工群体的歧视。

更有甚者，南京《城市快报》在2004年曾有报道说，大港区晨晖里农贸市场后一公厕外墙上，张贴着一份打印的标语，上面写着“禁止民工入内”六个大字。

族群的撕裂必然会带来畸形的发展，这绝不是社会发展的福音。

⊙“黑窑奴工”与政府问责

2000年前后，中国住房制度改革全面启动，“福利房”渐次退出历史舞台。城市人口的迅速增加和城市规模的急剧扩张，使房地产市场呈井喷态势。同时，随着第一代农民工打工收入的积累，农村住房条件的改善已成普遍态势。这两种态势相互交织，导致小水泥厂、小砖窑在全国遍地开花，社会

2004 年 11 月 15 日，沂南县布鞋城里，企业主在黑板上通告：“不请假、不准假、缺勤者勾上月帐，缺一天勾一天，缺半天勾半天，并不发工资”

对农民工的需求急剧旺盛。

2004年，中国农村外出务工劳动力达11823万人，比2003年增加433万人。

但是，这一时期的农民工实际工作环境并没有出现“立竿见影”的变化，农民工权益受侵害的现象仍较普遍，“黑窑奴工”事件接连发生。

2004年6月1日，《法制日报》刊出报道《民工惨死曝出新疆某砖厂“集中营”式管理内幕》——这里不是集中营，却像集中营一样剥夺民工的人身自由：身份证、通讯录、手机、钱物通通没收，不许外出，不许交谈，一言一行都受到监视，晚上睡觉10分钟点一次名，连上厕所也有人跟随……这里不是集中营，却像集中营一样强迫民工干活，而且每天只提供两顿饭，每顿饭只有一个100克的馒头和一碗能照见人影的面汤……这里不是集中营，却像集中营一样随意殴打民工，有的民工竟被殴打致死……

此后，《山西晚报》公开披露的山西省洪洞县广胜寺镇曹生村“黑窑奴工”事件，情节更为恶劣——

2006年年初，31名外地农民工来到临汾市洪洞县广胜寺镇曹生村一个黑砖场打工。这个黑砖场的老板是曹生村村支书王东己的长子王斌斌，工头是河南安阳人衡庭汉。砖场里的农民工每天面对的是打手们冰冷的铁棍以及狼狗的血盆大口。

据洪洞县刑警重案中队负责人介绍，31名农民工中的23人是从郑州和西安火车站骗来的，他们早上5点开始上工，干到第二天凌晨1点才能睡觉；睡觉的地方是一个黑屋子，里面没有床，只有铺着草席的砖地，冬天也不生火。打手把他们像赶牲口般关进黑屋子后反锁，30多人只能背靠背地“打地铺”，而门外则有5个打手和6条狼狗巡逻。他们的一日三餐就是吃馒头、喝凉水，没有任何蔬菜，而且每顿饭必须在15分钟内吃完。

另外的8名农民工则神志不清，“只知道自己叫什么”，但“爸妈的名字和老家在哪里则统统不知道”。他们原来就是痴呆患者，还是被黑砖场折磨所致，已经无法查证。

砖场的农民工只要动作稍慢，就会遭到打手无情殴打，因此，他们被解救时个个遍体鳞伤。因为没有工作服，他们一年多前穿的衣服仍然穿在身上。大部分人没有鞋子，脚部多被滚烫的砖窑烧伤。由于一年半没有洗澡、理发、刷牙，他们个个长发披肩、胡子拉碴、臭不可闻，“身上的泥垢能用刀子刮下来”。

2005 年腊月，湖北打手赵延兵嫌甘肃农民工“刘宝”动作慢，竟用铁锹猛击“刘宝”的头部，致其当场昏迷，第二天死在黑屋子里。几名打手用塑料布将“刘宝”的尸体裹住，随便埋在了附近的荒山中。

遭受非人折磨时，这些农民工从来不知道反抗，也不敢逃跑。一年多来，这 30 多名外地农民工没有领到一分钱工资。由于靠山就近取土，该砖场的主要成本只是烧窑的煤炭。每块砖的成本只有 0.036 元，而售价在 0.3 元左右，几乎 10 倍的暴利。[1]

2007 年 6 月 13 日，时任全国总工会书记处书记、纪检组长张鸣起一行赶赴山西洪洞，对查处黑砖窑进行督察。到 2007 年 7 月底，山西全省共查处有严重违法犯罪行为的砖瓦窑 17 户。解救农民工 359 人，其中童工 15 人，年龄最小的 13 岁。在高层领导的重视下，这起震惊中外的山西洪洞黑砖窑事件中，共有 69 人被起诉，95 名党员干部、公职人员受到党纪、政纪处分，2 人被开除公职，24 人被撤职。这是改革开放以来，在涉及农民工问题上被起诉和被问责人数最多的一次。

2007 年 6 月 22 日，山西省召开“黑砖窑事件”通报会，时任省长于幼军代表省政府向受害农民工家属道歉，并向全省人民检讨。70 余天后，于幼军辞去山西省省长职务。

在小水泥厂、小砖窑遍地开花的同时，小煤窑带来的安全生产事故接连不断。

2002 年，电煤指导价政策取消，煤炭价格完全市场化，社会需求日益旺

1　李廷祯.黑砖厂里，他们过着“奴隶”生活[N].山西晚报，2007-6-7.

盛，煤炭价格不断上扬，开始进入煤炭生产的“黄金十年”。

一些大型煤矿盲目扩张，矿井层层转包，一些小型煤矿低成本投入甚至“无本生利”。

2003年，全球产煤约50亿吨，死亡人数8000人左右；当年中国煤炭产量为16.6亿吨，占33.2%，而死亡人数则达6434人，占80.4%。

2005年，中国的煤炭百万吨死亡率接近3，这个数字是一些发展中国家的10倍，是美国的100倍。

2007年12月5日，山西洪洞县瑞之源煤业公司民营新窑煤矿发生爆炸事故，夺走了105名农民工的生命。据调查，“黑心矿主”对采煤业务层层转包，只求数量不问安全。矿工们反映矿主要钱不要人命，到底有多少矿工下井根本不问，事发后竟找不到一份完整的矿工花名册。

2008年9月8日，山西省临汾市襄汾县新塔矿业有限公司尾矿库又发生特别重大溃坝事故，造成277人遇难。

国务院事故调查组认为，这是一起特别重大责任事故，在社会上造成了特别恶劣的影响。

2008年9月，山西省省长孟学农引咎辞职，主管副省长被免职。

事实上，对发生重特大安全事故以及严重侵害农民工合法权益事件的处理，中央政府毫不手软，“政府问责”被高调祭起，从市长到先后两任省长请辞，力度之大前所未有。

然而，在领导高度重视、农民工政策走向非常明晰的情况下，一些地方仍然对农民工采取漠视的态度，任由无良企业伤害农民工的身心健康和生命安全。

中国的煤炭行业，尤其是地方的一些中小煤矿，煤炭财富与权力的“联姻”由来已久，直接后果就是以利益为纽带，将地方官员与矿主捆绑在一起。

2007年洪洞“12·5”矿难事后查明，以副市长为首的临汾三级煤炭行业管理官员，均在接受贿赂后放松监管，最终导致惨剧发生。

在煤老板的行贿记录中，市、县、乡均有煤炭行业管理官员的名字在案，三级煤炭行业管理官员与煤老板一起，构筑了一个完整的利益链条。当煤老板的“权力保护”需求与地方煤炭行业管理官员的“权力寻租”相结合时，利益至上被推到了极致，国家的资源政策、农民工政策、农民工生命安全通通被抛到脑后。

底线意识是整个社会健康运行的基本保证。底线意识的缺失，必然带来社会秩序的紊乱，受害的一定是处在城市社会最底层的农民工。

好在中央高层的高度重视使这一问题得到遏制，否则，将会有更多的人要为此付出生命的代价。但要从根本上消除产生这些问题的土壤，还有很长的路要走。

⊙ 开胸验肺与职业病“四问”

在经济飞速发展的年代里，对资本的需求和投资的饥渴几乎是全国性的，职业危害的门槛早被忘在脑后。

在这样的背景下，制造业、日用化工业以及医药行业的一些有毒、有害的企业开始进入中国内地。这类企业在发达国家已不允许存在，新兴工业化国家也已开始驱赶它们，中国一些地方却为它们留出了生存空间。

2002 年 3 月 15 日，《京华时报》记者祁胜勇报道的河北省高碑店市农民工苯中毒事件，使农民工职业病问题浮出水面。

浑身血斑，鼻子出血，口舌溃烂，牙龈的肉一刷就掉，牙齿一碰就倒；为了擦拭长流不断的鼻血，一个晚上竟用去两大篮子的卫生纸……在河北省高碑店市白沟镇一家皮包厂打工的 4 名河南少女，无一例外地患上了重症再生障碍性贫血，其中两人已被病魔吞噬。夺去这些青春少女生命和健康的杀手，是一种叫“苯”的化工原料。在医院的登记表上，女孩赵小歌已于 2 月死亡。

去年，17 岁的小歌和同村的伙伴一起到这家皮包厂打工。工作间的门窗封闭很严，胶水气味冲鼻，工人们整天头晕。她们是计件工，为了赶活儿，经常把材料拿到住室干，在床头刷胶水、粘皮包，许多胶水粘到了手上。

年底，小歌发烧到 41 摄氏度，浑身出血斑，牙龈溃烂。她害怕扣工钱，坚持挨到过年放假，回到家后一病不起，终至死亡。

原来，小歌加工皮包所用的胶水中，含有一种叫“苯”的化工原料，黏性强，挥发快，价格便宜。由于使用含有苯或纯苯的黏胶，作业场所的苯浓度超标几倍甚至几十倍。但是，厂家却没有给打工者提供任何劳动保护。[1]

2002年3月28日，朱镕基总理作出重要批示：“此案可能带有全国性（北京丰台区已发现类似事件）……对使用苯类有毒物质作为溶剂的胶粘剂、装饰材料等的企业，必须规定明确的劳动保护条件……”

总理有批示，调查有结果，处理有意见，整改有要求……发生在高碑店市的这起农民工苯中毒事件震动中国。然而，仅仅一年之后，又一起恶性职业病事件在福建出现。

在对从仙游县东湖村务工返乡的89名贵州籍农民工体检时发现，其中46人确诊患硅肺病。东湖村现有的201名外来农民工中，14人患硅肺病。

随后，温家宝总理作出重要批示，要求严肃执法，对不顾工人生命安全的企业依法追究责任，并公开通报，以儆效尤。

连续两年，先后两任总理作批示，先后两次以国务院的名义向全国发出通报，先后两次要求在全国进行专项治理，重视程度之高，工作力度之大，可谓前所未有。即便如此，职业病危害对农民工生命健康的侵蚀却并没有消失。

2004年5月27日，全国安全生产宣传教育工作会议透露，中国实际接触有害作业的人数、职业病患者累积数、死亡人数和新发生病例数，都是世界上最高的。

2005年4月18日，卫生部负责人在第10届职业性呼吸系统疾病国际会议上透露，中国有毒有害企业超过1600万家。每年13.6万死于职业病的人中，大部分是农民工。

2007年，全国总工会在《第六次中国职工状况调查》中指出，职业危害正在由城市、工业区向农村迅速转移，由东部向中西部转移，由大中型企业

1　祁胜勇. 4打工妹苯中毒身患绝症，无良老板置罔若闻[N]. 京华时报，2002-3-15.

向中小型企业转移。职业危害有进一步蔓延的趋势，其分布日益广泛，影响日益严重。

2009年，发生在河南的“开胸验肺”职业病事件，使农民工职业病维权以悲情的方式进入公众视野，引起了整个社会的高度关注。

28岁的张海超是河南新密市刘寨镇农民，2004年6月，他到新密市郑州振东耐磨材料有限公司打工，先后从事过杂工、破碎、开压力机等工作。

2007年下半年，他感到身体不适，胸闷、咳嗽。当年10月，他辞职后先后到郑州市二院、省胸科医院、省人民医院、北京协和医院、首都医科大学朝阳医院、北京大学第三附属医院进行检查，医生们都给出了一致的结论——尘肺。

按照国家职业病防治法的有关规定，职业病的鉴定由当地职业病防治所进行。职业病诊断、鉴定需要用人单位出具相关证明，如组织机构代码、职工工作时间、从事工种等。振东公司不肯配合，张海超无法到职业病防治所进行鉴定。

此后，经过反复投诉，新密市信访局同意张海超到郑州职业病防治所进行鉴定。然而，鉴定结果竟然是“无尘肺0期（医学观察）合并肺结核”，给出的意见是进行肺结核诊治。

张海超决定“开胸验肺”。6月22日，他不顾医生劝阻，在郑大一附院做了开胸手术。

胸部一打开，医生就发现了肺上的大量粉尘，肺部切片检验也排除了肺结核的可能。郑大一附院出具的诊断中，写明“尘肺合并感染”。

近两年的维权求医，张海超花费近9万元，早已是债台高筑。开胸后，他找过新密市信访局，一位科长仍然坚持只认郑州市职业病防治所的鉴定结论。[1]

1 申子仲. 工人为证明患职业病坚持开胸验肺 [N]. 东方今报，2009-7-10.

张海超以“开胸验肺”的惊人之举，引发媒体和社会关注，最终获得61.5万元赔偿，但这也仅仅是极端个案。

地方利益取向和GDP至上是导致职业病恶性事件的首要原因。

为吸引投资，保护地方经济，一些地方政府对职业病危害把关不严，大量未经职业病危害预评价和未做到“三同时”审查的企业开工投产，导致大量劳动者接触职业病危害因素。

一些地方政府官员对一些有毒有害、高粉尘的小加工厂、小作坊不闻、不问、不检查、不监督，放任不管，甚至姑息纵容，导致大量农民工长期在有毒有害和高粉尘环境下劳动，为职业病的高发埋下了隐患的种子。

在现实生活中，职业病检查和职业病鉴定却困难重重。由卫生行政部门指定专门的职业病鉴定机构，本意可能是要强调或突出职业病鉴定的权威性，但指定的结果就是职业病诊断权的垄断。这不仅有悖于市场经济的规律，甚至在利益的诱惑下会带来腐败。

这一时期的农民工职业病患者的权益维护，基本上都按照“媒体曝光—领导批示—专项整治—调查处理”的路子来实现。它既说明农民工职业病患者的权益维护要走向制度和机制保证还有一个漫长的过程，也说明农民工的权益维护包括职业病患者的权益维护客观上需要建立党政主导、工会运作、媒体监督的大格局。中国的经济发展，绝不能以牺牲一代劳动力的健康为代价，这也是时代的警示！

⊙ 时代人物与有产追求

2008年，由美国次贷危机引发的国际金融危机波及全球，对我国的国民经济和中小企业造成了严重的冲击。

据人力资源和社会保障部统计，在中国1.3亿外出就业的农民工中，有2000万人因金融危机失业返乡，这种状况近十几年来罕见。

2008年12月20日，国务院办公厅发出《切实做好当前农民工工作的通知》，强调农民工是“我国改革开放和工业化、城镇化进程中涌现的一支新型劳动大军”，已成为“我国产业工人的重要组成部分”。

随后，中国政府首次为稳定农民工就业打出“组合拳”，包括在全国部署开展“春风行动”，强化就业服务，开展职业培训，稳定在岗农民工就业，鼓励返乡创业。

这套力度空前之大的“就业组合拳”，在改革开放以来还是第一次。

2008 年，《中华人民共和国就业促进法》正式出台，进一步把促进农民工稳定就业上升到法律层面。

与此同时，面对多年来农民工的合法权益维护问题，政府也给予了高度关注。

2005 年 9 月，全国人大常委会执法检查组发现，一些用人单位为规避对劳动者的义务，不与劳动者订立书面劳动合同，甚至不承认与劳动者存在事实劳动关系，农民工劳动合同签订率只有 30% 左右，大部分劳动合同期限在一年以内。

2006 年 3 月，《劳动合同法（草案）》向社会征求意见。一个月内，共收到各类意见 191849 件，创下了中华人民共和国成立以来立法史上之最。

2007 年 6 月 29 日，在第十届全国人大常委会第二十八次会议上，历经 4 次审议的《劳动合同法》以 145 票赞成、0 票反对、1 人未按表决器获高票通过。

2008 年 1 月 1 日，《劳动合同法》开始实施。这是我国改革开放以来第一部系统维护包括农民工在内的劳动者合法权益的法律。但是，由于它的出台和实施正好与国际金融危机全面来袭直接对撞，争议和规避迅速出现。

从 2007 年 10 月开始，华为集团安排 7000 多名工作满 8 年以上的老员工“辞职”，变成新人后再应聘上岗，职位和待遇基本不变，唯一变化的是再次签订劳动合同和重新计算工龄。为此，华为集团支付给“辞职”老员工的赔偿金额总计约 10 亿元。

为了突破《劳动合同法》对用人单位的约束，一些企业不再直接和员工签订劳动合同，而改由劳务派遣公司派遣，劳务派遣规模迅速扩大。

改革开放以来，很少有一部法律的出台能够像《劳动合同法》一样，引起如此强烈的社会冲击波。究其原因，一是由金融危机引发的小微企业倒闭

2008 年 3 月 12 日，我国首次专门以农民工身份当选全国人大代表的 3 位农民工全国人大代表来到全国总工会职工维权中心考察

潮与《劳动合同法》的实施交织在一起，法律成了“替罪羔羊”，二是“资本优先”仍有市场，三是企业主和农民工博弈的平台不健全。

2008 年 12 月 25 日，全国人大常委会执法检查组发布执法检查报告，证实没有一家企业因贯彻实施《劳动合同法》而倒闭。人力资源和社会保障部称，《劳动合同法》实施后，劳动合同签订率上升，社会保险参保人数也大幅增加。

一方面，法律的完善逐渐为农民工群体权益提供保障，另一方面，农民工开始登上中国政治舞台。

2007 年 3 月 8 日，在北京人民大会堂里，第十届全国人大第五次会议正在举行。受全国人大常委会委托，全国人大常委会副委员长、秘书长盛华仁对十一届全国人大代表名额和选举问题的决定（草案）进行说明时明确提出，“我国农民工队伍不断壮大，已成为产业工人的重要组成部分，他们在全国人大中也应有适当名额的代表”。

毫无疑问，农民工代表进入国家权力机关，既是中国社会结构现状的客观要求，更是党和政府培育新生群体政治力量的需要。

2008 年 1 月 21 日，广东省十一届人大一次会议举行第三次全体会议，佛山市三水区新明珠陶瓷集团销售员胡小燕成为全国第一个当选全国人大代表的农民工。

5 天后，重庆市三届人大一次会议举行第三次全体会议，重庆建工集团第一市政工程有限责任公司路面工程处农工班班长康厚明当选第十一届全国人大代表。

此后 3 天，上海市十三届人大一次会议举行第三次全体会议。打工妹朱雪芹的名字，和习近平一道出现在上海市十一届全国人大代表 64 人名单中。

十一届全国人大共有代表 2978 名，农民工身份代表共有 3 人。这是中国民主政治历史的一小步，却是中国农民工阶层登上政治舞台的一大步。

5 年后，十二届全国人大一次会议庄严开幕。本届全国人大代表中有 31 位农民工代表。从 3 到 31，中国最高国家权力机关有了更多农民工的存在。

无论还有多少稚嫩和忐忑，农民工全国人大代表的每一次利益表达，都构成了中国民主政治生活的生动细节。

中国农民工经过改革开放40年的洗礼，不仅在国内的政治、经济和社会生活中引起广泛关注，而且影响已经超出国界。

2009年12月16日，中国深圳的肖红霞、彭春霞、黄冬艳、邱小院、李春英、邓涛、曹彬共7名普通打工者，入选美国《时代》周刊年度新闻人物。《时代》周刊称，中国经济顺利实现"保八"，在世界主要经济体中继续保持最快的发展速度，并带领世界走向经济复苏，功劳首先要归功于中国千千万万勤劳坚韧的普通工人。[1]

执行采访任务的《时代》周刊记者承认，这几名工人只是普通的打工者，他并没有做过任何事先设定条件的挑选。正因为这样，他们才更能代表成千上万的中国工人。

发端于改革开放的中国农民工群体，已经成为中国工业化、城镇化、市场化和国际化的重要建设力量。2008年，全国第二产业的就业人员中，农民工占57.6%，其中加工制造业占68%，建筑业占80%；在全国第三产业从业人员中，农民工占52%，城市建筑、环保、家政、餐饮服务人员90%都是农民工。

据《广州日报》报道，2007年，广东的外省农民工汇（带）回家的劳务收入达1300多亿元，位居全国第一，仅通过邮局汇兑渠道寄往各地的款项就超过700亿元。这些"打工收入"弥补了城乡差距，改善了农民的生活，加速了农村乡村文明的建设进程。

经过40年的淬炼，农民工不仅成为城市服务的主体和"中国制造"的支撑，更在市场经济的洗礼中不断成长，一部分人创业立业，从生产流水线上的普通工人或城市第三产业的普通服务人员成为企业家，参与市场竞争，创造社会财富。

这些农民工中的佼佼者在为经济社会发展作出重大贡献的同时，也已经蜕变了自己的农民工身份。他们不再是进城谋生的"打工者"，而是走向有产

1　张国防. 深圳4名女工登上《时代周刊》成中国工人代表[EB/OL]. 深圳新闻网，2009-12-20.

阶层的“领头羊”。

如何使这个阶层逐渐融入城市文明，如何使他们中的绝大多数人逐步变成有产者，既是对执政者的考验，也是中国现代化进程能否有序和谐的关键。

⊙“十二连跳”与新生代农民工的困惑

所谓新生代农民工是指出生于20世纪80年代和20世纪90年代、年龄在16周岁以上、在异地以非农就业为主的农业户籍人口。据国家统计局公布的数据，2009年外出新生代农民工数量是8900万人。如果将8445万就地转移农民工中的新生代群体考虑进来，我国现阶段新生代农民工总数在1亿人左右。

新生代农民工不仅年纪轻，而且生活起点、生活经历、受教育程度都与老一代农民工有较大不同。他们虽然户籍在农村，但大多没有真正感受过生活的艰辛，更没有过从事农业的经历，对城市五光十色的时尚生活却耳濡目染，诉求已和先辈们大相径庭。

2010年3月至5月，全国总工会与多部门组成联合调研组，对新生代农民工进行全国性调查研究和实证分析，形成了《关于新生代农民工问题的研究报告》(以下简称《报告》)。

《报告》披露，与老一代农民工改善家庭生活的动机不同，高达71.4%的新生代农民工是为了“体验生活，实现梦想”。他们的就业选择不仅看重工资等硬件，更看重福利待遇、工厂环境以及发展机会等软件。55.9%的新生代农民工准备将来“在打工城市买房定居”，希望在务工地长期稳定的生活愿望更强烈。

《报告》同时显示，在获得平等的就业权、劳动和社会保障权、教育和发展权、政治参与权、话语表达权以及公共服务权等方面，新生代农民工比父辈有更高的期待，维权态度由被动“恳求”向主动“抗争”转变。

新生代农民工正处于婚恋期和情感高依赖期，更渴望在外出就业的同时，有亲情和爱情在身边，可以交流思想，有困惑能够倾诉。

然而，新生代农民工在自身诉求发生多方面变化的同时，与农民工关系密切的客观现实却并未发生实质性的变化。城乡二元结构的制度性羁绊没有发生根本改变；企业对农民工行政命令式和机器人式的管理方式没有实质改变；农民工仍处于低收入阶层的实际状况没有变化；农民工权益维护渠道不畅的问题也没发生实质性好转。

在这种变与不变的冲突中，在新生代农民工的主观愿望与社会的客观现实碰撞中，形成了梦想与困惑的悖论。

全国总工会2010年3月开展的新生代农民工调查显示，在接受调查的1000家企业中，新生代农民工的平均月收入为1747.87元，仅为城镇企业职工平均月收入（3046.61元）的57.4%，比老一代农民工（1915.14元）还低167.27元。

另据深圳市总工会的调查，2010年深圳的新生代农民工即使通过加班获得的月平均工资也只有1838.6元，大约为2009年深圳市在岗职工月平均工资的47%，他们的每月所得基本上只能维持其本人的最低生活水平，大多数甚至要靠精打细算节俭度日。

与老一代农民工相比较，新生代农民工更渴望融入城市。但是，社会的客观现实却是以户籍制度为核心的城乡二元体制仍旧存在，附属在户籍制度基础上的子女教育和社会保障等基本公共服务并未覆盖农民工。在这种情况下，新生代农民工既对乡村产生了一种距离感和陌生感，又无法享有城里人的政治、经济和社会权利，处于在市民与农民之间游离的尴尬状态。这种特殊的角色，导致他们很容易对未来产生无助和迷惘。

从2010年1月至5月，台资在内地最大的投资企业之一富士康接连发生了12起新生代农民工跳楼事件，引起了社会舆论和中央高层的关注。

震惊中国的富士康“十二连跳”，暴露的是现代加工企业里劳动者所陷入的精神困境。

在物质层面，富士康待遇优厚。但在精神层面，企业缺少人文关怀，员工上班不能说话，工人必须找到别人代班才能上厕所，时间一久，工人便容易产生与世隔绝的感觉。再加上企业内部层次划分非常明显，不同层次员工的工作性质及生活圈子截然不同。沟通的缺失，更加剧了情感的孤独。

与老一代农民工“改善生活”的愿望和诉求不同，新生代农民工走出农村，就是以改变身份和自我发展为动力。当他们看不到自己的前景时，一些人便难免心灰意懒，产生悲观厌世情绪。

与富士康“十二连跳”同时发生的，还有佛山的“本田罢工”事件，它带有更多劳资对抗的色彩。

2010 年 5 月 17 日，本田汽车零部件公司近百名员工因不满工资低、福利待遇差，停工一天。5 月 21 日，因传言公司已赴湛江等地大量招聘新工人，公司不会给员工加薪，员工们开始第二轮停工。5 月 26 日，本田宣布新工资调整方案，工人不接受，继续罢工。5 月 27 日，本田公司发布消息，由于零部件供应中断，4 家在华整车工厂均被迫停工。本次“停工门”事件，参与工人最多时达千余人，且主要是新生代农民工。有媒体称，事件起因是工人对薪酬体系不满，日本支援者的年薪与中国工人相差 50 倍。

“十二连跳”事件反映的是新生代农民工对人文关怀的精神追求与机械式作业、封闭式管理之间的矛盾，是梦想破裂的绝望和逃避。“本田罢工事件”反映的是新生代农民工对权利平等的追求与强资本、弱劳动的矛盾，是权利意识的觉醒和对抗。

两者虽然表现形式不同，但都有一个共性特征，即新生代农民工在向新型产业工人转型的过程中，面对现实的困境，往往会采取极端的方式进行抗争。

要避免历史上每一个新阶层的出现总是伴随着剧烈社会震荡现象的发生，就必须要拓宽制度渠道，调适政策措施，搭建发展平台，为新生代农民工创造归属环境。

新生代农民工是中国工人阶级的未来，是“中国制造”和“中国创造”的未来。为他们的成长降低成本，为他们的融入减少代价，为他们的发展提供契机，为他们的未来架设桥梁，这已成为我国工业化、城镇化、市场化和国际化绕不过去的坎。

政府层面拓宽制度平台，拆除计划经济旧体制的樊篱，打造上升通道，给他们以希望，给他们以动力，这是迎接亿万新生代农民工走上历史舞台的根本。

拓展组织平台，增强组织力量，畅通诉求渠道，加强精准服务，这是迎接新生代农民工走上历史舞台的保障。

鉴于新生代农民工入会率不高的现状，这一时期全国总工会提出了“组织起来，切实维权”的工作方针，并组织实施了“千万农民工援助行动”，开展农民工工资支付专项检查，并参与整治非法用工专项行动，开展为农民工送政策、送岗位、送安全、送健康、送文化等活动，建立和完善农民工输出地与输入地工会组织的“双向维权机制”。

国家政策走向与农民工尤其是新生代农民工的希冀和期盼相合拍，决定了农民工的融入已是大势所趋，尽管融入的过程还有迂回曲折，但融入的步伐将会加速，融入的方式将会多样，融入的方向不会改变。

走向融合 2012—2018 年

经过 21 世纪前 10 年高速发展的工业化吸收和消化期之后，一度浩浩荡荡的民工潮已是波澜不惊。从 2012 年至 2016 年，外出农民工数量呈逐年回落态势，增速分别为 3%、1.7%、1.3%、0.4%、0.3%。“刘易斯拐点”已经到来，并在劳动力供给上体现出明显特征。

从 2012 年至 2018 年，农民工流动的最大社会特征就是融入城市。经历了与资本和旧体制的博弈后，迁徙的目的地已近在咫尺，新的体制和政策正在为农民工的融入创造条件。2012 年，中国经济的列车在连续 20 年保持两位数增速以后，终于矗立在世界经济的前台。7.8% 的 GDP 增速，依然在世界主要经济体中位于前列，但前期高速发展所积累的矛盾开始显现，结构性问题突出，经济发展呈现“换挡减速”和“结构调整”态势。

与此同时，举世瞩目的经济体制改革进入了深水区和攻坚区。好改的已经改了，好革的也已经革了，改革的红利虽然仍在释放，但边际效应的递减趋势已经出现，亟须新一轮改革攻坚为中国的经济发展注入新的动力牵引。

这是一个中华民族从站起来、富起来到强起来的新时代，是人的全面发展、社会全面进步和走向共同富裕的新时代，也是中国农民工追求美好生活并加速融入城镇的新时代。

中国农民工在40年的迁徙过程中，迎来了融合的春天。

以国家发展战略为目标，以农民工自身素质提高为支撑，以深化体制改革为动力，中国农民工开启了融入城市的新征程。

就像日夜奔腾不息的长江，当它即将汇入蓝色海洋时，显得更宽阔、平静与和谐。

⊙ 新型产业工人队伍的锻造

随着中国经济的结构式调整和生产方式的转变，中国农民工开始面临新的要求。

廉价劳动力既是“中国制造”在世界经济分工中的优势所在，也是推动中国经济近20年来以两位数的经济增长率增长的关键。廉价劳动力的主体就是农民工。中国农民工体量庞大、供给持续性强、自身能吃苦耐劳和忍辱负重等特点，成就了30多年来形成的“中国制造”。

随着新生代农民工逐渐成为主体，他们的维权意愿更强烈，维权方式更具有群体性和对抗性的特征，国家维护农民工合法权益的政策也逐渐完善，“血汗工厂”已难以立足。与此同时，农民工的供给也发生了趋势性的变化。尽管农民工总量由2008年的22542万人持续上升到2014年的27395万人，但年增长率却从2010年和2011年的高峰开始逐年回落。2012年农民工总量为26261万人，比上年增长3.89%，2013年为26894万人，比上年增长2.41%，2014年比上年增长1.86%，“刘易斯拐点”已经到来。

在上述几个因素的相互作用下，从2012年开始，中国的经济发展进入“三期叠加”时期。“三期”是指增长速度进入换挡期、结构调整面临阵痛期、前期刺激政策进入消化期。

2014年5月，习近平总书记在考察河南的行程中，第一次提及“新常态”。2014年11月9日，习近平在亚太经合组织工商领导人峰会开幕式上的演讲中，首次明确了新常态的主要特点：速度——从高速增长转向中高速增长；结构——经济结构不断优化升级；动力——以要素驱动、投资驱动转向创新驱动。

经济结构的调整和经济发展方式的变化，不仅意味着旧的规模速度型粗放式生产方式的终结，也意味着农民工就业结构和发展方式的变化。

产业结构调整和优化的加速，劳动力尤其是作为产业工人主体的农民工的职业教育和技能培训的滞后，必然会带来结构性的失业。调查显示，新生代农民工更换工作的平均次数是老一代农民工的2.9倍。

技工荒与就业难并存的现状，同时制约了农民工收入水平的提高。提供“苦力”的体力型农民工的收入水平，相当一部分只能达到当地的最低工资标准。这种低工资的就业方式，既不利于新生代农民工的自身发展，又不利于新型产业工人队伍的打造；既容易引发劳资矛盾和劳动关系的不和谐，又不利于消除社会的两极分化。

正是在这样的时代背景下，农民工技能素质提升工程作为国家战略拉开了帷幕。

2012年开始，这项战略进入了顶层设计、密集推动和全面实施阶段。

2014年9月，国务院下发《关于进一步做好为农民工服务工作的意见》，首次明确提出实施农民工职业技能提升计划。

该意见要求对在岗农民工开展岗位技能提升培训，对具备中级以上职业技能的农民工开展高技能人才培训，将农民工纳入终身职业培训体系。通过培训补贴鼓励企业组织农民工进行培训，鼓励大中型企业联合技工院校、职业院校，建设一批农民工实训基地。

2015年6月，国务院办公厅下发《关于支持农民工等人员返乡创业的意见》，首次对返乡创业农民工的培训提出要求，督促各地要紧密结合返乡农民工等人员的创业特点、需求和地域经济特色，开发有针对性的培训项目，并按规定给予创业培训补贴。

2015年，中央和国务院各部委纷纷开展农民工职业技能培训行动：人社部开展农民工职业技能提升的“春潮行动”；教育部开展岗位证书培训行动；

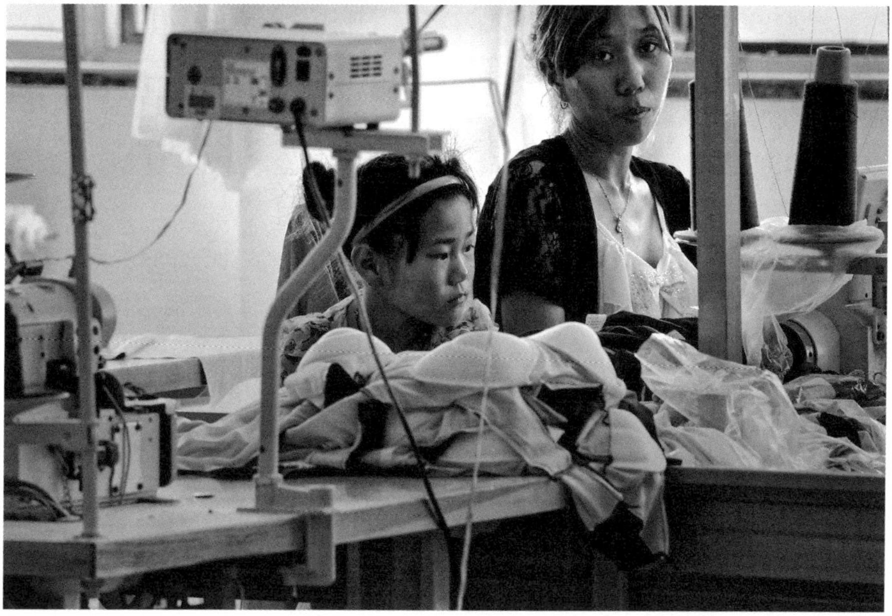

2013 年 7 月 6 日，辽宁省葫芦岛市开发区的车间里，一位母亲带着女儿打工

科技部开展“星火计划”培训；住建部开展城乡建设行业农民工技能培训；农业部开展“阳光工程”培训行动；扶贫办开展“雨露计划”培训行动；全国总工会开展技能培训促就业行动；共青团中央开展青年农民工培训；全国妇联开展女性农民工技能培训……

从2015年起，我国每年培训农民工2000万人次，包括开展农民工就业技能培训1000万人次，对已就业的农民工开展岗位技能提升培训1000万人次。另外，从初级工到中级工，再到高级工乃至技师，开展技术人才培训100万人次。

2017年2月，中央全面深化改革领导小组第三十二次会议审议通过了《新时期产业工人队伍建设改革方案》，把打造以农民工为主体的新型产业工人队伍上升为国家战略，这对中国今后一个时期的经济社会建设无疑将具有深远的意义。与此同时，《中国制造2025》作为中国政府实施制造强国战略第一个十年的行动纲领，为中国工业的转型升级描绘出中期愿景。

建设新型的产业工人队伍，让他们通过技能素质提升增加劳动的价值，提高劳动所得和收入水平，就可以为2.87亿农民工敞开劳动致富和走向中产的渠道。

没有2.87亿农民工的小康，不可能是全面的小康，没有2.87亿农民工中的佼佼者率先进入中产行列，这个中产阶层就是畸形的。

如果新生代农民工无法融入城市，工业化和城镇化的进程就必然会受到制约；如果农民工无法融入城市，就没有以人为核心的中国特色的城镇化。

提升农民工的技能素质，培养一代新型产业工人队伍，不仅是中国经济发展调结构、转方式、换动力的客观需要，也是走出“中等收入陷阱”、造就中产阶层的重要举措，更是中国制造走向中国创造、劳动力大国走向劳动力强国的一把钥匙。

谁掌握了新型产业工人队伍，谁就掌握了中国的未来。

⊙ 农民工的社保与社会公平

中国的农民工伴随着改革开放的进程而产生，伴随着工业化和城镇化的发展而壮大。从 1978 年的改革元年算起，到 2013 年已历时 35 年。当年 20 多岁的青年人，如今已逐步迈入老年人的行列。但是，中国的社会保障制度却并没有做好迎接农民工老龄化的准备。

从全国农民工监测调查报告公布的数据来看，50 岁以上的高龄农民工呈现出数量巨大和参保率低两大特点。

2015 年，50 岁以上高龄农民工约 5000 万人，而当年农民工养老保险的参保率只有 17% 左右。考虑到此前农民工的参保率更低且参保的时间不长，高龄农民工的社保缺位和“社保拖欠”问题日益凸显，并呈现出时间长、跨度大、人数多和阶段性的特征。

从 1978 年改革开放后中国农民工产生到 1998 年的 20 年间，农民工的社保基本处于空白状态。从 1999 年到 2008 年，各地开始探索适合农民工的社保办法。2009 年以后，才从地方到中央，逐渐形成了一套具有中国特色的农民工社保之路。据国家统计局农民工监测调查报告提供的数据显示，2009 年，农民工参加社会保障的比例中，养老保险为 7.6%，工伤保险为 21.8%，医疗保险为 12.2%，失业保险为 3.9%，生育保险为 2.4%。2014 年，这些数字分别为 16.7%、26.2%、17.6%、10.5% 和 7.8%，增长缓慢。

毫无疑问，农民工的低收入状况直接影响了农民工对社保问题的态度。1998 年，全国农民工的劳均年收入只有 5807 元，平均月收入 480 多元，其中的 61% 都寄回家或带回家，这种收入水平很难让农民工再从中拿出一部分缴纳社会保险。

即便到了 2009 年，新生代农民工的月收入只有 1747.87 元，约为城镇职工的 57.4%。低收入导致了农民工眼前利益（生活所需）与长远利益（养老）的矛盾，也导致了农民工的流动性与工作的不稳定性和社保统筹层次低的矛盾。

没有外力的强制约束，企业不想也不愿为农民工的社保买单。况且在改革开放的前 20 年时间里，国家并没有制定统一和完善的农民工社保制度和法规，这也在客观上为企业不给农民工缴纳社会保险打开了逃漏之门。

在各地养老保险制度不断出台的过程中，伴随着农民工“参保—退保”

的恶性循环，沿海地区的“退保”风波不断。

在珠江三角洲，回家过年的农民工辞工退保成“潮”，有的地区退保率超过95%。以东莞市为例，2007年就有超过60万人次办理了退保手续。仅南城区社保分局，就有1.23万人退保，退保总金额高达2628万元。

记者调查发现，工厂经营不善倒闭、工厂搬迁市外以及春节期间“回家潮”等，都会造成大量退保。一些企业在有订单时招收大量工人，订单少就裁员，也造成很多工人集体退保。

退保费是农民工一笔重要收入，经济利益诉求也是退保的重要原因。目前，社会养老保险缴费由个人和企业两方承担，个人缴费8%，企业缴费8%。但是，由于东莞市建立地方养老保险，企业还必须缴费3%，这部分费用也划入参保职工本人的地方养老保险个人账户。东莞市农民工参保满一年退保则可以退回缴费的11%，不够一年只退8%。

以东莞市南城区社保分局为例，退保的人以参保1年至3年者居多，按城镇职工月平均工资960元计算，一次性退保后就能得几千元。有的人甚至为领取退保金而故意辞工，请求企业开退保单。

累计缴费15年，退休后才能拿到养老金，这个规定让打工者觉得“太遥远”。深圳市1987年起允许非户籍人员参加养老保险，15年后，能够享受养老待遇的仅有100多人。

这一时段，城乡之间、地区之间的社保不能有效对接。虽然国家规定任何地方都要无条件接纳个人养老保险，但某些地方还是设置了障碍，不接受从别市转进来的无常住户口人员的社会保险手续，因为外来人员在当地退休的越多，当地财政需要支出的养老金也越多。

农民工退保，所缴保险费的“小头”——个人缴纳部分由农民工一次性领回，“大头”——单位缴纳的统筹部分，充入地方社保基金。这也是各地社保机构扩大参保面和办理退保时心照不宣的动力。

退休后养老金水平与缴纳年限、个人账户的联系紧密。农民工退保，虽然能拿到现钱，但几年甚至七八年的缴费年限将作废，个人账户将不存在，今后虽可重新缴纳，计发水平却降低。而流动退保，缴费年限达不到要求，

2009 年 2 月 11 日，广东东莞一家通信设备制造企业的生产线上，一位新员工因操作失误出了次品而流泪

就意味着失去了这份保障。[1]

2014 年 2 月，《国务院关于建立统一的城乡居民基本养老保险制度的意见》发布，第一次明确要建立全国统一的城乡居民基本养老保险制度，并对转移接续和制度衔接作出明确规定。同年 2 月，人力资源和社会保障部、财政部印发《城乡养老保险制度衔接暂行办法》，对城镇职工养老保险和城乡居民养老保险两种制度的衔接和转换进一步作出规定。

养老金的统筹层次，一直是农民工参加养老保险的核心问题。在针对农民工流动性大和工作不稳定所带来的养老保险的累计缴费年限计算和跨区域转移接续以及在不同的养老保险体系实现转换问题的同时，高层决策者始终把提高统筹层次作为重要的政策考量。

2016 年，人力资源和社会保障部发出《关于城镇企业职工基本养老保险关系转移接续若干问题的通知》，重新就城镇企业职工基本养老保险中的若干问题做出规定，以确保农民工跨区域流动时养老保险关系的顺畅转接。

2018 年 5 月 11 日，中央全面深化改革委员会第二次会议通过了《企业职工基本养老保险基金中央调剂制度方案》，提出在不增加社会整体负担和不提高养老保险缴费比例的基础上，通过中央调剂基金筹集、基金拨付、基金管理、中央财政补助，合理均衡地区间的基金负担，确保各地养老金按时足额发放。

至此，国家层面关于农民工养老保险的相关制度措施已日臻完善。

尽管农民工社保与城镇职工社保的整合统筹仍然存在政策不完善、一些险种统筹层次低、农民工参保率不高、保障水平较低等问题，但是制度体系已经确立。

随着生产力水平的提高、财政实力的增强和政策及制度的完善，中国特色的社保制度将为经济社会的协调和可持续发展构建一张“安全网”。

1　吴冰. 退保率超95%，农民工“退保潮”因何而起？[N]. 人民日报，2008-1-8.

⊙ 户籍制度改革与城市融入

2012 年之后，农民工的总量和流入地级市以上农民工占比一直处于稳定提高的状态。农民工已经成为产业工人的主体，没有农民工的支撑，“中国制造”就不可能成为中国的名片。从农民工的供给侧来看，老一代农民工中约有 10% 的人不愿回家乡定居，而新生代农民工中有 55.9% 的人准备在打工的城市定居。

既然工业化和城镇化发展需要，农民工尤其是新生代农民工又具有强烈的融入城市意愿，户籍制度改革是让农民工市民化的必然选择。

户籍制度改革的关键，是附着于户籍之上的各种福利保障如何公平化和均等化。随着农民工社保进程的加速，城乡养老保险和医疗保险逐渐衔接和融合，附着于户籍之上的福利保障开始减少，户籍所背负的压力开始减轻，这就为户籍制度改革创造了条件。

2011 年 2 月 26 日，国务院办公厅发出《关于积极稳妥推进户籍管理制度改革的通知》，提出要着力解决农民工实际问题。这份文件第一次明确把农村人口向城镇转移与城镇化发展规律相联系，首次把农村人口转移的范围扩大到地级市，首次把“着力解决农民工实际问题”作为户籍管理制度改革的重要内容。它的出台标志着国家有关户籍管理制度改革进入一个新阶段，农民工融入城市已成为户籍管理改革的一个重要原则。

2014 年 7 月《国务院关于进一步推进户籍制度改革意见》正式发布，这是中华人民共和国成立以来第一份全面、系统地改革户籍管理制度的政策，在户籍管理体制的改革历程中具有标志性的意义和不可替代的作用。

自此，农民工向城市转移的大趋势与国家政策和制度安排实现了同向的一体化进程。尽管有些政策措施尚需进一步完善，但体系化的进程已经开启。

从宏观上看，各省市自治区的户籍管理制度改革，聚焦于取消农业和非农业户口之分。

各省市自治区普遍建立城乡统一的户口登记制度，取消之前农业户口与非农业户口的性质区分和由此衍生的“蓝印户口”等户口类型，统一登记为居民户口，体现了户籍管理制度回归户籍制度的人口登记管理功能。

截至2016年9月19日，随着北京市关于《进一步推进户籍制度改革的实施意见》正式出台，全国31个省份已取消农业户口，在“户别”栏不再有农业和非农业之分，取而代之的是“家庭户”或“集体户”。

户籍管理制度的全面改革，最终形成了中国农民工流动的“第三次浪潮”。相比而言，“第一次浪潮”是农民工“离土不离乡”，“第二次浪潮”是农民工“离土又离乡”，“第三次浪潮”则是农民工“进得了城、回得了乡”。但是，从户籍管理制度改革的实践来看，“第三次浪潮”还刚处于起势阶段，虽然制度设计上体现了公平、公正和平等的原则，但在实际执行过程中仍显示出诸多的不足。

从已经公布的户籍管理制度改革方案来看，对于各类人才落户，所有的省市包括特大城市都是敞开的。但是，对于农民工户口迁移，绝大多数省市都仅限于本省市范围的户籍，对外省流动农民工的入户控制依然比较严。

成都的户籍管理制度改革曾被称为“中国最彻底的户籍改革方案”，不过，尽管成都明确提出市外人员也可入户，但到2016年，外省市农民工真正在成都落户的仍是寥寥可数。

从社会现实来看，只有深化住房制度的改革，才能革除农民工融入城市的现实羁绊。尽管早期进入城市并有一定技能的农民工在务工地自购住房的形式开始出现，但相对于整个农民工群体的居住形式，农民工自购房的比例非常少，到2014年才达到1%，而租房的比例则高居第一位。

从1978年到2018年，租房始终是在大城市从事服务业农民工的重要居住方式。

20世纪80年代末期，历史上具有商业和服务业传统和技能的浙江人开始大量流动进京，集聚于木樨园到大红门一带与南苑乡交叉的城乡接合处。1986年，北京出现了第一个初具规模的城中村——浙江村，当年聚居外来人口达到1.2万人，1994年达到9.6万人，是本地人口1.4万人的近7倍。“浙江村”的称谓从此广为人知。

此后，类似的城中村在各大城市相继出现，如北京的“新疆村”“安徽

2009 年 9 月 11 日，深圳市一家制造企业培训员工的大课堂。2009 年，亚洲金融危机。深圳制造业因订单断崖式下跌导致员工没活儿可干。多数企业借此机会举办培训班，以提升企业实力和留住熟练工人村”，南京的“固始村”“无为村”，广州的“南景村”。尽管这些城中村正在渐次消失，但农民工进城的潮流仍在继续，农民工的融入是大势所趋。

需要强调的一点是，户籍问题与农民工随迁子女入学教育密切相关，要使户籍管理制度改革的初衷得以实现，破解农民工随迁子女入学教育的困局就成为绕不过去的问题。

尽管缺乏连贯统一的农民工随迁子女的统计资料，但不同时期、不同渠道碎片化的统计数据仍然能反映这一特殊群体的规模。

2003年，北京市有10多万名适龄流动儿童，入学率只有12.5%，有87.5%的流动儿童无法进入公立学校。

正是在这样的社会背景下，打工子弟学校这一特殊的教学体制应运而生。

1992年，北京出现了中国第一所打工子弟学校。

1993年，安徽六安人在上海创办了第一所打工子弟学校。

1994年，当时在北京最大的打工子弟学校行知学校，在菜地里搭建了一个14平方米的窝棚，用一块抹了黑漆的三合板加上一本课本，以“私塾”的形式诞生了。

此后，在深圳诞生了铁皮房识字班，在广州出现了棚子“私塾”，各大城市相继出现了各种不同形式的打工子弟学校。由于法律上没有依据，制度上没有安排，政策上也没有说法，这些打工子弟学校都处于“非法”状态，学校条件较差，师资力量薄弱，大部分校舍由租用的仓库或工棚改造成。

2014年7月，随着国务院《关于进一步推进户籍制度改革意见》的出台，各大中城市都加快了将农民工子女纳入城市教育体系的步伐。

2015年11月，国务院印发了《关于进一步完善城乡义务教育经费保障机制的通知》，决定从2016年起，建立城乡统一、重在农村的义务教育经费保障机制，实现教育经费可携带，以适应新型城镇化和户籍管理制度改革的要求。

2016年，国务院颁布《关于统筹推进县域内城乡义务教育一体化改革发展的若干意见》，提出改革随迁子女就学机制，进一步强化流入地政府责任，将随迁子女义务教育纳入城镇发展规划和财政保障范围。

至此，国家层面关于农民工随迁子女教育的政策体系已经非常明确，农民工随迁子女教育融入城市的教育体系的趋势也很明朗，打工子弟学校这一由城乡二元体制衍生的特殊教育形式被公办学校或民办学校取代将不可避免。

⊙ 诉求渠道与权益维护

从 1980 年深圳经济特区成立为起始，雇佣性质的劳动关系开始在中国出现并逐步发展，成为劳动关系的重要社会特征。

外商投资企业和“三来一补”企业是农民工流动的主渠道。因此，农民工从初始阶段就开始了与资本的博弈。

农民工作为劳动力的自发流动与供给富余的特征与资本的组织性与稀缺性产生正面碰撞，决定了农民工权益维护的脆弱性和畅通诉求渠道的紧迫性。

中国工会作为农民工利益诉求渠道和权益维护组织的责任和使命，就在农民工与资本的博弈中、在农民工合法权益维护的需求中产生和形成。实际上，在农民工流动之初和雇佣关系出现之始，中国工会就一直担负着农民工合法权益的代表者和维护者的角色。在实践中，每一起重大侵权事件的处理都可以看到工会的身影。反映农民工诉求、维护农民工权益，中国工会在行动。

在畅通农民工诉求渠道、维护农民工合法权益的实践中，“蛇口模式”最早取得突破。蛇口是中国改革开放最早的实验区，毗邻港澳，处在资本主义与社会主义的边缘地带，外商投资企业多，内地涌入的农民工多。企业生生死死——开业或倒闭，职工进进出出——被聘用或被辞退，是这里的正常现象。

这种动态的、不稳定的劳动关系，客观上要求工会发挥调节阀的作用，既要鼓励外商“高高兴兴地投资赚钱”，又不能以侵害和牺牲职工利益为代价换取经济上的繁荣。

资本的拥有者从来都是以“赚取最大限度的利润和受到最小限度的制约”为目的。倘有可能，他们会排斥任何约束。鉴于此，蛇口工业区把组建工会作为前提条件写进《企业投资总协议》中，资方必须作出此项承诺，才能建

2006年6月，这位来自河南省的农民工面对照相机的镜头略带胆怯

厂招工进行生产。

正因为来自党政的强力支持和《企业投资总协议》的制约，蛇口工业区工会拥有了四项维护职工合法权益的重要权力：凡劳动争议归蛇口工会调处，在区内由工会履行仲裁的基本职能；企业职工正式调入或入户口，必须经工会签署意见，并行使“一票否决权”；企业辞退职工，必须经企业工会签署意见，除名职工，必须经企业和工业区两级工会同时签署意见，并行使“一票否决权”；职工购买福利房出现异议或投诉的，必须经工会签署核查意见，并行使“一票否决权”。

这四项权力的运用，使企业感到没有工会不行，拖延建会对企业不利，没有工会参与制定涉及职工切身利益的制度和决策，执行时必会有挫折。

此后，“宝安模式”和“义乌模式”也相继出现。所谓“宝安模式”是指在全国率先建立“小三级”（区、镇、村经济发展公司）基层工会组织网络，并以此作为农民工诉求的渠道和维护合法权益的平台。所谓“义乌模式”是指工会与司法、劳动、工商、卫生、安监、媒体和高校进行维权联动，形成社会化维权机制和三方协商机制及维权信息沟通机制，维护农民工合法权益。

从 1994 年至 1995 年的“蛇口模式”到 1996 年至 1997 年的“宝安模式”，再到 2000 年至 2005 年的“义乌模式”，中国工会对有效维护农民工合法权益问题的探索从未中断。这种微观探索、实践突破的方式，对推动中国工会在市场经济条件下工会工作体制、机制和工作方式的转变，对密切工会与职工的关系，凝聚职工跟党走，都起着不可替代的作用。

2006 年 3 月，《国务院关于解决农民工问题的若干意见》出台，明确指出农民工是工人阶级的重要组成部分，对解决农民工问题做出全面部署和统筹规划，体现了中央政府对解决农民工问题的顶层设计和制度措施，这在中国共产党和中华人民共和国的历史上还是第一次。

中央对农民工合法权益维护问题的顶层设计，为全国工会系统的宏观推动创造了条件。

2006 年 12 月 8 日，全国总工会十四届十一次主席团会议召开，首次鲜明地提出“以职工为本，主动依法科学维权”，为拓宽农民工诉求渠道、维护农民工合法权益、把农民工打造成新时期的产业工人创造了条件。

这一年，全国总工会向全国叫响“农民工有困难找工会”，协助政府有关部门为279万名农民工追回拖欠工资13.1亿元，排查数万处安全事故隐患，在全国建立200多个流动电影放映队和31所农民工业余学校，开展农民工平安返乡行动。这一年，中国工会先后突破了沃尔玛、戴尔、柯达、三星、富士康等长期拒不建会的“钉子户”，形成突破一个难点、带动一片的效应，创造出工程项目工会、市场工会、楼宇工会、社区工会等形式多样的工会组建形式，全年新增农民工会员800多万人。

2007年，全国总工会全面推进维护农民工合法权益10项工作机制建设，包括源头入会机制、双向维权机制、就业指导培训机制、工资支付保障机制、社会保障促进机制、劳动安全卫生监督机制、帮扶关爱机制、民主权利保障机制、用工诚信评价制度和法律援助机制。

2008年，全国总工会制定和推动劳动合同3年行动计划，全年培训400多万名农民工，为职工和农民工建设1000个全国职工书屋，新增农民工会员1000万人，全国农民工会员总数达到7000多万人。

2009年，针对金融危机对农民工就业问题的影响，全国总工会开展“千万农民工援助行动”。从这一年开始，工会的农民工就业援助和农民工技能培训从未中断。

2010年，全国总工会开展了新生代农民工状况的调研，加大了对新生代农民工的关注和权益维护。中央领导同志在全国总工会报送的调研报告上作出重要批示，明确要求各级工会要继续深入研究新生代农民工的特点和需求，帮助他们逐步解决各种实际困难。

2011年，全国总工会对100万名农民工进行了职业技能培训，为100万人进行了职业介绍，在农民工相对集中的行业、集体宿舍区建立了1000家职工书屋，为农民工获取知识和丰富文化生活创造条件。

2012年年底，全国总工会农民工会员总数达到1.09亿人，农民工的诉求渠道不断拓宽，劳资博弈平台不断完善。

2015年6月，全国总工会召开工会系统进一步推进和做好农民工入会和服务工作电视电话会议，提出积极推进“农民工入会集中行动”，把开发区（工业园区）和建筑项目、物流（快递）业、家庭服务业、农业专业合作组织等作为集中行动的重点。

2016 年 1 月，全国总工会印发了《关于推进户外劳动者服务站点建设的通知》，要求让更多的户外劳动者感受到工会组织的关怀。一些省市以此为标志，针对环卫、建筑等行业户外劳动者在就餐、饮水、休息等方面的实际困难，建立“爱心驿站”等服务措施，被推向了全国和各个不同的行业。户外劳动者的主体就是农民工，“爱心驿站”和户外劳动者服务站点的建设，无疑是工会组织凝聚农民工和服务农民工的重要举措。

2016 年 9 月，全国总工会印发《中华全国总工会农民工工作规划（2016—2020 年）》，提出到 2020 年实现在城镇稳定就业的农民工应保尽保，到 2020 年年底，实现建档困难农民工全部解困脱困。

2018 年 2 月，全国总工会提出，将在开展“强基层、补短板、增活力”的行动中，重点推动农民工比较集中的货车司机、快递员、护工护理员、网约送餐员、房产中介员、保安员、家政服务员、商场信息员八大群体的入会工作，夯实基层基础，强化维权服务。

工会改革 3 年来，农民工每年入会人数高达 1500 万人。

成果辉煌，前途漫漫。今天，农民工中还有近半数没有加入工会组织，农民工融入城市还有很多具体问题需要工会组织协调推动。把包括农民工在内的广大职工组织起来，切实维权，增强工会组织的代表性和凝聚力，夯实党长期执政的阶级基础，中国工会永远在路上。

⊙ 农民工迁徙与中国社会转型

当代中国农民工流动从 1978 年思想解放为起始，由涓涓细流逐步汇聚成滔滔洪流奔腾向前。冲过险滩暗礁，最终融入现代文明海洋。在这股洪流的牵引下，中国社会成功实现了从农业文明向工业文明、从乡村文明向城市文明、从传统社会向现代社会、从长官意志向按客观规律办事的转型。

2018 年的最新数据显示，中国农民工总量已达 2.87 亿人。如此大规模的人口流动和社会融入始终能在有序的社会轨道内运行，并通过撞击与反射的能量推动社会前进，已经成为世界政治、经济、文化历史上的全球经验。

那么，中国的农民工大规模迁徙为何没有带来大的社会震荡？

当代中国的改革就其广度和深度而言，古今中外无与伦比。中国农民工作为改革开放时期产生的特殊群体，始终与改革的进程相联系。在历经“离土不离乡”的短暂阶段之后，跨区域流动始终是农民工的主基调。

深刻的社会变革与大规模的农民工迁徙交织在一起，剧烈的社会震荡似乎在所难免。从历史上看，英国的“圈地运动”和法国的工业革命，就曾带来资产阶级与无产阶级长达几个世纪的斗争与对抗，中国封建社会的变革与流动也往往带来朝代更迭。唯独在当代中国，社会变革与农民工流动的碰撞带来的却是融合发展。不能不说，这是人类发展史上的一个奇迹。迁徙因改革而形成，政策因迁徙而调整。在新旧体制转换的特殊时期，政府的宏观调控成了社会转型的“导轨阀”和“扳道工”。

回首中国农民工流动40年的历史，是中国劳动力市场化的历史，是农民工流动与旧体制束缚冲突与解放的历史，是农民工与资本博弈的历史，是二元体制走向一元体制以及农民工渐进式融入城市的历史。在这个历史进程中，每一次农民工的流量与流向都因改革导向和政策导向而变化；每一次农民工与资本的博弈和与旧体制的冲突，都伴随着新政策的出台与新体制、新机制的建立。

体制改革和政府的宏观调控为劳资博弈构建了平台和规则，为社会转型构建了“导轨阀”，才使中国历史上最具震撼力的社会变革与人类史上最大规模的人口大迁徙相碰撞时，在不出现震荡的情况下和谐融入。与此同时，家庭联产承包责任制所构建的土地承包权的稳定性，为农民工大迁徙的波动性构建了一个稳定有效的“托底”机制，为农民工的生存与发展构建了一张“安全网”，成为农民工大迁徙和社会转型的“海绵垫”和“调节阀”。

尽管农民工在向城市流动的过程中已经“离土又离乡”，留在家乡的“九九三八六一”（老人、妇女和儿童）群体却在帮他们经营着承包地，即使他们在城市找不到工作也不至于有生存之虞，随时可以回农村生活（主要对第一代农民工而言）。由此可见，家庭联产承包责任制基础上的农民工流动大迁徙，是中国特色的制度创造，为中国的社会转型以及中国的工业化和城镇化独辟蹊径。

中国工会建设性特征所发挥的作用，同样不能忽视。正是中国工会的存在和努力，为农民工与资本的撞击构建了一个“缓冲带”，在一定程度上避免或减缓了劳资双方的对冲，实现了劳资关系的“软着陆”，规避转型期的社会震荡。

希望激发动力，绝望产生对抗，这是人类行为科学的一般规律。

以 2008 年三位农民工代表进入国家最高权力机关为起始，各级人大和政协舞台上都活跃着农民工的身影。

以 2016 年农民工代表巨晓林兼任全国总工会副主席为起始，各级工会机关领导机构都为农民工兼职副主席留下了位子，成为政治制度上的体制性安排。

以 2016 年全面取消城乡户籍性质区分为起始，城镇的大门终于对农民工全开放，虽然尚存一些困局待破解，但融入城市的渠道已经畅通，农民工进城已不再有制度的羁绊。

党的十九大会议上，习近平总书记更是明确提出，要破除妨碍劳动力、人才社会性流动的体制机制弊端，使人人都有通过辛勤劳动实现自身发展的机会。

这种横向扩展职业流动、纵向提升身份变迁的大迁徙，既为农民工迈入中产阶层打开了通道，又为整个社会带来了生机和活力，使中国的社会转型在发展中实现了“动态平衡”。

“中国制造”为何能成为中国的名片且经久不衰？

经过 40 年的努力，中国已经从一个工业化落后的国家一跃而成为“世界工厂”和制造业大国，“中国制造”产品一跃成为中国的名片。

中国农民工的特殊品质是“中国制造”得以形成的关键所在。尽管廉价劳动力在发展中国家普遍存在，但中国农民工有着内在的特殊品质：

第一个特殊品质是特别能吃苦。在较长一个时期内，大多数农民工每天平均工作时间超过10个小时，经常没有休息日。正是农民工的吃苦耐劳，奠定了中国制造业生存和发展的基础。没有中国农民工的高强度劳动和低水平收入，就没有“中国制造”的走向世界。

第二个特殊品质是特别能忍耐。由于受传统儒家文化的影响，绝大多数第一代农民工在外出务工过程中，都秉持“与人为善”“和气生财”和“以和为贵”的理念。当这种妥协性用于与资本的博弈时，企业发展的软环境就能得到保持，从而客观上有利于企业的发展。

第三个特殊品质是特别能拼搏。中国农民工独自外出打拼，是孤独的拼搏者；离开熟悉的环境和人脉，是漂泊的拼搏者；到一个全新的工作岗位谋生，是不断进取的拼搏者。或许他们的形象并不那么靓丽、举止并不那么文明，但这丝毫不影响他们及其劳动的伟大。

第四个特殊品质是特别具有工匠精神。中国农村人多地少，中国农民由此善于精耕细作，并把这种精神带到制造业的岗位，爱岗敬业，精益求精，这正是工匠精神的精华所在。当今工匠精神的稀缺，更加凸显农民工自发形成的工匠精神之可贵，也更加印证着中国农民工所拥有的工匠精神的底蕴和对“中国制造”的贡献。

中国农民工的四种特殊品质构成了中国农民工特有的精神。它来源于生活，具有很强的生命力，是中华民族精神的传承和重要组成部分。“中国制造”就是农民工精神和农民工劳动智慧相结合的产物，并让世界了解了中国的农民工。

中国在城镇化过程中为何不会出现“贫民窟”？

很多新兴国家在工业化进程中都曾出现过“贫民窟”，就连美国这样的发达国家至今仍有“贫民窟”存在。

中国在实行工业化和城镇化进程中，尽管形成了世界发展史上最大规模的农民工大迁徙，也曾出现过“城中村”，却始终没有形成“贫民窟”现象，这也是世界发展史上的一个奇迹。

家庭联产承包责任制所形成的“土地保障”构成了中国农民工大流动的托底机制，客观上消除了产生“贫民窟”的基础。

一是中国的农民工大流动是以农村的家庭联产承包制为前提的。对第一代农民工来说，他们并不是在失去土地等生产资料的情况下进城的，进城的目的也不是留在城市，而是在城市比较利益的拉动下，试图改善自己的生活条件，不具有形成“贫民窟”的主观愿望。

对一些举家迁徙到城市的农民工来说，虽然在城乡接合部租房比例较高，居住也相对集中，但由于中国的城市极速扩张，城乡接合部不断变化，也难以形成稳定的聚集区。

二是中国的土地国有化在客观上消除了“贫民窟”产生、形成和存在的前提。尽管中国农民工的迁徙以血缘、地缘和业缘为纽带，一度形成不同区域的“城中村”。但是，随着城市棚户区的改造、城市功能的疏解以及城市规模的扩张，这些“城中村”随之消失。

三是中国的工业化先于城镇化，为农民工在城镇寻找工作和稳定就业创造了条件，消除了“贫民窟”形成的充分条件。高速发展的工业化进程，客观上为迁徙的农民工提供了大量工作岗位，进而使他们有了保障基本生活的收入，有效化解了这一群体沦为赤贫阶层的风险。

中国农民工未来将走向何方?

中国农民工作为中国特色工业化和城镇化进程中产生的特殊群体，是一个特定的历史现象。这一群体随着中国工业化和城镇化的发展而壮大，并将随着中国工业化和城镇化的完成而终结自己的历史使命，退出历史舞台。

中国农民工退出历史舞台的前提是中国户籍制度的改革、农民身份的取消和职业与身份的统一。2016 年年底之前，全国各省市已相继宣布户籍管理制度改革方案，取消城乡户籍性质之分，并纷纷为农民工融入城市消除羁绊，打开通道。从这个意义上看，农民工退出历史舞台的前提已经具备。

中国农民工退出历史舞台的基础是我国实现高水平的工业化和城镇化。尽管从 2016 年年底开始已经不再重新设置农民身份，但同年年底全国仍有超过 2.8 亿名农民工在城市打拼。虽然城市为他们的融入打开了“积分入户”的口子，但这个口子太小，能够即时融入的农民工太少，对两亿多农民工的消化吸收将仍然是一个过程，绝非一朝一夕可以完成。

中国农民工退出历史舞台的关键是公共服务的均等化。中国在二元体制下的城乡差别是非常罕见的，即便在改革开放40年后的今天，一些地方的城乡差别依然没有得到根本扭转，机会、资源和服务仍然分布不均，制约着城乡一体化的进程和农民工就地就近转移的脚步。

党的十九大提出了乡村振兴战略，照这条路走下去，中国农民工未来将会有“进得去的城、回得了的乡”。届时，中国农民工将完成自己的历史使命，奔腾几十年的民工潮将悄无声息地没于城市文明的海洋，农民工将正式退出历史舞台。

中国农民工群体从产生、发展到融入的历史，就是中国改革开放和走向现代化的历史，就是新体制、新法规、新政策、新机制不断建立和完善的历史，就是人（尤其是农民工）的不断解放和全面发展的历史，就是中国从站起来到富起来、强起来的历史。

中国农民工的未来，正在徐徐拉开新时代的大幕。

追光：2.8 亿人的利益表达
——农民工全国人大代表的创生与成长

文/李　瑾

2018 年 2 月的第一个早晨，一份刊登在广东主要媒体的名单吸引了人们的目光。

此前一天，广东省十三届人大一次会议闭幕，依法选举产生 162 名代表广东的第十三届全国人民代表大会代表。

没有出乎人们的预料，在这份共有 162 个名字的广东省全国人大代表名单里，6 位农民工的名字赫然在列，分别是米雪梅（女，43 岁，籍贯甘肃）、苏荣欢（34 岁，籍贯广东）、李先兰（女，34 岁，籍贯湖北）、杨飞飞（33 岁，籍贯江苏）、余雪琴（女，34 岁，籍贯江西）和曾香桂（女，39 岁，籍贯湖南）。

这是广东最近四届农民工全国人大代表的人数——

2003 年，第十届全国人民代表大会，0 人；

2008 年，第十一届全国人民代表大会，1 人；

2013 年，第十二届全国人民代表大会，3 人；

2018 年，第十三届全国人民代表大会，6 人。

出现在广东政坛的这一现象，同样发生在中国的各个行政区域。

今天，当中国农民工已经成为一个拥有2.871亿人的庞大劳动者群体，农民工全国人大代表也将成为国家最高权力机关的重要力量。

无论还有多少稚嫩和忐忑，农民工全国人大代表的每一次利益表达，都构成了中国民主政治生活的生动细节。不同社会阶层的政策博弈，正在因为他们的出现变得更加公正和公平。

⊙ 尴尬的0

这是1995年。改革开放的中国，苟日新，日日新，又日新。

1月，苏北睢宁，田野大地上的一个普通早晨。朱雪芹决然地打起铺盖，在父母追随的目光中渐行渐远。她的蛇皮袋里，除了最简单的生活用品，还有更多对外面世界的无限遐想。

这一年，朱雪芹18岁。和她一起走向人生远方的人们，有着共同的名字——农民工。

这一年，发源于1978年改革开放大幕初启时的农民工流动大潮，已经进入第17个年头。这个新的社会阶层，正在希冀中经历磨难，在嬗变中等待淬火重生。

这一年，在农民工居留最多的广东省，一个通常被称为“六不准”的严限政策正式出台，包括用工单位一律不准新招收外省农民工，甚至包括返乡探亲的农民工不准携带新民工进城就业。

这一年，在广东珠海市南山工业区瑞进电子有限公司，为了惩罚一位在工作台累到打盹的“违规”女工，外商女老板喝令生产线上拼命干活的120多位农民工下跪。当工友们流着泪水屈辱跪倒一片时，来自南阳的孙天帅宁死不跪，在女老板的辱骂声中丢掉了工作。

以今天的眼光看，1995年发生的这一系列事件似乎匪夷所思。然而，这样的场景却是当时活生生的现实。

毫无疑问，身份、岗位和生活上存在的不平等，必然带来认知歧视、使用歧视、管理歧视、经济歧视和人格歧视。

几乎从进入工厂和城市的那一天开始，农民工就处于权益表达的盲区，成为资本和劳动力博弈格局中的弱势一方。

在中国社会转型的特殊时期，千千万万农民工就像非洲大草原上迁徙的野马，奔向每一处哪怕最微弱的希望之光，进而以超大规模的群体形态流动在经济活跃之地。

在打工女孩朱雪芹来到上海的11年后，中国农民工总量达到了1.3181亿人。

由国家统计局公布的这一全国农业普查数据，调查时间截至2006年年末，被视为官方最新最权威的中国农民工总量统计。它同时显示，中国农村的劳动力依然会向工业、服务业转移，这意味着中国农民工的总量还将持续增长。

此时，艰难的博弈仍在进行。

2003年1月，国务院办公厅发出《关于做好农民进城务工就业管理和服务工作的通知》，明确提出要“取消对农民进城务工就业的不合理限制”“对农民工和城镇居民应一视同仁”。

2004年1月，中共中央、国务院发布《关于促进农民增加收入若干政策的意见》，第一次承认农民工是工人阶级的组成部分，第一次要求城市政策把农民工进城就业的相关问题纳入政府管理服务范围。

2006年3月，国务院发布《关于解决农民工问题的若干意见》，从工资、就业、技能培训、劳动保护、社会保障等方面提出了40条政策措施。

然而，理想有多么丰满，现实就有多么残酷。在宏观政策不断为农民工开放绿灯的同时，农民工权益受到侵害引发的恶性事件依旧接连不断。

2004年6月，《法制日报》公开披露新疆一处砖厂对农民工实施“集中营”式管理，个人物品统统没收，不许外出，不许交谈，每天只有两顿饭，每顿只有一个二两重的馒头。

2005年5月，宁夏石嘴山，农民工王斌余被拖欠的5000元工钱只拿到了50元，备受欺侮、数次讨要无果后，他向工头举起了刀，连杀4人，被判处死刑。

2007年6月，山西洪洞县广胜寺镇曹生村“黑窑奴工”事件曝光，情节极为恶劣。农民工们早上5点开始上工，一直要干到凌晨1点，然后被像赶牲口般关进没有床的黑屋子里面“打地铺”，门外有5个打手和6条狼狗巡逻。整整一年多时间，30多位农民工没有领到分文工钱，一位来自甘肃的农民工甚至因为动作慢被铁锹猛击致死，尸体用塑料布裹住埋在荒山中。

这些持续发生的恶性事件，引起整个社会的深刻反思。数以亿计的农民工既是新的社会阶层，又是现实生活中的弱势群体。他们从事着超负荷劳动，薪酬水平偏低且常被拖欠，社会保障缺失。但是，由于户籍所在地与实际居住工作地分离，他们的公民权利无处行使，政治权力和话语平台陷入盲区，无从依靠政策博弈改变自己的弱势命运。

2007年3月8日，北京。人民大会堂。

在正在举行的十届全国人大五次会议上，受全国人大常委会委托，时任全国人大常委会副委员长、秘书长盛华仁作了关于《第十一届全国人大代表名额和选举问题的决定（草案）》的说明。

7个部分的说明大约2000字，第6部分“关于一线工人、农民代表名额”更是只有208个字。但是，它却意味着在国家最高权力机关的组成人员中，农民工全国人大代表“0的尴尬”即将结束，亿万农民工实现自身权益表达的一天即将到来。

盛华仁说，“我国农民工队伍不断壮大，已成为产业工人的重要组成部分，他们在全国人大中也应有适当名额的代表”。十一届全国人大代表选举中，“在农民工比较集中的省、直辖市，应有农民工代表”。

历史航行的巨轮，就这样又一次驶入一个重要的时间点。包括朱雪芹在内的农民工们，即将迎来表达自身权益的那一天。

⊙ 从0到3

十一届全国人大组成人员“应有农民工代表”的消息，犹如巨石击水一样，迅即在中国政治生活中引起连锁回应。

此前，在个别农民工高度聚集的县市和乡镇，农民工当选基层人大代表的新闻已经偶有出现。在中国小商品集散地浙江省义乌市，早在2001年便有农民工当选为所在地区的乡镇人大代表。1年以后，11位农民工当选为义乌市人大代表。

然而，农民工走进国家最高权力机关的大幕，还是从2007年3月真正拉开。

2007年下半年，各地省级人大换届工作正式启动，并将在新一届省级人大首次会议上选举出本地十一届全国人大代表。

2007年11月14日，广东省人大常委会公开透露，十一届广东省人大将有6名农民工代表，分别产生自广州（2名）、深圳（2名）、佛山（1名）和东莞（1名）。作为拥有超过2300万农民工的中国流动人口第一大省，这将是农民工第一次当选省级人大代表。

“农民工”与“人大代表”身份的融合，就这样成为这一轮省级人大换届的最大亮色。

在北京，2名农民工正式当选十三届北京市人大代表；在上海，2名农民工正式当选十二届上海市人大代表；在重庆，51位农民工正式当选三届重庆市人大代表……几乎每一个省、市、自治区，都有农民工当选省级人大代表。

2008年1月，《人民日报》更是以《浙江省人大首位农民工代表开始履职》为题，报道了保洁员徐辉代表提出的两份议案，分别涉及环卫工人安全和农民工享受廉租房优惠政策的问题。

至此，农民工全国人大代表的出现，已经水到渠成。

2008年1月21日，广东省十一届人大一次会议举行第三次全体会议，佛山市三水区新明珠陶瓷集团销售员胡小燕成为全国第一个当选全国人大代表的农民工。

5天后，重庆市三届人大一次会议举行第三次全体会议，重庆建工集团第一市政工程有限责任公司路面工程处农工班班长康厚明当选第十一届全国人大代表。

再过3天，上海市十三届人大一次会议举行第三次全体会议。

此时，那个13年前闯荡上海的打工妹朱雪芹，已经从缝纫工成长为上海华日服装有限公司工会副主席，她的名字和习近平一道出现在上海市十一届全国人大代表64人名单中。

十一届全国人大共有代表2987名，农民工全国人大代表的数字，最终定格在“3”。

从0到3，这是中国民主政治历史的一小步。

从0到3，这是中国农民工阶层走向国家政治生活的一大步。

2008年3月，十一届全国人大一次会议在北京举行。农民工胡小燕、康厚明、朱雪琴联袂亮相，以最高国家权力机关组成人员的成分走进人民大会堂。

预备会议召开的前一天晚上，在上海代表团驻地，三位农民工全国人大代表第一次坐在一起，共同商讨如何更好地反映所代言群体的心声。胡小燕说：“我这两天主要是学习相关知识和法律法规，酝酿最终的建议。”康厚明则说自己与胡小燕有着相同的想法。最年轻的朱雪芹也感到了肩头沉甸甸的责任：“人大代表就是要替人民说话，我们代表了一亿多农民工，不能辜负大家的期望。”

聚光灯前，难免有几分稚嫩。讨论会上，多少有一点忐忑。但是，作为第一代农民工全国人大代表，胡小燕、康厚明、朱雪芹依然努力表现出“最完美的自己”。

第一次亮相全国人代会，朱雪芹为农民工社会保障问题仗义执言：“现行的社会保险政策规定，职工必须累积缴纳社会保险金满15年后，才能在退休后领取养老金。农民工流动性大，今天在这里打工，明天也许就会到别的城市。建议有关部门建立综合保险全国联网机制，让一张卡内的保险金可以进行累积，并可以在异地使用。”

第一次亮相全国人代会，胡小燕为农民工被拖欠工资问题发声：“现实生活中，很多企业今天开工明天就走人，对外来工讨薪很不利。这种情况下能否让企业交保证金，就算老板跑了，打工者也有收入，不用等工厂的固定财产拍卖再收工资，因为这样时间拖得太长了。”

第一次亮相全国人代会，康厚明为农民工住房困难问题建言：“这些年来，政府建的廉租房总量太少，并且首先满足当地居民，能够住上的农民工非常

2008 年 3 月 16 日上午 9 时，第十一届全国人民代表大会第一次会议在人民大会堂举行第六次全体会议，全国人大代表朱雪芹（左）、胡小燕（中）和康厚明（右）在大会堂合影

少。政府每年可以按土地供应总量的一定比例来建廉租房，让更多买不起商品房的农民工也能有栖身之所，不要让廉租房成为花瓶。”

从当选农民工全国人大代表的那一刻开始，从未有过任何从政经验的胡小燕、康厚明、朱雪芹，生活注定要发生天翻地覆的改变。胡小燕取消了原来每天两小时的午休，开通了博客，公布了QQ号码，征求农民工对政府的意见，甚至还和好奇的美国领事馆官员进行了半个多小时的座谈。那段时间，每天预约采访她的电话超过20个，包括美国、日本、法国和澳大利亚的记者。

“我感觉全世界都在看着我。所以，我要尽全力做一名合格的全国人大代表。”这是胡小燕的心声，也是康厚明和朱雪芹的共同心愿。

⊙ 从3到31

从2008年开始，每年3月的全国两会上，人们都能惊喜地发现，胡小燕、康厚明、朱雪芹都在发生着新的变化。

作为仅有的第一代农民工全国人大代表，3个人的成长就是亿万中国农民工成长的象征。在接受《南方周末》采访时，胡小燕坦言自己从未担任过乡、县、市、省任何一级人大代表，甚至“当时都不知道人大代表是什么样的”。面对美国记者“当选人大代表后的下一步打算”的提问，她的回答更是不无朴实——“我还不太知道，请包涵”。

很快，面对同样的问题，无论是胡小燕、康厚明还是朱雪芹，都会给出更为成熟的回答——“要多和农民工群体沟通，学会做政府和农民工之间的桥梁”。

十一届全国人大代表履职期间，朱雪芹领衔提出1份议案，先后提出14份建议。这些议案和建议，涉及农民工社会保障异地转移、农民工子女入学入托、农民工养老及完善劳务派遣等，“农民工的权益表达”成色十足。

就连最苛刻的西方记者都不得不承认，让农民工在中国最高权力机关表达利益诉求，中国民主政治的这次伟大尝试获得了成功。

毫无疑问，3位农民工全国人大代表通过了党和人民的“大考”。面对中国农民工阶层日益壮大的现实，进一步增加农民工全国人大代表的数量，成为中国政治生活的普遍共识。

2013 年 3 月，北京，十二届全国人大一次会议即将开幕。大会发言人傅莹在介绍十二届全国人大代表结构时透露，本届全国人大代表中有农民工代表 31 位。

从 3 到 31，中国最高国家权力机关有了更多农民工的存在。

彼时，中国农民工总人数已达 2.6 亿，成为中国工人阶级的重要组成部分。但是，他们依然是相对弱势的群体，在收入、住房、社保、就医、子女上学等方面都遇到障碍，生活水平和社会地位与城市居民有着较大差距。

第一代农民工全国人大代表中，只有朱雪芹当选连任。胡小燕成了一名公务员，中国社会阶层流动的通道正在打开。康厚明的身影依然出现在人民大会堂，只不过换成了中国共产党党代会的会场。2012 年 11 月召开的党的十八大，26 位农民工党代表中，就包括康厚明。

中国“草根阶层”的权利保障，呈现出高层次、多样化的鲜明特点。

没有了胡小燕和康厚明的相伴，朱雪芹并没有感到孤独，因为还有 30 位新的农民工全国人大代表和自己站在一起。环卫工王月清、保安员朱良玉、保洁员陈腊英、营销员张晓庆、物业管理员曾香桂、洗脚妹刘丽……每一位农民工全国人大代表的身后，都是一支庞大的外来务工者大军。

无论是在全国人大会议的会场还是驻地，农民工代表都是最容易被认出的人。

依照《工人日报》的描述，周振波说话嗓门大，声音沙哑，交谈时习惯把对方称为“老师”；康仁皮肤黑红，总被误认为是来自藏区的少数民族，说话一口甘肃会宁乡音；王月清看起来内向沉默，脸上满是常年东北户外工作留下的痕迹。

这些与众不同的印记，没有影响 31 位农民工全国人大代表为自己的群体“代言”。从收入、教育、医疗、住房、培训到养老，农民工关心的问题都能在他们的建议和发言中找到。

2015 年，中国的高龄农民工总量达 4685 万人，最早进入城市的外来务工者开始被称为“打工爷爷”。这些人背井离乡干着最苦最累的体力活，缺少相应的医疗保障和养老保障，甚至为了躲避有的地方对农民工年龄的岗位限制，不得不专门染黑了头发。

十二届全国人大四次会议上，多位农民工代表为“打工爷爷”的境遇集体发声——王馨代表提交建议，呼吁在现有社会保障体系不完备的情况下，给高龄农民工提供足够养老的土地，使他们即便返乡也有归属；谢利英代表呼吁立法保障高龄农民工的权益，希望有关部门对那些不给高龄农民工交社保的单位严肃查处；曾香桂代表提醒，政府部门应当注意到高龄农民工的生活保障非常脆弱，要让他们得到更好的保障和薪酬，不能干最苦最累的工作却拿着最低最少的工资；朱雪芹代表直言高龄农民工学历不是很高，只能靠力气吃饭，维权时很艰难，政府应该在政策上给他们更多关爱，提供一定比例的岗位优先录用名额；刘丽代表希望实行公共资源均等化，政策一定要切合实际，不能专家学者领导坐在办公室拍脑袋去想，要能够满足高龄农民工的需要……

从3到31，这意味着每一次人大会议上，都会有更多来自农民工群体的“民意空气”吹拂到会场，为这个庞大的劳动者群体未来成长的政治空间带来无数想象。

今天的中国，市场经济条件下利益群体的多元化成为重要社会特征，不同群体利益的差别性与同一群体利益诉求的一致性，需要借助协商才能实现各方利益的最大公约数。

在国家最高权力机关这个平台上，农民工全国人大代表的产生和参与，既是中国社会结构现状的客观要求，更是党和政府培育新生群体政治力量的需要。一旦它真正成长起来，农民工与资本博弈的天平就不会再像以往那样倾斜，法律和决策的制定将会进一步公平和公正，中国农民工阶层的利益诉求才能得到更加直接有效的表达。

⊙ 0的未来

时光荏苒，又一个5年过去了。

2018年3月5日，十三届全国人大一次会议在北京庄严开幕。

此前，十二届全国人大五次会议审议通过的相关文件明确规定，十三届全国人民代表大会代表中，“农民工代表人数要比上届有所增加”。

消息传出，波澜不惊。今天，人们已经接受并习惯农民工出现在参政议政的最高殿堂。

3 人变成了 6 人，广东选出的新一届农民工全国人大代表，人数翻了一番。显然，今年 3 月的北京，农民工全国人大代表已经形成一个远远超过 31 人的方阵。

直到今天，这些农民工全国人大代表的身上，依然保留着胡小燕、康厚明和朱雪芹当选那个年代的印记——出身农村，进城打工，从最普通、最辛苦的岗位起步，努力成为农民工群体中的“优等生”。

然而，与当年的胡小燕、康厚明和朱雪芹截然不同的是，新一代农民工全国人大代表拥有了更高的议政能力和知识素养。尽管他们还是身处一线生产岗位的劳动者，却比以往任何时候都能站在整个农民工阶层的高度，更善于运用民主的力量实现自身群体的利益表达。

互联网的海量数据，记录下 11 年前那些对农民工全国人大代表的质疑声。

2007 年，天涯社区有一篇《且慢为农民工将成全国人大代表欢呼》的热帖。在作者看来，中国的参政议政绝对不能走向娱乐化，全国人大代表要有为人民说话的意识，还要有为人民说话的表达能力，“谁能保证农民工代表具有相应的参政议政能力”？

其时，恰逢全国人大常委会对《劳动合同法》草案进行“二审”。欧盟商会和上海美国商会措辞强硬，指责有关维护工人权益的条款将会增加成本，倘若不予修改将重新考虑在华业务的布局，这被普遍视为“以撤资相要挟”。面对资方这样强大的组织优势、资源优势、知识优势以及表达优势，农民工全国人大代表有多少进行政策博弈的资本？怎样才能为农民工阶层构建起均衡的利益表达格局？

所有这些疑惑，时间都给出了清晰的答案。

没有调研经费，没有工作助手，有的只是一颗和农民工紧紧相连的心。最艰难的日子里，胡小燕、康厚明和朱雪芹努力撑了下来。

当选全国人大代表的第一年，胡小燕在媒体上公布了手机号码和QQ号码，结果只能用一个“爆”字来形容。每天，来电上千次，短信上千条。最多的时候，邮箱里有2088封新邮件，4000多人等待被通过“QQ好友”申请。

人数虽少，依然需要团结产生力量。朱雪芹说她和胡小燕、康厚明联系密切，沟通各自关注的农民工权益问题。十一届全国人大期间，从农民工社保异地转移、劳务派遣人员利益维护、农民工子女就读公办学校、恶意欠薪入刑到建立欠薪追讨机制，背后都有3位农民工全国人大代表的全力推动。

无论是否还在参政议政的岗位，每一位农民工全国人大代表都被深深打上“农民工代言人”的烙印，这代表他们未来的生活已经无法离开这个庞大的劳动者群体。

与此同时，更多的农民工全国人大代表走到国家最高权力机关。十三届全国人大代表的名单中，“95后”的农民工代表已经开始出现。在亿万农民工向上流动到工人阶层的历史进程里，这些农民工代表将会深切地表达自身群体的利益诉求，借助政策和体制的力量，致力实现农民工阶层与工人阶层的“无缝对接”，从而推进中国社会结构的整合与稳定。

农民工，这一农民与工人两种身份嫁接而成的名词和阶层，作为一个特定的历史现象，随着中国工业化和城镇化的发展而壮大，并将随着中国工业化和城镇化的完成而终结自己的历史使命，退出历史舞台。

或许，就在不远的历史转角处，千百万农民工都将像胡小燕、康厚明、朱雪芹一样落户城市，成为中国新型产业工人队伍中的一员。

那么，农民工全国人大代表的未来呢?

未来，农民工全国人大代表还将会越来越多。毕竟，在相当长的一段时间里，2.8171亿中国农民工仍然需要自己的利益表达。

然而，历史潮流浩荡无边。

“尴尬的0”是利益表达的空白。

“从0到3”是微弱声音的响起。

“从3到31”是群体力量的强大。

但在更远的日子，我们一定会合上厚重的历史档案，庆贺农民工全国人大代表“0 的未来”。因为那一刻，“农民工”和“工人”的身份将不再泾渭分明，而是真正水乳交融。

是的，那就是“0 的未来”，光明而闪耀。

因为，它更是属于中国农民工的最好未来。

扫一扫，发现更多精彩

厉害了！摘“星”技术工人
——走近斩获国家科技进步奖的工人师傅们

文/郑　莉

2018年1月8日，国家科学技术奖励大会在北京人民大会堂隆重举行，颁发了国家最高科学技术奖、国家自然科学奖、国家技术发明奖、国家科学技术进步奖（以下简称国家科技进步奖）和中华人民共和国国际科学技术合作奖。在众多院士、工程师、专家学者中间，有两位身着工装的人——国网浙江省电力公司电力科学研究院高级技师黄金娟和沈阳黎明航空发动机有限责任公司高级技师洪家光。他们的技术创新成果摘得了国家科学技术进步奖二等奖。

在庞大的获奖成果库里，技术工人的创新项目并不算耀眼，但从最直观的经济效益，到带动更多一线职工参与创新创造的社会效应，产生的辐射作用则是长远的。

自2006年，国家科学技术进步奖评审委员会首次设立工人农民科技创新评审组以来，全国总工会在过去12年里推荐15位技术工人获得国家科技进步二等奖。2017年度国家科技进步奖更记录下了一个特殊的“第一次”：黄金娟成为首位摘得国家科技进步奖的女性技术工人。

在一年一度的国家科技进步奖的评选中，全国总工会始终是最活跃的推荐单位之一。完成这项严谨而复杂的工作，对于创新技能导向激励机制、建立技术工人创新成果按要素参与分配制度、完善培养评价使用激励机制、提高技术工人待遇、增强技术工人获得感自豪感荣誉感，都具有十分重要的意义。

下面，就让我们走近斩获国家科技进步奖的那些工人师傅，探寻他们成功摘得国家最高科技奖励的秘密。

⊙ 从第一到第十五

2007年年初，一则新闻令一线技术工人感到扬眉吐气：在党中央、国务院举办的国家科学技术奖励大会上，一汽大众汽车有限公司的普通技术工人王洪军，获得2006年度国家科学技术进步二等奖，这是该奖项设立以来首次有工人获奖。

随后，国家科技进步奖开启了属于技术工人的“巅峰时刻”：2007年，杨建华获得国家科技进步二等奖；2008年，代旭升、赵林源获得国家科技进步二等奖；2009年，王康健、许杏桃获得国家科技进步二等奖；2010年，李斌、郭晋龙获得国家科技进步二等奖；2011年，高森获得国家科技进步二等奖；2014年，田明、王进获得国家科技进步二等奖；2015年，白伟东获得国家科技进步二等奖；2016年，朱洪斌获得国家科技进步二等奖；2017年，黄金娟、洪家光获得国家科技进步二等奖。

记者注意到，获得国家科技进步奖的技术工人，其创新成果不仅填补了一项项国内空白，更不断刷出“科技感”——从更侧重工艺改造升级，一步步迈向“智能制造”领域。如涉猎智能电网、架空线路清障检测机器人、变压器潜伏性缺陷“体检”等。

据介绍，今年获奖的黄金娟完成的《电能表智能化计量检定技术与应用》项目成果推动了电能计量检定整体技术的进步。该成果应用于电力能源基础领域，攻克了传统电能表人工检定效率低下、质量控制困难等难关，首创了电能表计量检定智能化作业工法，发明了同步接拆、新型封印、智能移载3项技术，创建了电能表检定节拍测算工具与质量溯源方法，实现了电能表计量检定由人工作业向智能化作业的变革，效率提升了58倍，达到国际领先水平。而且，电能表计量智能化检定技术可以应用到所有计量表领域。

今年获奖的另一位技术工人洪家光，由他研发完成的《航空发动机叶片滚轮精密磨削技术》项目成果是航空发动机叶片加工领域的核心技术之一。该技术通过发明多因素耦合振动消减方法、超厚阴模高精度车削方法、不规则镍刺瘤修整方法及阴模无损剥离方法，使叶片滚轮精密磨削精度提高至0.005mm，合格率由78%提高至92.1%，为国家新型战机、大飞机上天提供了关键技术支撑。其振动消减技术可以扩散到其他精密加工领域。

这些技术创新成果的经济效益和社会效益十分显著，黄金娟和洪家光此次获奖成果在投入应用后，已分别为企业实现经济效益19.83亿元和新增销售额3.05亿元。

对于技术工人屡次斩获国家科技进步奖的原因，全国总工会劳动和经济工作部副巡视员姜文良认为，技术工人的技术创新正在成为国家创新体系的重要组成部分，他们的创新成果全部来自一线实践，技术含量高，实用性强，在加快产业转型升级、推动制造强国建设等方面，一线职工特别是产业工人发挥了越来越大的基础性作用。这也正日益成为社会共识。

⊙ 工会的“育苗”程序

国家科学技术进步奖是国务院设立的国家科学技术奖五大奖项之一，授予在技术研究、技术开发、技术创新、推广应用先进科学技术成果、促进高新技术产业化，以及完成重大科学技术工程、计划等过程中作出创造性贡献的中国公民和组织。

作为“国字号”科技奖项，要入围国家科技进步奖必须“过五关斩六将”。根据国家科学技术奖励工作办公室《关于2017年度国家科学技术奖推荐工作的通知》，推荐工作采取单位推荐和专家推荐两种方式。单位在推荐科技进步奖时，应当建立科学合理的遴选机制，推荐本地区、本部门的优秀项目。

“向国家科技进步奖推荐一线职工的创新项目，就像是‘育苗’，先从基层选拔好的‘苗子’，然后通过多种渠道‘修枝剪叶’‘施肥浇水’，最终才能长成参天大树。”全国总工会劳动和经济工作部技术协作与创新处调研员查新安如此形容自己长期从事的推荐工作。

“科学合理的遴选机制”包括申报、筛选、评审、公示、推荐等众多参评环节。这些工作必须在2个月之内完成，“育苗”工作则可能需要几年甚至更长时间的积累。

据介绍，推荐项目必须符合《国家科学技术奖励条例实施细则》中规定的条件。包括：

技术创新性突出，即在技术上有重要的创新，特别是在高新技术领域进行自主创新，形成了产业的主导技术和名牌产品，或者应用高新技术对传统产业进行装备和改造，通过技术创新，提升传统产业，增加行业的技术含量，提高产品附加值。

技术难度较大，解决了行业发展中的热点、难点和关键问题；总体技术水平和技术经济指标达到了行业的领先水平；经济效益或者社会效益显著，即所开发的项目经过3年以上较大规模的实施应用，产生了很大的经济效益或者社会效益，实现了技术创新的市场价值或者社会价值，为经济建设、社会发展和国家安全作出了很大贡献。

推动行业科技进步作用明显，即项目的转化程度高，具有较强的示范、带动和扩散能力，促进了产业结构的调整、优化、升级及产品的更新换代，对行业的发展具有很大作用。

此外，还必须满足以下条件：推荐国家自然科学奖项目提供的代表性论文论著应当在规定日期前公开发表，技术发明奖和科学技术进步奖项目应当于规定日期前完成整体技术应用；列入国家或省部级计划、基金支持的项目，应当在项目整体验收通过后推荐；等等。

如此复杂的程序的环节，一线技术工人怎么“hold”住？

“技术工人已经具备解决问题的能力，而申报国家科技进步奖的过程，则需要工会组织专业力量，帮助他们提升技术成果管理能力，特别是完善创新项目的专利申请，保护他们的知识产权。”姜文良告诉《中国工人》记者，一线技术工人解决工艺技术难题的能力很强，但是不会写专利、不会填写提名报告书、不会做答辩的PPT。提名报告书内容涵盖技术创新点、解决的关键问题、实用效果、社会效应等诸多重要信息，既要求科学规范，又需要通俗易懂，大多数工人不具备这个能力。

为此，全国总工会发挥中国职工技协的作用，为年度国家科技进步奖、中国专利奖、全国创新争先奖的评审推荐工作提供专业辅导、参评培训等服务支持。

与此同时，从2014年开始，全国总工会邀请了一位“神秘嘉宾”——3次获得国家发明奖、3次获得国家科技进步奖的全国劳模包起帆，对遴选出来拟申报国家科技进步奖的项目进行一对一精心辅导，提高参评竞争力。

值得关注的是，全国总工会为一线工人技术创新打造了全方位、立体式平台，致力于培育来自一线的优秀创新项目。如深入开展劳动竞赛活动，举办全国职工职业技能大赛，创建劳模和工匠人才创新工作室，积极开展先进操作法总结、命名和推广工作，开展全国职工优秀创新成果评选、表彰、展示、交流活动，优化职工创新补助资金项目绩效管理，推动建设中国职工技协信息化服务平台和全国职工技术创新优秀成果网上展馆，等等。

“可以说，全国总工会已经基本形成了职工创新激励链条，实现对一线职工创新项目的源头孵化、技术支持、创新指导、专利和成果申报。”姜文良说。

⊙ 获奖大户的“秘诀”

黄金娟，国家电网浙江省电力公司电力科学研究院高级技师；朱洪斌，国家电网江苏省电力公司电力科学研究院状态评价中心物资检测室油气化验组组长；王进，国家电网山东省电力公司检修公司输电检修中心送电线路技师；高森，国家电网山东电力公司检修公司高级技师；许杏桃，获奖时是国家电网江苏省电力公司泰州供电公司一名普通职工……在全国总工会成功推荐斩获国家科技进步奖的项目名单中，国家电网可谓“获奖大户”。这其中有着怎样的“秘诀”？

为提高技术工人申报国家级奖项的成功率，姜文良曾经专门向国家电网公司“取经”。给他留下深刻印象的是，该公司建立了专门的科技创新服务机构，为职工创新提供技术指导、成果转化、创新管理等服务，还将职工创新成果绩效作为重要指标纳入公司业绩考核。

据了解，国家电网公司初步建成以直属科研单位、直属产业单位、省属科研单位、海外研发机构为主体，以外部科技力量为协同，层级清晰、分工明确，利于发挥各自优势，便于业务协同的科技创新体系。

企业重视、足够投入、系统培育、创新成果管理，这些都是将一线技术工人的小发明、小创造、小革新、小设计、小建议培育成重大技术创新成果的重要支撑。

在2017年年底，全国总工会命名的100个全国示范性劳模和工匠人才创新工作室中，就有14个创新工作室来自国家电网系统。仔细梳理14个创新工作室的申报材料可以看到共同的特点：规范的制度建设，标准化的管理，充沛的人力、物力和资金投入，丰厚的创新业绩。

“国家电网对群众性技术创新工作抓得好。”姜文良直言不讳，群众性技术创新是加快建设创新型国家的基础性力量。

一组数据可以印证源自职工的巨大创新能量：据统计，2011—2016年，全国职工共提出合理化建议6795.2万件，实施3802.8万件，推广先进操作法102万项；完成技术攻关、技术革新项目416.4万项，发明创造106.9万项，获得国家专利63.7万项。

对于支持技术工人创新创效，中共中央、国务院印发的《新时期产业工人队伍建设改革方案》明确要求，深化群众性技术创新活动，开展先进操作法总结、命名和推广。推动具备条件的行业企业建立职工创新工作室、劳模创新工作室和技能大师工作室，联合高等学校、职业学校和专业科研机构共建实验实训平台，探索创建跨区域、跨行业、跨企业的创新工作室联盟。开展全国职工优秀创新成果评选，适当增加国家科技进步奖推荐名额，鼓励和支持产业工人创新成果评选、展示，推动大众创业、万众创新蓬勃发展。

我们相信，这些举措将不断深化发展群众性技术创新活动，组织引导广大职工积极投身合理化建议、技术开发、技术革新、技术攻关、发明创造活动，推动企业技术进步，促进经济发展方式加快转变。

重返荣耀之巅　技术工人的奋斗时代来临

文/李　瑾

2018年3月22日，北京。

各大新闻媒体接收新华社电讯稿的专线电脑上，突然跳闪出一份关乎亿万中国技术工人的文件——

新华社北京3月22日电　近日，中共中央办公厅、国务院办公厅印发了《关于提高技术工人待遇的意见》，并发出通知，要求各地区各部门结合实际认真贯彻落实。

《关于提高技术工人待遇的意见》全文如下……

第二天，这份全文接近4500字的文件，出现在《人民日报》等中央主要报纸的头版。

依照惯例，此时正是全国两会通过的各种文件和报告的密集发布期。与《关于提高技术工人待遇的意见》一同出现在报纸头版的，便是新一届政府谋划全局的政府工作报告。

“选择在这样的时间进行发布，足以显示出它的分量！”多位接受《中国工人》杂志采访的工会界人士说，“它抓住了技术工人最关心、最直接、最现实的利益问题，第一次把提高技术工人待遇上升到全局的高度。”

事实上，《关于提高技术工人待遇的意见》的第一句话——“为落实《新时期产业工人队伍建设改革方案》”，同样引起人们的更多关注。

参与该意见起草会稿的相关人士对《中国工人》表示，《关于提高技术工人待遇的意见》作为产改方案的配套文件适时发布，标志着党和政府正在不断推出建设知识型、技能型、创新型劳动者大军的全新举措。“技高者多得，多劳者多得”，技术工人的奋斗时代来了！

⊙ 辉煌时光：沉淀历史角落

在年轻人热捧的“知乎”网络社区里，有这样一则提问——“什么叫八级工？”被网友顶赞到最前面的回答，读起来竟然让人有一丝莫名的感伤：“爷爷以前是某国营厂八级工，据说，困难年代一个月工资一百多。依稀记得小时候爷爷骑‘二八大杠’自行车送我去踢足球，一路上总有人和我爷爷打招呼。当时的六级工就像武侠小说里的大侠，八级工基本上就是扫地僧般的存在。突然好想我爷爷。”

今年62岁的俞晓群是中国著名的出版人，编印的图书从内容到装帧都堪称精美，这显然与他年轻时当过工人的经历相关。在那段岁月里，八级工是俞晓群最崇拜的人：“老师傅们技术一流，别人解决不了的事情，他们往往能手到病除。所以，晚辈见到大工匠，都恭恭敬敬的，连厂长、车间主任也会敬他们三分。”

翻开历史，八级工的出现和八级工资制直接相关。1956年，按照生产劳动的复杂程度和技术的熟练程度，企业里工人的工资被分为八个等级。有些技术比较简单的工种，最高的工资只能到四级或五级。只有那些需要复杂技术的工种，最高的工资才可以评定为八级。由此开始，可以拿到八级工资的工人，就成了备受崇敬的八级工。以当时的采油工人为例，一级工资标准为31元至43.2元，八级工资标准则是104.56元至131.76元。参照当时每月伙食费不足10元的物价水平，八级工的工资令人羡慕不已。

同样的故事，也出现在《工人日报》退休记者顾威的记忆中。那时，在沈阳市多数重工业企业里，一级工的工资是33元，八级工的工资是108元，中层正职干部的工资是99元。顾威记得，邻居“王眼镜”是八级焊工，他将自行车改装成摩托车作为自己上下班的交通工具，每次听到摩托的声音，父亲都说是“王眼镜”回来了，口气中带着一丝敬意。

在企业工会当干事时，顾威曾被工会主席讲过的一件事深深触动。这位工会主席曾经是六级铸造工，每月工资加上补贴能有八九十元。后来，组织上调他去当干部，但是收入会比之前少很多，他不愿意去，但又不敢不听组织安排，结果哭了一场。“后来就不一样了，最大区别就是‘师不如长’。”在接受《中国工人》杂志采访时，顾威直言工人的收入早已不能和中层干部相提并论。“沈阳市一家全国闻名的企业，首席技师月收入一般也就5000多元，中层干部月工资加上年终兑现奖，全年下来可达二三十万元。”

岁月流逝，八级工慢慢成了传说中的“扫地僧”。越来越多的年轻人进入社会时，毫不犹豫地把当工人列为最后的职业选项。2007年，上海的一组调查数据令人震惊。面向4000户居民进行入户调查的结果显示，仅有1%的人愿意当工人，政府机关和事业单位成为最受追捧的单位。《中国青年报》就此发表评论，直言“99%的人不愿意当工人，这是现实教育他们得出的结论”，与工人的社会地位和经济地位偏低直接相关。

9年以后，令人忧虑的状况依然存在。2016年3月5日，十二届全国人大四次会议在北京举行。一线工人代表李斌在上海团审议政府工作报告时，又披露了一组新的调查数据——针对17个省市、41家企业的2577名职工调查发现，6.07%的受访者认为产业工人在当下享有较高社会地位，61.62%的受访者认为地位不高，32.31%的受访者认为没有地位，只有1%的人不介意当工人。

相隔9年的两次调查，在“当工人”的态度调查选项中，调查结果竟然丝毫不差。还有多少人愿意当工人？这已成为全社会亟待解决的关键问题。更为严峻的是，随着以八级工为代表的技术工人严重短缺，中国工业发展不得不面临技能短板带来的挑战。

⊙ 技能短板：制约工业升级

今天，八级工的概念已经成为过去时。但是，它所折射的对劳动和劳动者的尊重，一直让人们念兹在兹。毕竟，实现中国从制造大国向制造强国的华丽转身，离不开生产一线技能的快速提升。

2017 年 3 月 9 日，全国政协十二届五次会议第二次全体会议上，李守镇委员代表中华全国总工会做大会发言，提醒全社会关注中国工业面临的严峻现实。“纵观世界工业发展史，凡工业强国都是技师技工的大国。”李守镇说：“在日本，整个产业工人队伍中，高级技工占比 40%，德国则达 50%。而中国这一比例仅为 5%，全国高级技工缺口近 1000 万人。”

李守镇委员引用的数据，让整个会场陷入沉思：“由于产业工人整体素质和技能水平不高，中国劳动生产率水平仅为世界平均水平的 40%，相当于美国的 7.4%。以 2015 年为例，中国单位劳动产出 7318 美元，世界平均水平是 18487 美元，而美国是 98990 美元。”“简单地说，1 个美国人创造的财富，相当于我们 13 个人创造的财富，这也是我国工业制造‘大而不强’的主要原因之一。”李守镇分析说。

此前，由清华大学和复旦大学联合完成的一份调研报告，已经发出中国劳动力供需严重不匹配的警告。这份题为《中国劳动力市场技能缺口研究》的报告认为，随着中国工业向价值链上游转移，提供或制造的产品也逐渐向高附加值产品过渡，对高技能劳动力的需求还将不断上升，技能缺口的问题亟须政府、企业和学术界的密切关注。麦肯锡公司也公开提醒说，到 2020 年，中国需要 1.42 亿受过高等教育的高技能人才。如果劳动者的技能不能进一步得以提升，届时将面临 2200 万的人才供应缺口。

在高级技工严重短缺的背后，是收入分配与社会地位的失衡。人社部新闻发言人卢爱红承认，技术工人收入水平偏低，各项待遇保障比较弱，导致技术工人的求人倍率一直保持在 1.5 以上，高级技工的求人倍率甚至达到 2 以上，供需矛盾非常突出，企业对技能型工人短缺的问题反映非常强烈。

相比而言，西方发达国家对于技术工人的培养，着实值得我们效仿借鉴。

作为技术创新大国和制造业强国，德国技术工人的待遇得到了充分保障。德国前总统赫尔佐格甚至说，“为保持经济竞争力，德国需要的不是更多博士，而是更多工业技师”。数据显示，德国技工的工资高于社会平均工资，技校毕业生的工资几乎普遍比大学毕业生的工资高，不少行业的技工工资远远高于普通公务员，甚至高过大学教授。由于技工的工资高，每年有65%的初中毕业生直接进入职业学校。如果学生在职业学校学习期间就被企业“订购”成为企业的准员工，企业要按规定向学生每月支付600欧元至800欧元的学习津贴。

在美国，技术工人的收入待遇同样得到保障，每月大多可以拿到3500美元以上的工资。每周工作40小时以外算加班，按照平时收入标准的1.25倍至1.5倍计算。从第51个小时开始，便要支付双倍薪水。

“当然，除了亟待提高技术工人的相对收入水平，中国企业更需要提高的是对技术工人培养的重视。”中华全国总工会兼职副主席、山东青岛前湾集装箱码头有限公司工程技术部固机高级经理许振超说：“相当一部分工厂过多考虑眼前利益和投资风险，只想使用现成的技术工人，热衷互挖墙脚，舍不得在技能培训方面进行投入。”

事实上，培养一个高级技工需要不菲的时间成本和资金成本。以机床生产企业为例，培养一名初级工至少需要半年，把一名初级工培养成高级工则需要8至9年，其间需要大量的设备费用和培训费用。如果再算上5%~8%的成才率，技能人才的培养成本是一个大数字。“摘桃者多、种树者少”使得技术工人短缺问题日渐严重，危及着中国工业乃至中国经济发展的长远活力。

诺贝尔经济学奖得主詹姆斯·海克曼在访问北京时，特别提到中国应当重视技术工人的培养，必须尽快解决人力资本投入不足的问题。海克曼列举的数据显示，在整个国家的GDP里，中国人力资本的投资仅占2.5%，美国则是5.4%；中国对物质资本的投资占30%，美国则是17%。中国对于人力资本的投资，甚至低于印度（3.3%）和泰国（4.1%）。“如果一个国家的劳动力技能水平很低，只靠他们不停地生产，肯定会有问题。”这是海克曼作为世界顶级经济学家发出的警告。

⊙ 国家行动：出台激励计划

今天的中国，农村经济结构持续调整，工业化和城镇化全力提速推进，超过 1/3 的农村劳动力转移到非农产业，产业工人整体素质水平承受重压。今天的世界，信息革命和互联网浪潮刺激新技术持续涌现，直接引发新一轮的全球产业分工和工业结构调整。经历过国际金融危机的磨难，西方发达国家重新认识到实体经济的重要性。以美国为先导，世界工业强国相继从“去工业化”向“再工业化”转变，不断推出刺激制造业发展的庞大计划，争夺“后危机时代”的全球经济战略制高点。新的一次世界强国之间的竞争，就这样迎面而来。

技术工人有力量，中国企业才有希望。中国企业有希望，中国制造才有未来。面对日益严峻的人才瓶颈和技能短板，尽快提升中国产业工人的技能素质迫在眉睫。

2013 年 4 月 28 日，习近平总书记在同全国劳动模范代表座谈时指出：“工业强国都是技师技工的大国，我们要有很强的技术工人队伍。”

2016 年 4 月 26 日，习近平总书记在知识分子、劳动模范、青年代表座谈会上提出：“素质是立身之基，技能是立业之本……在工厂车间，就要弘扬‘工匠精神’，精心打磨每一个零部件，生产优质的产品。”

最高决策层的运筹帷幄，铺就了新时期中国产业工人队伍建设改革的通途。

2017 年 2 月 6 日，中央深化改革领导小组第三十二次会议审议通过《新时期产业工人队伍建设改革方案》。随后，中共中央、国务院印发了这一方案，要求各地区各部门结合实际认真贯彻落实。

在接受新华社记者采访时，全国总工会党组书记、推进产业工人队伍建设改革协调小组组长李玉赋称，《新时期产业工人队伍建设改革方案》从 5 个方面提出了 25 条有针对性的改革举措。提升产业工人技术技能水平，是改革重点所在。李玉赋强调，要建立健全培养、考核、使用、待遇相统一的激励机制，引导企业在关键岗位、关键工序培养使用高技能人才，提高相应待遇，实现多劳者多得、技高者多得。要建立技术工人创新成果按要素参与分配的制度，研究创新激励方式。

毫无疑问，《新时期产业工人队伍建设改革方案》的出台，意味着提高中国技术工人待遇的政府决策呼之欲出。

依照中央深化改革领导小组的安排，人社部牵头研究提出提高技术工人待遇的政策措施。中华全国总工会深度参与，组织专门力量配合开展相关专题研究，广泛听取一线技术工人的意见和建议，共同会签上报了《关于提高技术工人待遇的意见》的送审稿。

最终公布的《关于提高技术工人待遇的意见》，让亿万中国技术工人看到了未来的希望。

在国务院新闻办公室举行的新闻发布会上，人社部副部长汤涛透露，作为《新时期产业工人队伍建设改革方案》的配套措施，这份意见第一次把提高技术工人待遇上升到全局高度，聚焦企业人才瓶颈，突出激励提升，强化问题导向。

全国总工会副主席阎京华则表示，加强技术工人队伍的建设，依法维护技术工人的合法权益，是中国工会的职责所在。在实施工资激励计划、强化评价使用激励工作、畅通技术工人成长成才的通道等方面，中国工会将通过职代会、工资集体协商、厂务公开等方式发挥监督作用，确保提高技术工人待遇的政策落到实处。

⊙ 技工加油：重返荣耀之巅

2018年1月，全国总工会完成了第八次全国职工队伍状况调查。最新数据显示，全国职工总数已达3.91亿左右，“70后”“80后”仍是职工队伍主体，“90后”职工大幅增加，“00后”也逐渐进入职工队伍。这支平均年龄37.1岁的劳动者大军，平均受教育年限达到13.6年，比5年前的调查提高了0.6年。

然而，与中国工业转型升级的迫切要求相比，中国的技术工人缺口依旧巨大。中国就业促进会副会长陈宇说：“在工业领域，正常的人才结构是1个科学家、10个工程师、100个技能人才。”科学家可以引进，工程师可以引进，大规模引进技术工人却在全球尚无先例。缺少足够的技术工人，从原料生产到制作加工就无法形成闭环，一个工序出问题就会满盘皆输。

“设备易得，技工难求。”急欲实现产业链条从末端上移的中国制造业，就这样把前所未有的人生际遇，推到亿万中国工人的面前。今天，城市之间的“抢人大战”正在白热化，技术工人开始成为高价争夺的人才资源。

《21世纪经济报道》披露，凭借高级工及以上职业资格证书，技术技能型人才可以落户南京。在宁波，技术工人也被纳入人才落户范畴。佛山更是全面放开了对技术工人的落户限制。即便是北上广深这样的超级一线城市，也同样向技术工人敞开大门。上海市委书记李强公开表示，上海的发展既需要金领、白领，也需要蓝领。广州公布最新政策，大力吸引包括技术工人在内的各类人才。

这是最好的时代，这是智慧的时代。

这是光明之季，这是希望之春。

2018年3月，《中国工人》杂志邀请大国工匠顾问团成员高凤林、许振超、李斌相聚北京，共同谋议中国技术工人的未来。高凤林说：“新时代的技术工人必须要有工匠精神。工匠精神不仅有助于生产出更好的产品，更能让技术工人在社会中找到自我认同。”许振超说：“不懂技术的工人，就不是一个合格的当代工人。作为技术工人，知识和技能非常重要，做就要做第一，做第二也是落后，也是跟着别人跑。技术上没有自己的撒手锏，永远形不成竞争力。”李斌说：“技术工人不可能‘一夜成名’，肯定要经过漫长的学习积累。路在自己脚下，创新也在身边。”

坚冰已经打破，航道已经开通。可以想见，有了提高技术工人待遇的顶层设计，更多细化的制度安排即将到来。一场中国制造的品质革命，正在蓬勃而起。

我们眷恋的“八级大工匠”，将会越来越多地出现在我们的身边，出现在中国制造升级为中国智造的流水线上。

加油，每一位立志岗位成才的劳动者。重返荣耀之巅的日子，不再遥远。

中国技术工人的春天，全新开启，永不落幕。

新时代，去奋斗

——中南海回信和最有名的劳模班

文/李　瑾　图/于文国

2018年“五一”前夕，北京，增光路45号。

中国劳动关系学院北京主校区，原本静谧的校园突然间热闹起来。

“习近平总书记给我们的劳模班回信了！”令人振奋的消息就像长了翅膀，飞快地传遍校园的每一处角落。

从1949年由华北职工干部学校改建为中华全国总工会干部学校开始，这所培养了成千上万工会工作者的高等院校，迎来了自己最为璀璨的荣光时刻。

由此开始，创建26年的中国劳动关系学院劳模本科班，当之无愧地成为中国最有名的“劳模班”。

“争做新时代的奋斗者”——中国工人运动的历史，就这样又一次记录下极富意义的生动细节。

⊙ 中南海来信：最深切的关怀

打开中国劳动关系学院的官方网站，就可以直接看到2018年4月30日中央电视台《新闻联播》的画面。

播音员康辉正在播报的是一封足以鼓舞中国亿万劳动者的回信——

中国劳动关系学院劳模本科班的同志们：

你们好！“五一”国际劳动节前夕，收到你们的来信，我感到十分高兴。你们为党和国家事业发展作出了突出贡献，被评为劳动模范，如今又在读书深造，这是对大家辛勤劳动、无私奉献的褒奖，也是党和国家对劳动者的关怀。

社会主义是干出来的，新时代也是干出来的。希望你们珍惜荣誉、努力学习，在各自岗位上继续拼搏、再创佳绩，用你们的干劲、闯劲、钻劲鼓舞更多的人，激励广大劳动群众争做新时代的奋斗者。

我一直强调，劳动最光荣、劳动最崇高、劳动最伟大、劳动最美丽。全社会都应该尊敬劳动模范、弘扬劳模精神，让诚实劳动、勤勉工作蔚然成风。

值此“五一”国际劳动节之际，我向你们、向全国所有劳动模范、向全国广大劳动者，致以节日的问候。

习近平

2018 年 4 月 30 日

这封共计 325 个字的回信，第二天登载在中国所有主流报纸的头版头条。

5 月 1 日上午，全国总工会党组召开专题会议，传达学习习近平总书记给中国劳动关系学院劳模本科班学员回信重要精神。

“内涵深刻，意义重大”，全国总工会党组书记、副主席、书记处第一书记李玉赋用这样 8 个字概括习近平总书记回信的分量，更把这封回信视为对劳动模范、广大职工和工会干部的巨大鼓舞和有力鞭策。

李玉赋说，各级工会要按照全国人大常委会副委员长、全国总工会主席王东明同志的要求，以高度的历史使命感、政治责任感和工作紧迫感，在广大劳动模范和职工中迅速掀起学习宣传贯彻的热潮，使劳动最光荣、劳动最崇高、劳动最伟大、劳动最美丽的观念深入人心。

芬芳五月，劳动者在属于自己的节日里收到习近平总书记的问候。

这份温暖而厚重的礼物，既是对劳模为党和国家作出突出贡献的高度肯定和褒扬，更是对劳模、广大职工和工会干部的巨大鼓舞和激励。

中国劳动关系学院劳模本科班的学员，如今成为家乡亲友和昔日工友引以为荣的骄傲。从寄出给总书记的信到收到总书记的回信，中间相隔了21天。

38位签名写信的2017级和2018级劳模本科班学员，都能清楚地记得那封寄出的信里的每一个字——“敬爱的习总书记：在‘五一’国际劳动节来临之际，我们怀着无比崇敬的心情给您写信，表达我们的敬意和祝愿……”

劳模本科班班主任刘慧丽老师告诉《中国工人》，习近平总书记一直高度重视工人阶级和劳动模范，劳模学员们充满了崇敬之情，于是萌发了写这封信的念头。

然而，真到了动笔写信的时候，邮递员付永伟学员和环卫工人孙志宝学员的心情却变得忐忑起来，不知道习近平总书记是否能看到自己的信，看到了又会不会回信。听到总书记回信了的那一刻，两个人抑制不住地跳了起来。

劳模学员蔡凤辉是北京环卫集团的环卫工人，平时的工作地点就在天安门广场。2015年“9·3”阅兵的时候，她就在距离习近平总书记不到100米的东观礼台做环卫保障。接到习近平总书记回信的那天，蔡凤辉激动得掉下了眼泪。“总书记说，劳动最光荣、最崇高、最伟大、最美丽，这是给我们最好的鼓励！我的经历让我品尝到了‘幸福是奋斗出来的’这句话的甘甜。”

从一名农民工成长到首都天安门的一名环卫职工，蔡凤辉有过太多的艰辛和委屈，可她依旧凭借着不懈奋斗找到了自己的幸福——每天在天安门广场操控着价值几百万元的新能源环卫设备；在北京有了自己温暖的家；重回校园成为一名大学生，圆了儿时的梦想。

在全国总工会举行的学习宣传贯彻习近平总书记给中国劳动关系学院劳模本科班学员回信重要精神座谈会上，来自新疆的维吾尔族劳模学员赛福丁·伊斯热依力用“非常幸福”形容自己的感受。

作为新疆中泰化学托克逊能化有限公司车间值班长，赛福丁从2005年参加工作开始，用13年的时间从农民工成长为技术工人，不仅被评为全国劳动模范，更被送到劳模本科班开始向往已久的大学生活。

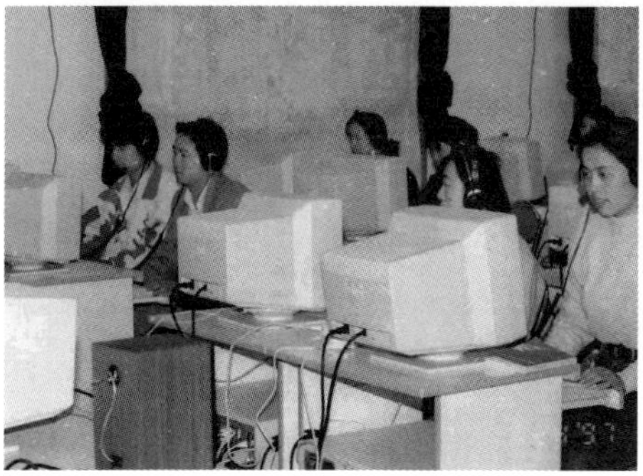

1 1994 级劳模本科班开展“劳动争议模拟仲裁庭”活动

2 1997 级劳模本科班的计算机课

3 2000 级劳模本科班毕业论文答辩

3年前，赛福丁在北京人民大会堂接受表彰，现场聆听了习近平总书记在五一纪念大会上的重要讲话。其中，“世界上无论发生什么变化，劳动者的光荣和地位永远不会变”这句话，让他始终难忘。这一次，他又在习近平总书记的回信里面看到了“劳动最光荣、劳动最崇高、劳动最伟大、劳动最美丽”的话语，强烈的幸福感和安全感油然而生。

“撸起袖子加油干，争做新时代的奋斗者！”

这是38位给习近平总书记写信的劳模学员的共同心声。

这一刻，在祖国各地的工作岗位上，26年来607位历届劳模本科班学员心手相连。

穿越26年的时光，党、政府和工会对于劳动模范的关爱，就这样融入了历史的最深处。

⊙ 免试与推荐：送劳模上大学

毫无疑问，今天的中国劳动关系学院劳模本科班，已经成为中国最有名的“劳模班”。

然而，在26年前的那个夏天，首届劳模本科班的开设却一波三折。

由中国工人出版社出版的“中国工会工作品牌丛书”《五一劳动奖》这一卷里，详细记录了全国总工会送劳模上大学的前前后后。

早在1983年，全国总工会和教育部等8部门就曾联合签发文件，明确劳动模范报考全国全日制高等学校时，“年龄可放宽到28周岁，婚否不限，经单位推荐，可报考相应专业，参加统一考试，录取时适当降低分数”。

推出这一文件，旨在有计划有步骤地选送培养有前途的优秀工人到大学深造。

但是，由于长年工作在生产第一线，劳动模范的文化底子并不好，大学的门槛依然很高。

“关爱劳模，既要有鲜花和荣誉，更要为他们提供‘充电’的机会。”秉持这一原则，全国总工会决定在中国工运学院（中国劳动关系学院前身）专门开办劳模本科班。

1991 年，国家教委（教计〔1991〕235 号文件）批复，同意中国工运学院开办“工会学”专业劳模本科班。按照规定，报考劳模本科班的劳模必须参加全国统一的成人高考，并达到为劳模生专划的录取分数线。然而，在分数线面前，渴望求学的劳模竟然“倒下了一半”。

1992 年 7 月 6 日，全国总工会组织部和中国工运学院联名向国家教委成教司递交报告，请求国家教委同意开办劳模本科预科班，由中国工运学院对预科班学员统一集中补习高中课程，经考试合格后，直接进入本科班学习。国家教委迅即复函，原则同意全国总工会组织部委托中国工运学院为劳动模范举办预科班。

1992 年 8 月 31 日，中国工运学院迎来了 48 名首届劳模班学员，他们都是全国劳动模范和全国五一劳动奖章获得者。这些学员全部来自生产一线，他们中有矿工、司机、交警、挡车工、炼钢工、技术员、邮递员、铁路工人。和那些自信飞扬的年轻学生相比，劳模学员明显表现出紧张和局促。然而，在他们的眼中，却充满了对大学生活的新奇和迷恋。

因为多次采访的缘故，工人日报驻全国总工会联络站站长郑莉对劳模本科班的历史如数家珍。

“为了尽快把‘落榜劳模’的文化课补上去，中国工运学院制定了严格的教育计划和教学大纲，配备了较强的师资阵容和专职班主任。”郑莉说，“‘落榜劳模’的数学基础参差不齐，难以统一教学，学院就把数学课分成快、慢两个教学班，由两位老师分别授课。”

功夫不负苦心人。半年以后，预科班的劳模学员都顺利通过成人高考，进入了 93 级劳模本科班学习。

当然，对于全国总工会开办劳模本科班而言，更艰难的挑战还在后面。

其实，第一批劳模大学生并不是出现在中国工运学院。1991 年，中国人民大学获准招收了全国第一批劳模生。

1992 年，全国共有 16 所高校同时招收劳模大学生，报名人数一度突破 1000 人。

然而，仅一年后，这股热潮突然降温，报名人数骤减到 300 人。作为中国工运学院劳模班的首任班主任，庄继丽曾带人前往中国人民大学“取经”，接待他们的教师惊讶地说：“我们都快办不下去了，你们怎么还来学习？”

原来，随着企业兼并、重组及用人制度改革的推进，劳模经历4年学习后，工作出现问题，他们甚至面临失去工作岗位的风险，这不同程度地影响了劳模上大学的积极性。

1993年这年，300人报考全国各个高校劳模班，最终只有60多名劳模在高考中达到录取分数线。再加上劳模学员的文化水平带来了更多教学和管理成本，直接导致公共高校无法或不愿意继续开办独立的劳模班。

很快，中国工运学院成为北京唯一坚持开办劳模本科班的高等院校。即便如此，劳模学员的数量仍不乐观。

为有效缓解这一问题，全国总工会组织部在1996年向教育部提出免除劳模班入学考试，并很快得到肯定意见的回复。由此开始，“获得全国劳模称号、全国五一劳动奖章获得者，凡符合入学条件的，由省、自治区、直辖市工会推荐，全国总工会组织部审定，报国家教育部批准后，可免试进入中国工运学院劳模本科班学习”。

1997年，中国工运学院劳模本科班正式实行免试入学，劳模学员人数当年增至47人。

出人意料的是，尽管“免试入学”的条件一定程度上激发了劳模的学习热情，但在企业改革带来的就业压力下，仅仅过了两年，劳模班招生人数再次跌至20人以下。而“非典”疫情过后的2004年，尽管中国工运学院已经在一年前从成人高等院校升格为普通高等院校，并更名为中国劳动关系学院，免试入学的劳模学员竟然只有4人。

显然，让大学毕业后的劳模学员拥有更强的就业能力，从而彻底解决他们对于重新上岗或再就业的担忧，才是让劳模本科班稳定发展的根本之道。

很快，劳模本科班的课程安排进行了重新规划——“第二课堂”悄然出现，大量的教学参观活动拓展着劳模学员的视野；教学实习成为新增的重要环节，劳模学员回到原单位的新岗位或进入各级工会，在实际工作中检测理论培训的收获；劳模学员的学制大幅改革，由四年脱产模式转为“2+2”模式，

2007 年，劳模本科班学员参加学校运动会

即两年脱产，两年函授。函授学习期间，每学期回到北京集中辅导复习1个月，参加期末考试。

多年来，在各级工会和工会院校的努力下，劳模上大学的热情渐渐升温。2011年，劳模本科班招生人数恢复到42人。

不过在最近几年，受本科学历教育普及等因素影响，继续深造本科学历的劳动模范人数也并不稳定，2018级劳模班学员只有14人。

⊙ 求学北京城：人生的新起点

从生产一线走进大学校园，每一位来到劳模本科班的学员，都有自己的故事。

2011级劳模本科班班长韩伟已经毕业多年，却依然清晰地记得自己能够“免试+免费”上大学时的场景：那是酷暑难耐的一天，韩伟正在投递报纸信件，忽然接到北京邮政投递局工会的电话。“韩师傅，您什么学历？”“大专学历。”韩伟被问得一头雾水。“有件好事，工会要送你去上大学……”7个月后，自诩为“中了特等奖”的韩伟走进中国劳动关系学院的校园。

宽敞的阶梯教室，学富五车的大学教授在讲台前踱步……这是韩伟想象中的大学生活。然而，走进教室，看到8列课桌椅一字排开，他愣住了。

班主任庄继丽老师带着温暖的笑容，出现在劳模学员面前：“这是学校特意给你们开的小灶，大教室人太多，听课效果不好。我全职为大家服务，遇到任何问题都可以找我。”

在中国劳动关系学院的校园里，劳模本科班的劳模学员总是能吸引来最多的目光，得到更多的关心和关爱。两年前，新一届劳模本科班开学，有22位社会工作专业的劳模学员，他们中年龄最小的学员30岁，最年长的学员也已经53岁。

在教学楼二层的计算机房内，劳模本科班正在上课，当天的课程是“计算机基础与应用”。讲台上，王慧儒老师生动地讲解着PPT的使用操作方法，22位劳模学员聚精会神地做着课堂笔记，其中包括7位农民工劳模学员。

这已经是王慧儒第6次带劳模本科班了，“越带越了解劳模学员的需求”。

按照常规的课程设计，要先从 Word 教起，但考虑到劳模们作报告的需要，劳模本科班把 PPT 课程放在了最前面。

中国劳动关系学院工会学院院长杨冬梅教授告诉《中国工人》，为了保证劳模本科班的教学质量，学校坚持任课教师优中选优的原则，精心设计教学课程，通过学习通用素质能力、专业素质能力和专业技能，使劳模学员成为应用型专门人才。

如今，这所高校劳模本科班的大门向劳模开得更大了。经过所在省级工会推荐，全国劳动模范、全国先进工作者和全国五一劳动奖章获得者可以免试入学。省部级劳模以及内蒙古、广西、西藏、宁夏、新疆五个少数民族自治区的地市级劳模，由所在省级工会推荐并参加中国劳动关系学院自主招生考试，成绩合格者可获得入学资格。

学习期间，劳模学员的学费、住宿费及入学体检费实行全免，全国总工会还给予每人每月一定数额的助学金，并提供劳模应急补助。《工人日报》的报道中显示，学员所在单位都对劳模上大学给予不同程度的支持，包括发放基本工资和缴纳社会保险。

“新鲜实用”是劳模学员对校园学习生活的全新体验。“以前演讲不会用电脑，只能靠嘴说，以后就能图文并茂了。”农民工全国劳模王海军是内蒙古呼和浩特市公交集团的公交司机，他常年操控粗重方向盘的手，已经能够熟悉地拨弄鼠标和键盘了。

不过，在全国劳模郑翠生看来，劳动法和人力资源管理两门课程对自己帮助更大。他创办的养殖公司有 20 多位员工，对企业管理知识和员工沟通技巧的需求日益迫切。

除了计算机、劳动法和人力资源管理课程，劳模本科班还安排了大学英语、中国工运史、体育、工会法与工会组织等学习内容，让劳模学员们可以在脱产学习的两年时间里，尽可能地充实自我，提升学历层次，让自己的未来变得更加精彩。

4 年的大学生活，劳模本科班让劳模学员“脱胎换骨”。当年，25 岁的济南市 35 路公交车司机吴倩想要到北京的劳模班学习。然而，这时的她还只是

1996年6月，尉健行等同志与1996届（首届）劳模本科毕业生合影

山东省劳动模范，没有入选资格。8 年后，梦想的种子开花结果，吴倩被评为全国劳动模范。她告别了只有 7 个月大的孩子，人生第一次独自远行，登上开往北京的列车。

入学教育课上，时任工会学系党支部书记兼教学副主任张默谆谆告诫：“只有把书读好，才对得起支持你们的家人、企业、工会。4 年后，你们收获的将不仅仅是知识，还将有更多的‘财富’珍惜机会，慢慢品味。”

“只需要把握好每一次机会，就一定能改变自己的人生。”

大学校园里的新梦想，就这样在吴倩心里孕育成长。大学毕业那年，她通过企业的储备人才竞聘，成为一家分公司的副经理，完成了自己人生中最重要的一次“华丽转身”。

26 年来，劳模本科班共计培养 607 名学员，其中全国劳动模范 233 人，全国五一劳动奖章获得者 211 人。全国人大代表 16 人，全国党代表 11 人。全国总工会授予的全国示范性劳模创新工作室 3 个，全国劳模创新工作室 1 个，人社部授予的国家级技能大师工作室 5 个，6 人获得人社部颁发的“中华技能大奖”。

4 年的本科教育，为劳模本科班学员展开了一张全新的人生画卷，润物无声地改变着他们的命运。经历了知识的洗礼，他们将开启一扇全新的人生之门。

当然，在习近平总书记那封“中南海回信”公布后，这个中国最有名的“劳模班”里的所有学员，都牢牢记住了自己肩头的历史重任——争做新时代的奋斗者。

新的时代，是奋斗者的时代。

幸福需要奋斗，它不会从天而降。梦想需要奋斗，它不会自动成真。

“社会主义是干出来的，新时代也是干出来的。”这是习近平总书记的殷切嘱托。

绘就改革岁月的辉煌画卷，谱写工人阶级的时代壮歌。这是劳模本科班所有学员和亿万中国劳动者的铿锵回应。

新时代，去奋斗！

E网情深：智慧工会时代的劳动者网络生活

文/李　瑾

从网上入会、网上维权、享受普惠服务到学习技术、提升技能，各级工会组织搭建的网上服务平台，让劳动者在弹指之间便可获得工会会员的各种服务。充分利用互联网技术优势和便利的智慧工会，已经成为中国工会打通联系服务职工群众“最后一公里”的关键性举措。

今天，网上网下深度融合、互相联动的服务职工新格局，已经成为中国工会组织的共识。

2018年3月19日，西宁，早春初至。

青海高原电子职工书屋全覆盖启动仪式现场，来自企事业单位的职工代表走上前台，领取电子职工书屋阅读卡。由此开始，青海全省百万职工正式进入“一人一书屋，无处不阅读”的新时代。

这样一幕场景的出现，源自一年前印发的《青海工会“互联网+”行动计划（2017—2019年）》的整体布局。在这份出台的文件里，青海省总工会决意打造“网上职工之家”，让百万青海职工“看得见、找得着、进得去、用得上”。类似的《行动计划》或《规划纲要》已成为各地工会的“标配”。在中国，越来越多的一线劳动者像这些青海职工一样，畅游在网络生活的海洋，享受着愉悦与便利，塑造着全新的自己。

畅销书《黑天鹅》的作者塔勒布说：“历史和社会不会爬行，它们会跳跃。”

今天的互联网世界，中国工会正在筑力编织智慧空间，把对劳动者的深情关爱“E 网尽现”。

⊙ 找到工会找到家

2017 年 10 月，在全国总工会成立网络工作部一年后，《互联网 + 工会：移动互联时代的改革创新思维》经过修订，由中国工人出版社推出了第二版。与此同时，一本以农民工为第一视角、模仿《小灵通漫游未来》体例的工会网上工作普及读物《龚晓农漫游“互联网家”》与读者见面了。

在这两本关于智慧工会构建的书中，包括张晓莹博士在内的作者团队“异想天开”，虚拟了一位叫“龚晓农”的农民工，以各种职业身份出现在不同的工作场景里。

周末，龚晓农去网吧打发时间，路上看见一条标语——“农民工有困难找工会”，禁不住心中冒出一个念头：工会与游戏里的“公会”有何区别？在网吧玩游戏的间隙，龚晓农搜索打开了宜昌市总工会职工服务网。按照提示，他点击进入“我要入会”模块，简单填写了个人信息，提交后又继续打游戏了。

星期一上班时，让龚晓农万万没想到的事情发生了。街道工会干部找到了他，递过一张表格，让他办理登记入会手续。原来，就在龚晓农向“我要入会”模块提交申请信息的同时，宜昌市总工会职工服务网已经把他的个人信息导入市总工会职工服务平台系统，后台管理员当即分派处理到了他打工区域的工会组织。

由于龚晓农打工的企业还没有成立工会组织，他的工会关系被暂时挂在街道工会，成了一名“直属会员”，从此成了有组织的人。当然，这家企业也很快成立了工会。

尽管龚晓农只是一个虚拟的名字，但一线劳动者“找到工会找到家”的故事，却每天都在现实生活中发生。

“申工社”App“线上入会”的火热上线，点燃了上海职工“找娘家”的热情。当天，App后台收到300多名职工的在线入会申请。不到两个月，825位上海职工通过App线上申请，正式成为工会会员。首批线上入会的13名职工代表更是受邀来到上海市总工会，讲述自己寻找“娘家人”的故事。

此前，单位没有建会却想要加入工会的职工，往往找不到入会的渠道。上海市总工会通过“申工社”App打开网上大门后，职工只要点击首页“我要入会”的按钮，填写提交完整的入会信息表格，15个工作日内就会有工会干部主动联系，帮助职工正式加入工会。

这些网上加入工会的会员里，有一位来自上海四大会计师事务所的“海归白领”。这些事务所常年拖延建立工会，很多员工心有不满，不过为了工作只能无奈接受现实。得知网上有可以个人申请入会的渠道，这位“海归白领”第一时间提交了个人资料。今天，“网上申请入会”已经成为智慧工会建设的“新常态”。

与上海咫尺之隔的浙江省城杭州，智慧工会平台正式上线时，便推出了“杭工e家”App，同时和当地市民卡公司签订协议，在市民卡上建立工会会员识别标识。由此开始，无论是杭州本地职工还是外来农民工，只要在“杭工e家”App或市民卡上提交加入工会的申请，经过后台审核，即可拥有一个属于自己的二维码，成为有了“娘家”的工会会员。

在龚晓农故事里提到的宜昌市总工会，通过“宜昌工人”微信公众号或登录职工服务网提交的入会信息，都可以同步在网络监控大厅得到即时处理，基层工会主席马上就能在线上进行审核办结，为劳动者由“要我入会”到“我要入会”提供了网络这一便捷通道。截至目前，整个宜昌已经建立了包含82万多名会员的动态实名数据库，职工线上入会转会超过5.3万人。包括货车驾驶员、快递员、护工护理员、家政服务员、商场信息员、网约送餐员、房产中介员和保安员在内，以新“八大员”为重点推动职工入会全覆盖的工作，正在智慧工会的助力下全速推进。

毫无疑问，充分利用互联网、大数据、云计算等技术优势和便利的智慧工会，已经成为打通联系服务职工群众“最后一公里”的关键性举措。

服务职工，前提是联系职工。联系职工，前提是找到职工。最近一期全国总工会党组中心组学习由全总书记处书记赵世洪主讲，他的观点是：“中国工会正面临职工队伍数量、构成和诉求的前所未有的巨变。如何认识、跟上并及时应对这些变化与挑战，是新时代工会面临的重要课题。”

今天，新的科技革命正深刻改变着产业构成、产业形态，从而深刻地改变着职工的职业构成、技能需求、劳动关系，具体表现为劳动者队伍迅速扩大，流动持续加快，利益诉求分化增强。在这种情况下，工会需要找到职工提供服务，职工需要找到工会寻求帮助。有效利用互联网时代的技术红利，运用网络渠道实现服务覆盖职工，不仅是工会深度掌握职工具体需求的基本途径，更是亿万职工找到工会找到家的通达路径。

⊙ 找到生活找到爱

一旦网络把职工和工会连在一起，正在日益增多的工会普惠性服务项目，便会让职工的生活充满温暖。互联网和大数据技术的应用，更容易吸引市场和社会力量，促使合作制互助性的各类服务“绽放”，这让工会提供即时服务和精准服务成为可能。

神情沮丧的龚晓农再一次找到工会。这次他被公司欠薪了。

龚晓农想过辞工不干，但又怕一旦辞职，钱更要不回来了。他想到过冲到老板办公室武力解决，还考虑过去爬塔吊吸引注意，但最终都觉得不妥当，还是找工会靠得住。

工会的工作人员接待了龚晓农：“别着急，咱们讨薪已经有了便捷渠道。”说话间，龚晓农的手机下载了“智慧工会”App，在“我要维权”栏目里点击“法援工作室”。从网上填写维权信息到专家律师介入协商调解，短短一天时间，曾经满不在乎的老板低头服软，主动找到龚晓农表示歉意，当场支付了拖欠的工资。

龚晓农由此发现，原来在自己平时打游戏、扯闲天儿的互联网上，工会已经建起了那么多服务职工的空间，让自己可以轻松地找到生活找到爱。

龚晓农的脸上又露出了笑容。

在电脑上打开北京“12351”职工服务网的首页，首先映入眼帘的是“六月活动主题——初夏快乐周末”的导图窗。整个6月的每个周末和端午节前，北京市工人北戴河疗养院将累计提供590间免费客房。只要是北京工会会员互助服务卡的持卡职工，都可以登陆“12351”职工服务网或通过“北京工会12351”手机App进行预订，预订成功后即可免费入住，享受海滨风景。

如今，随着互联网应用普及度的提高，北京工会“一网”打造服务职工的网络平台，持续推出全方位立体化的服务项目，让工会会员在手指之间尽享工会服务。

李丹丹是密云区的一名职工，自诩是“北京工会12351”手机App的“忠实粉丝”。自从下载了这款App以后，她每年都会通过手机客户端享受七八次工会服务，免费理发、免挂号费就医，还有免费洗车和免费看电影。2018年春节前，李丹丹还在网上抢到了免费逛庙会的名额，就近在密云区总工会职工服务中心领票。带着一家人跑到北京城里逛庙会，这让平日身在远郊的她感受很好。

在北京这样的超大城市，“就医难”是普通职工苦恼的问题。然而，在中关村科技园区海淀园工会搭建的网络服务平台上，工会会员却可以直接向解放军总医院、北京大学口腔医院、北京肿瘤医院、北京市海淀医院、北京大学国际医院、北京大学第三医院6家知名医院进行预约挂号。“即便是不方便使用电脑上网的时候，我们一样可以通过海淀园工会微信公众号，按照医院、科室、职称、专业进行预约，确实非常方便！”多位海淀园辖区企业职工这样表示。

从“医”到“食”，从“住”到“行”，从“乐”到“享”，从“惠”到“聚”……在全国各地工会争相搭建的会员服务平台上，几乎都设置了提供这八大功能的板块。只要有心，工会会员总能找到自己需要的生活服务项目。

“通过调研发现，婚恋交友是职工最需要的工会服务之一。”河南省总工会职工服务中心主任王志军没有想到，这项他们原本以为归于妇联或共青团的服务项目，居然是工会会员“点”得最多的一道“菜”。顺理成章地，他们由工会“定菜单”向职工“点菜单”转变，通过“豫工惠”平台推出职工婚恋交友服务，短时间内注册会员18768人，组织活动500多场，9000多名职工找到心仪对象。

在云南，省总工会倾力搭建职工心理服务微信平台，通过和云南省心理学会、云南省精神卫生中心的深度合作，普及心理健康知识，提供减压冥想的音频和视频，帮助职工化解压力和放松心情。平台开设的心理咨询互动功能，更可以直接与专家团队进行沟通交流。平台上线短短5个月，关注用户便突破4万人。

在上海，上汽集团工会开通“上汽职工之家”微信平台，“达人帮”志愿者互动成为鲜明特色。平台开设健身减肥、西点烘焙、养生保健、多肉种植、公益活动、手工皂DIY、英语口语、美食烹饪、电器维修、摄影摄像、视频剪辑和母乳喂养等10多个板块。邀请有特长的员工出任版主，为员工在线答疑解惑，鼓励员工互相提供贴心服务。

……

“实际上，从2016年以来，全国各级工会都在引入大数据、云计算及互联网等新技术因素提升对基层职工的服务。”在全国总工会举行的新闻发布会上，全国总工会宣传教育部部长、新闻发言人王晓峰表示，全国总工会正在推动互联网时代工会服务职工工作的转型升级。“利用信息通信技术和互联网平台，可以实现工会与互联网的深度融合。”王晓峰说，“要改造升级建会数据库，逐步建立会员实名制与普惠性服务综合管理系统，打造方便快捷、务实高效的服务职工新通道。”

从粗放转向精细，从“撒胡椒面”转向“点对点”……互联网上的工会普惠服务，正在为亿万职工送去体贴的温暖，让他们在网络生活里感受到更多关爱。

⊙ 找到知识找到光

对于那些想要学习技术、提高技能的劳动者来说，互联网是浩瀚的知识海洋。提供更多更好的技能知识服务，正在成为智慧工会最具魅力的服务项目之一。毕竟，“千金在手，不如一技傍身”。拥有娴熟技术的职工，才能有稳定的岗位和满意的收入。

龚晓农又来了。

到了新的岗位，龚晓农感觉出自己的技术短板，涌起提高技能的念头。和往常一样，他去求助自己的“娘家人”，成为“江苏工会学院”的新粉丝。

点开这个职工在线教育平台，龚晓农惊呆了。平台里的内容多种多样，“阅课商城”既有焊工、电工、计算机操作员等免费技能培训课程，还有班组管理、精益生产、医药养生等方面的讲座，如同进入了一个职工技能培训的“淘宝网”。

4年前，无锡市总工会开发的“搜搜课”上线运行，成为中国工会最早搭建的网络教育平台之一。更名为“江苏工会学院”以后，江苏全省职工有了自己的一站式技能培训园地。如今，在工会的技能服务线上平台学习岗位技能，已经成为越来越多技术工人的“必修课”。

河北邯郸的一处普通办公房，是河钢集团邯钢工会职工网上练兵平台的运营中心。第11届世界模拟炼钢挑战赛冠军周文涛，就是在练兵平台上的无数次鼠标操控中，默默提升着自己的技能本领。

总决赛那天，来自37个国家的1479名世界炼钢高手聚集一堂。他们被要求使用iPad进行触屏操作，在两个小时内采用转炉炼钢模拟系统生产出一个成本最低的钢种。不到10分钟，周文涛成功地炼出第一炉合格钢水，完成了自己的第一次成绩，这要比其他选手快了足足20多分钟。最终，他的成绩定格在低碳钢吨钢成本220.19美元——冠军！

一个工作只有6年的青年技工，站上了世界炼钢大赛的冠军奖台。人们把其中的重要动因归于邯钢工会职工网上练兵平台营造出的浓厚氛围。这种把网络游戏与在线学习进行深度融合的技能训练模式，集知识性、趣味性、竞争性、实用性于一体。在三炼钢厂，练兵平台的每一次活动，周文涛总是第一个报名，闯关答题，乐此不疲。练上世界炼钢冠军台的周文涛，无疑是工会为职工打造网络学习平台的耀眼成果。在他的背后，追光所至的每一个地方，都有技术工人从工会服务平台汲取知识的生动场景。

以邯钢职工网上练兵平台为发端，中国机械冶金建材工会在全国钢铁行业职工中开展网上练兵活动，同时推出职工网上练兵系统。在这套系统里，网络风行的闯关游戏被应用到网上闯关学习中，设置不同的等级，吸引职工不断破解试题，晋升等级，积累知识，提高技能，有效激发了“80后”“90后”技术工人的学习兴趣，成为工会服务职工技能提升需求的新鲜尝试。与此同时，中国国防邮电工会致力建立网上与网下互补的“新时代工匠学院”，为职工即时学习和技能提升提供有力技术支撑。

今天，更多富有时代特点的职工学习平台正在搭建。在《大国工匠工作法》获得国家出版基金支持的基础上，中国工人出版社正在围绕高凤林、郭晋龙等顶级工匠的技术专著，研发适用于线上学习的课程体系，即将推出由大国工匠口传身授的技能学习平台。它让身处偏远地区的一线工人，也可以找到知识找到光，跟随顶级工匠进行零距离拜师学艺，构建有黏度有互动的新型师徒社区。

2018年是《全国工会网上工作纲要（2017—2020年）》实施的第二个年头。形成网上网下深度融合、互相联动的服务职工新格局，已经成为中国工会组织的共识。依照“一体推进、两个覆盖、三网并用、四大建设、十类应用”的整体规划，更多工会服务职工的网络平台，将在不远的未来成为劳动者的“全天候伙伴”。

弹指之间，劳动者的网络生活丰富而多彩。

智慧工会，就是这样“E网情深”。

扫一扫，发现更多精彩

报　道

一个阶级的故事，
需要有人书写，被人尊重。

试行 18 年，企业年金真的来了！

文/李　瑾

在“企业年金”第一次出现在国家政策文件后的第 19 个年头，这个事关亿万职工养老积累的词汇终于“转正”。

2017 年 12 月 18 日，人力资源和社会保障部部长尹蔚民、时任财政部部长肖捷共同签署两部联合发出的第 36 号令，公布《企业年金办法》，并自 2018 年 2 月 1 日起施行。

因为可以一次性提取企业年金这份养老积累，越来越多的企业职工退休后的收入水平和生活质量将明显提升。

⊙ 18 载试行，站上万亿规模之巅

年金起源于西方发达国家，实质是延期支付职工劳动报酬，或以退休后领取的形式分享企业利润，是一种“雇主资助、完全自愿、税收优惠”的退休金计划，与社会保险、个人储蓄一道，成为养老保险体系的“三大支柱”。

在美国，企业年金经过上百年的发展，已经成为劳动者越来越倚重的退休收入。迄今为止，这一福利计划占美国人退休之后总收入的比重，已经和社会保障平起平坐，分别达到 40%，其余 20% 来自个人储蓄和投资。

我国建立养老保险制度以后，补充养老保险开始成为国家政策倡导的

方向。1995 年 1 月实行的《劳动法》规定，国家鼓励用人单位根据本单位实际情况为劳动者建立补充养老保险。劳动部随后出台相关文件，提出补充养老保险采用“个人账户”方式管理。

2000 年 12 月，国务院印发《关于完善城镇社会保障体系的试点方案》，首次提出“企业年金”的概念，让这个事关亿万职工退休保障的词汇走入公众视野。方案明确同意有条件的企业可为职工建立企业年金，并实行市场化运营和管理，“费用由企业和职工个人缴纳，企业缴费在工资总额 4% 以内的部分，可从成本中列支”。

2004 年 5 月 1 日，《企业年金试行办法》和《企业年金基金管理试行办法》施行。120 天后，《辽宁省直属企业企业年金委托管理协议》出台，诞生了中国标准企业年金“第一单”。由此开始，67 家辽宁省直属企业积存补充养老保险进入市场化管理运作。

首都经贸大学教授庹国柱在接受采访时回忆，2007 年可谓是中国企业年金的“闪亮之年”。这一年，参加全国企业年金的企业达 3.2 万家，员工超过 929 万人。得益于当年 A 股的良好表现，企业年金投资收益率更是达到惊人的 41%。

同样值得一提的是，2008 年的全球金融危机，直接对中国的企业年金产生了冲击。当年，企业年金投资收益率一路向下，最终降到 -1.83%，成为迄今最低水平。

2013 年 12 月，企业年金迎来了自己的春天。财政部、国家税务总局、人社部联合发布通知，明确企业年金单位与个人缴费及投资收益的个人所得税，均延至退休后待遇领取时再行缴纳，大大激发了企业与员工建立企业年金、提高缴费标准的积极性。

2016 年 9 月，在比业界预判晚了七、八年以后，中国企业年金的积累基金规模和实际运作资产规模，终于双双跃上万亿台阶。

经历了青涩的摸索期，企业年金已经开始承担起支撑我国养老保障体系的恢宏重任。

⊙ 如期“转正”，带来更多退休保障

事实上，企业年金的“转正”早已是“公开的秘密”，唯一留下的悬念只是“转正”的时间。

2016年6月6日，人力资源和社会保障部公布《企业年金规定（征求意见稿）》，向社会公开征求意见。与16年前的《企业年金试行办法》相比，征求意见稿有了多处重大改动。有关人士特别注意到，企业缴费的分配差距受到明确限定，国有及国有控股企业当期缴费计入职工个人账户的最高额与平均额，最高不得超过5倍。

在接受《华夏时报》采访时，中国养老金融50人论坛核心成员、武汉科技大学金融证券研究所所长董登新说：“这是第一次设定了企业为每个职工缴费的最高额度，这个规定在很大程度上有利于缩小高、低收入之间的雇员缴纳企业年金的差距。”

毫无疑问，控制企业缴费分配差距的这一具体条款，直接保护了普通职工的切身利益。

2016年12月20日，人力资源和社会保障部第114次部务会审议通过《企业年金办法》，财政部亦同时审议通过。一年以后，两大部门终于联合发布这一办法。这意味着会有越来越多的企业职工加入企业年金计划，为未来的退休生活增添一项可观的额外收入。

依照《企业年金办法》，建立企业年金应当通过企业和职工集体协商确定，企业年金方案应当提交职工大会或职工代表大会讨论通过。企业年金实行完全积累，为每个参加企业年金的职工建立企业年金个人账户。

在实际操作中，企业年金个人账户下设企业缴费子账户和个人缴费子账户，分别记录企业缴费分配给个人的部分及其投资收益，以及本人缴费及其投资收益。企业年金基金按照国家有关规定进行投资运营，投资运营收益并入企业年金基金。

人力资源和社会保障部负责人在接受媒体采访时表示，企业年金所需费用由企业和职工个人共同缴纳。企业缴费每年不超过本企业职工工资总额的

8%，企业和职工个人缴费合计不超过本企业职工工资总额的 12%。具体所需费用，由企业和职工双方协商确定。

这位负责人同时解释说：“企业在经营亏损、重组并购等情况下，经与职工一方协商，可以中止缴费。不能继续缴费的情况消失后，企业和职工恢复缴费，并可以根据该企业实际情况，按照中止缴费时的企业年金方案予以补缴。”

依照企业年金待遇的规定，职工在达到国家规定的退休年龄、完全丧失劳动能力、出国（境）定居时，可以采取不同方式领取企业年金。其中，“按月领取”有利于发挥企业年金长期养老保险的作用；“分次领取”有利于退休人员结合企业年金个人所得税政策和自己的需要，选择合适的领取次数；“一次性领取”更加人性化，给予退休人员更多选择。

事实上，《企业年金办法》最大的亮点还是明确了企业缴费的归属机制。有关人士在接受《中国工人》采访时提醒说：“由于 2004 年出台的《企业年金试行办法》并未作出明确规范，相当一部分企业制定企业年金方案时，在企业缴费的归属上任意“设卡”，规定只有在本单位连续工作满 15 年及以上才能全额领取，中途跳槽辞职只能得到个人缴费部分的收益。”

就此问题，《企业年金办法》清晰地规定了“8 年之限”，明确企业缴费及投资收益随着工作时间逐步归属个人的归属期，最长不超过 8 年。这就是说，企业不能任意继续限制员工对企业年金的领取，工作年限超过 8 年，企业缴费就必须全部划入职工个人账户。

董登新说：“《企业年金办法》引入了美国企业年金雇主缴费的权益归属机制。雇员的缴费，从一开始所有权就是他自己的，直接进入个人账户；企业的缴费，开始也是缴入雇员的个人账户，但是，最终的权益归属比例要根据雇员在本企业服务期的长短来确定。”

显然，“8 年之限”既满足了企业正常留住员工的需求，也堵住了企业锁死员工的漏洞。

⊙ 五险二金，“第二金”要更有含金量

《企业年金办法》的正式出台，意味着“五险一金”成为“五险二金”的浪潮将会更快地到来。如何让“第二金”更有含金量，亟待引起社会各界的重视。

庹国柱提醒说：“那些经济下行压力的行业，企业年金扩容停滞的问题不能小觑。如何在经济新常态下扩大企业年金的覆盖面，是未来必须面对的难题。”数据显示，迄今为止，我国企业年金参加人数为2300多万人，基本养老保险参加人数则为3.8亿人。相比而言，企业年金覆盖人群不到基本养老保险参加人数的10%。

与此同时，受到经济下行压力的拖累，有的行业出现企业年金扩容停滞的苗头。第一财经记者在采访中发现，有的向来对员工“慷慨”的大型国企迫于“手头紧”，开始缩减年金的支出，一些产能过剩的企业甚至已经停止缴费。

人力资源和社会保障部公布的数据显示：2014年，企业年金覆盖人数比上年增加237万；2015年，覆盖人数比上年增加23万。2016年前三季度，覆盖人数仅仅比上年增加7.92万。

中国社科院世界社保研究中心主任郑秉文警告说：“如果第二支柱企业年金的参与率不能得到有效提高，第一支柱基本养老保险依然承受巨大压力，构建‘多层次混合型’福利体系的目标就只能停留在纸面上。”

事实上，如果不能尽快提高覆盖面，企业年金的“富人俱乐部”的标签就很难彻底抛掉。此前，企业年金更多建立在能源、电力、铁路、交通、烟草、银行、证券、保险等行业，国有企业的缴费额更是占到年金积累总额的75%。

《中国养老金发展报告2016》显示，建立企业年金的中小企业仅占总数的1%。至于提供了数量庞大就业机会的民营企业，在企业年金领域却基本属于空白。

郑秉文就此建议建立企业年金“自动加入”机制，雇员入职时就被默认

为自动加入年金制度，“退出”需要专门提出申请并得到雇主允许。来自美国的统计数据表明，这一“委婉的强制性制度”，对拉动低收入者、年轻职工和中小企业职工参与企业年金效果非常明显。

与此同时，企业承担的基本养老保险费率过高、负担过重，也严重抑制企业年金的发展。时任人社部社会保障研究所所长金维刚表示：“高费率严重挤压了企业年金的发展空间，导致许多企业无力建立企业年金。”人社部原副部长胡晓义则公开呼吁降低基本养老保险费率，将之转化为年金的企业缴费，以便快速扩大年金的覆盖面，提高个人的养老预期。

“北京大工匠”诞生记

文 / 许梦醒

“我能够从事木匠这一行，主要是受父亲的影响。我从小就听着锛、凿、斧、锯声长大，父辈们每天忙碌的身影给我留下了深刻的印象，也注定我和木匠这一行结了缘。“从那时起，木匠就在我心里扎了根。”

2018 年 1 月 28 日，在“北京大工匠”综合评审会现场，来自北京金隅天坛家具股份有限公司龙顺成生产分厂的副厂长，也是“北京大工匠”手工木工项目提名人刘更生上台发表成长感言。

当日，现场 100 位大众评委和 50 位专家评委通过聆听提名人成长感言、相应职业（工种）专家点评以及观看“挑战大工匠”系列赛短片的方式了解他们，并对 10 个职业（工种）的 20 位候选人进行投票。

从 2016 年 10 月北京市总工会启动“北京大工匠”选树工作以来，经过组织推荐、专家评审、“挑战大工匠”系列赛等环节的层层选拔，进入最终评审阶段。

此刻，10 位“北京大工匠”即将诞生。

⊙ 严苛选拔

2017 年 11 月，“大工匠”成为京城街头百姓热议的词汇，“挑战大工匠”

系列赛终极挑战赛正在如火如荼地进行。据统计，20 场挑战赛的网络直播点击量超过 700 万。

在首场钳工挑战赛上，选手们就擦出了浓浓的火药味。比赛要求选手在 3 小时之内制作一个纪念徽章，主要考验钳工个人曲面的锉削能力。高精度的锉削加工，对特殊数据需要精确到小数点后三位，相当于一根头发丝的 1/10。除此之外，选手还要在个性挑战中，拿出一项绝活与其他选手进行攻擂守擂比拼。最终，综合成绩前两名的选手入围“北京大工匠”钳工提名人选。

来自北京市亚伯模具制造有限公司的总工程师贺伯原就是钳工提名人之一，也是全部提名人选中年龄最大、从业时间最长的一位。他说：“30 年的工作经历，让我深刻体会到，人一定要有一种精神，就是持之以恒、精益求精，能够吃苦耐劳的精神。人要想成就大事，必须先从基础做起，扎扎实实从基本功做起。”

“北京大工匠”评选涉及数控机床操作工、焊工、钳工、中药炮制工、汽车装调工、汽车维修工、工程测量员、电气设备安装工、手工木工、贵金属首饰手工制作工 10 个职业（工种）。

2017 年上半年，经过专家组和职工代表组对推荐人选的研究领域、创新成果、获得奖项、个人成就等内容进行评审后，从 98 份推荐人选申报材料中初步确定了 10 个职业（工种）的 28 名种子选手，并开展了 10 场技能比武活动。

2017 年 8 月，北京市总工会又面向社会征集挑战者，对报名不设门槛，不限定挑战者的年龄、学历、户籍和所在企业性质。随后，历经为期两个月的 12 场挑战者选拔赛，选出 47 名“终极挑战者”。直至 2017 年 11 月，挑战者与种子选手在“挑战大工匠”系列赛场上相遇，同场竞技，一决高下。

“能够最终获得提名的选手可谓过五关斩六将，都经过了层层严苛选拔。”高凤林是此次“北京大工匠”综合评审中的焊工组专家点评人，他认为，能配得上“大工匠”称号的人，不仅是技能比赛中获得优异成绩的人，更要拥有多年技术经验积累，对技术有持之以恒的钻研精神。

⊙ 竞争激烈

“北京大工匠”汽车装调工提名人选中，一位是北京奔驰汽车有限公司的首席技师赵郁。与车辆打交道28年，他练就了听音辨故障的绝活，闭着眼睛，只要听听声音，就知道车辆故障在哪里；另一位是北京现代汽车有限公司的高级技师王志伟，他是活跃在生产一线的技术骨干，也是企业认可的技术专家。他们都来自北汽集团，作为各企业在汽车装调领域的领军人，他们用精湛的技术展示着北汽工匠的风采。

当日，坐在大众评委中的艾建龙一直很犹豫，最终艰难地在汽车装调工选票上写下了其中一个人的名字，“在他们中真的很难选择，他俩的技术都很棒”。

艾建龙也是一名汽车装调工，就职于北汽福田，他不仅是北汽集团首席技师，也是全国劳动模范。在工作上，艾建龙和赵郁、王志伟都有交集。他说：“我和志伟是同一年全国技能大赛的并列第一名，他在一线干了19年。赵郁就更不用说了，他有很多机会走上领导岗位，但他最终仍选择坚守一线。他们都配得上‘大工匠’这个称号。”

艾建龙的评审标准为：扎根一线、有绝活、能传承。从事汽车装调工20多年，他深知其中的不易。一名优秀的汽车装调工需要掌握汽车内每一个装配零件，熟知汽车的全部工艺流程，只有这样，才能在汽车发生故障时作出清晰判断。

“干这一行，即使再有天赋，没有10年以上的经验积累还是很难成为技术大拿。”

⊙ 公平公正

参与“北京大工匠”综合评审的150名评委由50名专家和100位大众评委组成。在大众评委中有40位是通过社会报名随机抽取的。

来自广西的谢金凤已经在北京从事软件编程工作10年了，她通过朋友圈得知了“北京大工匠”大众评委征集活动，立即报名参加。“虽然我的工作和工匠们的工作差距很大，但也有相通的地方。”谢金凤说，自己刚入职场时也曾感到迷茫，是自己的师傅手把手地教业务，带自己一步步成长。“现在我也当上了师傅，开始带徒弟。”

1981 年出生的谢金凤对和自己同年出生的提名人——中药炮制工刘颖印象深刻。刘颖来自北京市双桥燕京中药饮片厂，是“北京大工匠”提名人选中唯一的女工匠。她在炮制中药时对火候的掌握极其精准，成为“挑战大工匠”系列赛中的一匹黑马。

对此，大众评委中的全国劳动模范、北京市鼓楼中医院主任医师康佳感同身受。“中药炮制这一行当对工匠手艺要求极高。大夫水平再高，如果中药未能按照炮制规范进行操作，也会严重影响患者用药的疗效。”在她看来，只有在行业里技术最精湛的人才能称得上“大工匠”。

当一张张选票被评委投入选票箱的那一刻，“北京大工匠”选树活动即将落下帷幕，10 位“北京大工匠”即将诞生。

据了解，北京市总工会将为最终诞生的“北京大工匠”搭建更广阔的职业发展平台，激发他们的创造潜能，积极推动工匠工资福利待遇制度政策的探索创新，给予“北京大工匠”与北京市劳动模范等先进人物在研修学习、疗休养等方面的同等机会。此外，依托北京市职工技术协会，为获得“北京大工匠”称号的职工搭建国际技术技能交流平台，推进“北京大工匠”创新成果推广、转化、应用。

“生”或“升”，女性焦虑咋释放？

文/罗　娟

“全面二孩”正当其时，妈妈们尤其是职业女性，却焦虑了。

2016年1月，我国开始推行“全面二孩”。国家统计局最近公布的数据显示，2017年全国出生人口比2016年的1786万人减少了63万人。人口出生率同样出现了下降，从2016年的12.95‰下降到2017年的12.43‰。

为什么女性生育意愿不强？

有二孩妈妈告诉记者，因两次怀孕错失两次升职机会；有的打算要二孩的职场妈妈被莫名辞退；还有的说，一个孩子尚且可以坚持，有了两个孩子，女性只能回归家庭。

企业则无奈称，女员工两胎的孕期、产期、哺乳期将会持续长达4年之久。对企业劳动用工、内部管理及经济效益带来较大的负担，“有可能选择少招或不招女工”。

“全面二孩”之时，女性职业歧视是否隐性加剧？女性职业权益如何得到保障？全国两会上，该话题引发了代表委员的热议。

有人大代表建议对有“三期”女性的企业实施财政补贴或税务减免。也有委员提出，将女性奖励产假纳入补贴范围，还有代表委员建议，应该全方位完善生育政策和社会服务，生育成本由全社会承担。

如果延长产假，加大生育成本提高育儿补助，完善公共幼托服务，会不会消除职场妈妈们的二孩顾虑?

⊙“三头六臂”的二孩妈妈

对已生育二孩的女性而言，带娃的辛苦、职场价值的迷茫和养老的焦虑，时刻如影随形。二孩妈妈几乎是“三头六臂”，负重前行。

生了两个孩子的鲁西西已经成了一个“女超人”，她一天的时间表几乎是用分秒来计算的：每天早晨6时，叫醒大儿子，为其做早饭；6时30分，唤醒小儿子；7时，督促两个孩子都吃完早饭，骑电动自行车带着他们出门，将大儿子送到小学，小儿子送到老人住处，最后把电动自行车放回家，改乘地铁上班。傍晚下班后从托管班接回大儿子，收拾家里卫生、洗衣做饭，其间陪伴大儿子学习。凌晨1时，一切收拾妥当后，时间才是自己的。

鲁西西感叹说：“大家都睡下，我才有自己的时间。最近我在学时间管理。每天周而复始，一天算下来也就睡四五个小时。”为了减轻家庭经济负担，鲁西西还兼职做微商，一个月挣的钱刚好交房租。

二孩妈妈所面临的压力与焦虑，远不止时间上的不够用。

去年，刘聪生下二孩后，“通常老大感冒，老二也避免不了，被孩子弄得焦头烂额”。伴随着老大的成长，刘聪与老人育儿理念的分歧开始凸显，这让她更添焦虑。“平时回家常常看到孩子一个人看动画片，老人缺少对孩子的相应教育。可转念一想，能帮忙看着孩子已经不容易了，也不好随意去干涉老人做法。”刘聪的大儿子上小学后，老人无法辅导孩子功课，而现在，很多课外辅导班都要求家长陪着上课。加之，要在相距不近的不同兴趣班之间奔波，也着实耗费人的体力。为此，她一度考虑辞职以照顾两个孩子的生活学习。

丈夫经常出差不在家，刘聪总是想，如果他能够分担一些，尤其是晚上帮着看一下老二，自己的睡眠会好很多，于是和丈夫之间的争吵越发频繁。而更让刘聪烦心的是，因为带孩子比较辛苦，过来帮忙的两位老人先后出现了眩晕等症状，她还要不断请假分别带老人去医院，最后不得不暂时请老人回家疗养。

经济压力、工作压力、家庭关系压力，“幼有所养”的各种压力无处不在，职场妈妈们的每一天都不轻松。

⊙“二孩”成求职应聘“隐形门槛”

今年27岁的王莹莹即将硕士毕业，身材高挑、学习成绩优异的她，是同学眼中集美丽与智慧于一身的才女。可是，奔波于几场招聘会后，王莹莹发现很多工作岗位都优先录用男生。“‘生育二孩’成为女生面试环节新加入的讨论话题，无形中将就业门槛变相‘抬高’了。”

相比刚毕业的大学生，已婚已育、有工作经验的女性求职会不会更容易些？李佳以亲身经历告诉记者，“二孩问题反倒让求职多了一道‘隐形门槛’”。

今年34岁的李佳已有一个两岁的儿子，曾经在一家知名高校的下属机构做咨询顾问，是职场白领中的高收入群体。她待业3年后想重返职场，却多次被拒之门外。一位猎头私下对她说，“像你这种情况，两三年之内肯定还有生二胎的考虑，年轻人比你更便宜更有时间，你已经不具备优势和竞争力。”

这样的例子并非个案。早在2014年，全国妇联妇女研究所对北京、河北、山东等高校的本科毕业生调查发现，86.18%的女大学生在求职应聘过程中遭遇过一种或多种性别歧视。

2016年“全面二孩”政策正式落地后，该研究所再次进行了调查，发现“生育问题”成为用人单位不愿意雇用女性的首要原因。

对于生育的“职场歧视”，35岁的张楠深有感触。

她是两个孩子的妈妈，在晋升加薪的机会中，几乎屡屡败下阵来。“之前我在一家知名IT企业工作，一年后有了升职机会。2010年下半年，发现自己怀孕了。”张楠说，“领导暗示说升职机会难得，让我考虑一下。”结果2011年休完产假回来，已有人顶替了她的职位。她想，继续努力应该还有机会。

2013年正赶上互联网企业发展的好时期，张楠因工作表现突出，有了再次晋升的机会。而这次，是和几名经验和技术都低于自己的男性竞争，人事经理问张楠，会不会生第二个孩子，如果半夜要来处理应急预案怎么办？张楠语塞了。

错过了几次晋升，她深知自己以后没啥机会了，干脆辞职当了全职妈妈，“因为我不可能‘半夜一只手搂着熟睡的孩子，一只手用来改代码’”。而曾经是自己下属的男同事则抓住了几次机会，早已成为一个大区的经理。

⊙ 亟待完善落实的生育保障政策

近日，“2·22”全国二孩家庭网络调查显示，生育二孩后，回答“有职业规划、努力打拼中”的女性，只有37%；63%的二孩母亲表示，对职业发展没有目标、没有规划、感到迷茫、对未来无能为力。

“这反映出企业追求利益最大化与女性生育成本非社会化的矛盾。应该通过落实生育保险政策对职业女性的生育权予以保障。”中国人民大学劳动人事学院社会保障系主任仇雨临表示。

生育保险是国家通过立法，在职业女性因生育子女而暂时中断劳动时，由国家和社会及时给予生活保障和物质帮助的一项社会保险制度，主要包括生育津贴和生育医疗待遇，费用由用人单位按照国家规定缴纳。

生育保险是非强制性保险，对于参加生育保险的用人单位，女职工生育期间的生育津贴（即产假工资）是由生育保险基金支付的。而没有参加生育保险的用人单位，女职工的生育津贴需用人单位承担。

仇雨临表示，一些用人单位为节省成本，不为女职工缴纳生育保险费或干脆不招女职工，甚至一旦发现女职工怀孕后想方设法将其辞退，导致生育保险仍存在覆盖面不足、待遇水平过低等问题。

针对生育二孩，仇雨临认为，生育保险还将面临新的问题：现有的社保费率可否支撑两次生育补偿？如果女职工因生育中断就业，可能还会影响缴费年限、养老金收入等。对此，仇雨临建议，全面二孩政策出台后，涉及生育保险的社保政策也应做出相应调整，国家应建立统一的生育保障体系，通过实现生育保险的全覆盖，保障职业女性的生育权和用人单位在招用女员工时的利益平衡。

在今年的地方两会中，有不少地方人大代表政协委员指出，由于个人身份不能参加生育险，很多非正规就业的女性无法获得生育保险。

随着“全面二孩”放开以及生育数量的增加、生育保险统筹层次偏低，极有可能导致生育基金压力过大，给家庭经济带来负担。有不少地方人大代表和政协委员建议国家政策规定生育保险为强制性购买保险，加大财政投入，根据企业生育保险申领情况，给予企业税费减免，填补产假员工替代人手的工资，以补偿企业付出的成本。

⊙ 全社会共同承担生育成本

女职工要求保障自己的劳动就业权，实现自己的个人价值和社会价值，与此同时，她们也肩负繁衍后代的使命。当生育权和劳动就业权发生冲突，用人单位却无法心甘情愿地为女性的生育成本买单，该如何协调这种利益冲突?

“解决这个问题的根本出路在于改变我国生育保险制度的承担方式，女性的生育成本应该由全社会负担。”中国法学会婚姻家庭研究法学会副会长李明舜指出，要采取相应的激励机制，鼓励用人单位积极录用女职工。他指出，可以借鉴残疾人保障法中的按比例就业原则，对于超过规定比例的，可以通过税收减免等经济手段对企业进行激励。

北京大学人口所教授穆光宗则认为，光放开二胎还不够，还应考虑家庭养育成本部分外部化、社会化。政府应该考虑如何解决孩子的入园难、入学难等问题。此外，对生育妇女应该提供较为健全的保障，从休假到补贴等方面有更大举措，免得在养育的过程中女性压力过大。

在此前召开的地方两会上，这种生育成本社会化的声音也屡屡被热议。“健全生育保障制度、延长休假时间、提高生育津贴、完善社会育儿保障体系，成为新形势下在职女性生育二孩最渴望改善的现实需求。”

江苏省政协委员、省妇幼保健院副院长钱玲梅建议，政府和社会共担生育成本。如对女性占比高的单位进行补贴或税务减免，企业雇用女职工的比例越高，减税的幅度越大，以此来使政府、单位、家庭共担生育成本和风险成本；对由财政拨款的事业单位，鼓励灵活的工作机制；大力发展家庭服务业，健全生育保障机构，尤其是大力发展公共托幼设施和完善生育保险制度。

2017年两会上，时任国家卫计委副主任王培安表示，将加强托儿、幼儿教育等方面的设施建设，出台支持家庭发展的政策。时任财政部部长肖捷表示，适当增加与家庭生计相关的专项开支扣除项目，如有关二孩家庭的教育等支出会考虑在个税中扣除。

截至发稿前，记者了解到，此次全国两会上，很多代表委员也都带着全社会来共同承担生育成本的提案建议。减轻二孩妈妈的焦虑，呼声日隆……

沈阳工会会员服务卡：一卡在手，服务全有

文 / 许梦醒

“家中漏水也能领取赔偿金？”“当然，因为你有一张沈阳市工会会员服务卡。”

去年 10 月，工会会员王女士家因楼上地热管线漏水被浇了个“透心凉”。正在手足无措时，她的同事发来了沈阳市工会会员服务卡的微信公众号。公众号详细介绍了工会会员服务卡服务范围，王女士从中得知，自家漏水的情况竟然也在工会服务范围内。于是，她在拨打 12351 咨询沈阳市工会服务热线得到确认信息后，立刻电话报案，递交相关理赔材料。“第二天，1200 元理赔款就打入了我的工会会员服务卡中，真是太快了。”

王女士所使用的沈阳市工会会员服务卡（以下简称工会会员服务卡）由沈阳市总工会 2014 年推出，它不仅是一张具有电子功能的工会会员证，还是沈阳市工会会员身份的标识，兼具银行借记卡功能。有了这张卡片，会员可以享受工会提供的“5+X”服务功能，即大病保障住院津贴及医疗帮扶计划、组合保险、文体设施优惠服务、便捷生活服务、金融商业服务。截至 2017 年年底，沈阳市总工会已累计采集工会会员信息 132 万条，发放工会会员服务卡 127 万张。

⊙ 工会会员服务卡时刻暖人心

王女士之所以能获得赔偿，是因为工会会员服务卡中设有“组合保险”服务项目，这是沈阳市总工会为全市工会会员专门提供的保险产品，包括火灾、爆炸、雨雪原因损失、盗抢等家庭财产损失，居民用水安全责任保险，会员本人“非工作期间”人身意外伤害，母婴安心保险，会员家庭燃气责任保险和会员责任保险 6 项内容。

如今，沈阳职工中享受到此项工会服务的会员不在少数。2017 年 3 月 2 日，家住沈阳市浑南区的刘先生在家喝茶时不小心将一壶热水碰洒，致使脚面严重烫伤，经过 3 天的住院治疗，共花费医疗费 6000 多元。出院后，刘先生通过工会会员服务卡获赔 2000 元。

2016 年 8 月 20 日，家住沈阳市铁西区的李女士，在阳台浇花时不慎将一盆花碰落楼下，恰巧砸在了停放在楼下的汽车车顶上，4S 店告知汽车的维修费用为 3300 元。李女士承担了全部费用后，通过工会会员服务卡获得 3200 元保险赔偿。

2017 年 1 月 6 日，李女士在医院分娩时发生大出血，出血量达到了 1100cc。经医院及时救治，母女平安。出院后，李女士凭工会会员服务卡免费领取母婴安心保险补偿金 5000 元。

“有意外情况发生时，不要慌张，只要拨打 95518 组合保险报案电话，并说明自己是沈阳市工会会员即可。”据统计，截至 2017 年年底，已累计有 2.1 万多名沈阳职工从“组合保险”项目中获得赔偿，支付赔付金达 3839 万元。

⊙ 为大病家庭雪中送炭

1 年前，工会会员姜先生被确认为非小细胞肺癌，在辽宁省肿瘤医院接受化疗。作为家中的顶梁柱，疾病的突然来袭不仅让家庭的唯一经济来源即刻中断，还面临着疾病治疗上的巨额费用。危难之际，街道工会深入了解情况，立即将其困难材料送到工会互助会，仅仅一个月的时间，救助费 1 万元就打入了他的工会会员服务卡中。“这真是雪中送炭，救人于危难之中，1 万元对于我的家庭来说太珍贵了。”姜先生说。

工会会员服务卡设有大病保障及住院津贴项目，持有服务卡的在职职工首次确诊患有25类重大疾病中的一种或多种时，可一次性领取1万元重大疾病互助金。记者发现，大病保障项目的申领手续也并不复杂，持会员身份证复印件、工会会员服务卡复印件、互助金申请表、住院病案复印件到沈阳市职工保障互助会办理即可。

工会会员服务卡发卡3年来，大病保障项目累计受益职工3393人，支付资金3393万元；住院津贴项目累计受益职工7504人，支付津贴325.9万元。

相对大病保障项目而言，住院津贴是职工会员自愿参加的，每人每年需要缴纳40元。其中，沈阳市总工会承担10元，区、县总工会承担10元，会员个人承担20元。市级以上劳动模范和在档困难职工由市总全额承担。一旦会员因疾病在二级医院住院治疗超过3日（不含）以上的有效住院治疗天数，每人每日可领取40元，每人最多一次领取3600元，每人一年最多领取两次。

⊙ 惠民服务项目再升级

“我是有车一族，自从有了工会会员卡，能帮我省好多钱。”工会会员房先生给记者算了一笔账，用工会会员服务卡在指定加油站可享受每升油价9.8折优惠，同时加上工会和商家签约不断推出的各种优惠活动，一年下来至少能节约3500元。与节省的日常开支相比，他更看重工会会员服务卡的各项保险保障，“家庭保险、大病保险补助等，这些都是免费的，想想都高兴，上下班都安心”。

沈阳工会会员服务卡中设有母婴安心保险，对此，2017年12月，全国总工会党组书记、副主席、书记处第一书记李玉赋专门作了批示：“辽宁省总和沈阳市总极其重视和支持女职工工作，加强组织领导，摆上议事日程，予以具体指导，实效明显。”

工会会员服务卡发放3年来，致力做好主要惠民服务项目。2017年，沈阳市总工会借助工会会员服务卡，先后开展了家政服务优惠、食品团购、温泉养生、美容美发、观影健身等活动。2018年年初，工会还与联想控股“今今乐道读书会”开展了激活会员卡送读书音频节目的活动，积极指导各县区企业加载服务项目，使服务卡加载功能总数增加到110余项。同时，沈阳市总工会将工会会员服务卡功能拓展项目及活动信息，通过报纸、电台、电视台、网站、微信公众号等媒体进行宣传和推广，各项惠民服务项目直接受益职工近60万人次。

感受职工冷暖，倾听职工心声，维护职工权益，服务职工需求。如今，沈阳市工会会员服务卡的功能仍在不断扩大。有工会会员服务卡在，工会的温暖就在。

新世纪劳模奖章诞生记

文 / 赵楠楠

在2018年“五一”国际劳动节来临之际，中国劳动关系学院劳模本科班学员收到了习近平总书记的回信，得知这个消息后的劳模们都备受鼓舞。

对于劳模们来说，全国劳模奖章是属于劳动者的崇高荣誉，是他们心中最重要的奖章。对于获得过全国劳模奖章的老一辈劳模来说，这枚奖章就是他们最大的骄傲。而在这枚沉甸甸的全国劳模奖章背后，还有一段故事。

这是一段关于新世纪的第一枚劳模奖章诞生的故事。

⊙ 新世纪，新奖章

2000年，全国劳动模范和先进工作者表彰大会的筹备工作正有序进行。按照原计划，本届大会给全国劳动模范和先进工作者颁发的还是老版奖章。

“新世纪了，为什么不设计新的奖章？”千禧之年，人人都对新的一个世纪充满了崭新的期待。一次大会筹备工作汇报会上，有的同志提出建议。

于是，重新设计制作奖章的任务摆到了负责大会筹备工作的全国劳模表彰筹委会办公室的同志面前，而此时距离大会召开仅剩下一个多月。

面对突然下达的紧急任务，筹委会办公室的同志犯了难。尽管时间紧任务重，在动手之前，还是要找机会听听主要负责领导对新世纪劳模奖章的整体设计思路。

“非常之事就要用非常的办法，不然时间哪儿来得及？”多年后，全国总工会一位曾经参与过筹委会工作的相关负责人向《中国工人》回忆说。

正是这次的直接汇报，让筹委会明确了奖章不再采用以往主章加挂章的形式，而采用绶带加主章的形式。也明确了奖章要体现时代特色，在元素构成上要有代表工人、农民、知识分子的齿轮、麦穗和书本。

“当时，负责这项工作的领导同志还亲手为奖章画了第一张草图。”按照这位筹委会同志指点，《中国工人》记者在当年的相关文件中见到了这张草图。最终问世的新世纪劳模奖章，正是依照它为基础，对新世纪的劳动模范赋予了新的期待。

⊙ 时间紧，任务急

会期在一点点地逼近，只要任务一刻没有完成，筹委会办公室的同志就一刻也不敢停歇。

筹委会办公室首先找到中央美术学院，但中央美术学院设计的效果图不太理想，只好放弃。

上海徽章厂的同志在得知奖章要重新设计制作的消息后，带着 6 个样稿星夜兼程赶来参选，但也没有被选中。

筹委会办公室紧接着来到天津 3522 工厂，在厂领导的亲自督战下，3 位设计师用一天时间赶制出 4 个样稿。虽然样稿离理想设计十分接近，但仍不能作为蓝本提交。

此时，作为老版全国劳动模范奖章的制作单位，在业内有着悠久历史的上海徽章厂仍未放弃努力。听到有新的设计样稿可以选择时，筹委会办公室的同志迅即再次奔赴上海，等待样稿出炉。在经过四天四夜的等待后，筹委会办公室同志带着由上海 7 家单位最优秀的设计、创意人员设计的 19 个样稿回到了北京。经过反复斟酌选择，最终有 6 个样稿进入筹委会办公室的评选中。经过设计师在原有设计基础上的认真修改，综合成 3 个样稿作为送审稿，报送给全国劳模大会筹委会领导同志审视。

2000年3月21日，全国劳动模范和先进工作者表彰大会筹委会第二次会议选定样稿。

在选定的稿样中，主章的主体图案是五星和天安门，象征国家，表明奖章是党和国家授予劳动者的最高荣誉。圆内五星、天安门为高光，其余是沙底，寓意中国的亿万劳动模范。外围由56道光芒组成，光芒代表全国劳动模范和先进工作者的先进思想和骨干带头作用，56道光芒也代表我国56个民族。齿轮、麦穗、书本分别代表工人、农民、知识分子，同时有机结合形成圆形设计，寓意各族人民团结在党中央周围。奖章底部红色飘带上分别标示“全国劳动模范”“全国先进工作者”字样。奖章的绶带代表党和国家授勋，红黄两色是国旗的主体颜色，两条黄杠代表全国劳动模范和先进工作者。

两版奖章相对比，无论是样式还是内涵都发生了改变。在样式上，最大的变化是所有的设计概念都集中到了主章上。在内涵上，最为突出的是奖章构成元素增加了“书本”图案，书本代表知识分子，体现出新世纪是知识的时代，更反映时代特色。

⊙ 新奖章，新内涵

2000年3月22日，也就是选定稿样后的第2天，奖章的开制模具仪式在上海徽章厂举行，由技师孙成宝和他的徒弟赵中进行开模。巧合的是，1979年，这对师徒曾为拨乱反正后的第一枚全国劳模奖章开制模具。那副模具用了3届劳模大会，跨越21年。如今，重新设计的劳模奖章的开模任务，再次落在了这对师徒的手中。

冲压、成型、抛光、上色……经过十几道工序，在全厂职工半个月加班的努力下，4000余枚奖章诞生了。

就在筹委会的同志要把奖章从上海运回北京时，难题又出现了。由于临近五一，火车票紧俏，如何按期把4000余枚奖章运到北京，让它们出现在新世纪第一次全国劳动模范表彰大会上，闪耀在劳动模范们的胸前，成了最后的难题。

据回忆，上海铁路局在听说这件事后，马上为奖章特批了一个软卧包厢。

就这样，足足摆满四个软卧床铺的奖章在 2000 年 4 月 17 日顺利抵达北京。

这枚渗透着大家心血和汗水的奖章诞生后，在当时迅速引起社会各界的广泛关注。编号为 0001 号的全国劳模奖章作为当代珍贵中国革命文物被中国革命博物馆（现合并到中国国家博物馆）永久珍藏。

博弈·重构·新挑战
——《劳动合同法》十周年记

文/文　君

10年前，依靠人口红利，中国经济高速发展。与此同时，企业过分依赖于廉价劳动力，强资本、弱劳动的不平等博弈格局的存在，使得劳资矛盾问题日益凸显。2008年，被认为“过于保护劳动者利益，导致资方用人成本无限提升”的《劳动合同法》，在世界经济危机的背景之下甫一出台，它如烈火烹油，迅速引发来自资本的舆论“围剿”。

10年后，中国社会的经济发展和法治建设有了长足进步。但是，修改《劳动合同法》中有关灵活用工的条款，呼声依然此起彼伏。

10年来，围绕这部法律，无论是立法、司法、学术和实务部门，还是用人单位和劳动者，都在自己的立场上表达着利益要求和期待。

就在2018年全国两会前夕，全国人大常委会法工委有关负责人在接受媒体采访时表示，“目前对劳动合同法进行修改的条件还不具备，时机也不成熟”。修改《劳动合同法》的又一波舆论得以平息。

⊙ 劳动关系，重构格局

中国改革开放以后的经济高速增长，人口红利是一个重要引擎。与此同时，中国社会的劳动关系在市场化进程中持续衍化。

2007年，时任全国总工会民主管理部部长郭军表示，中国的劳动关系经历了三个阶段的变化。1976年到1986年是行政化阶段，劳动关系实质上是劳动者与国家之间的行政关系，较少发生劳动争议；1986年到1996年是市场化过渡阶段，开始出现劳动争议案件；1996年开始进入市场化阶段，市场通过法律手段自行调节和规范劳动关系。伴随着劳动关系的市场化，企业占据强势地位，劳动者陷入弱势状态，由此带来了一系列问题。

原本作为人口红利主体的劳动者，逐渐成为推动经济发展的要素或工具，更多的人口红利归于企业和地方政府。在沿海地区，农民工的工资十几年不涨，大学毕业生的预期月薪屡创新低，人均收入增长速度追不上GDP。在一些非公有制企业，资方肆意延长劳动时间，提高劳动强度，拖欠工资的行为屡见不鲜。

来自人力资源和社会保障部的统计数字显示，1995年至2006年的12年间，劳动争议案件数量增加13.5倍，其中，集体劳动争议案件数量增加5.4倍。

2005年，全国人大常委会组织进行的全国劳动法执法检查显示，中小型企业和非公有制企业的劳动合同签订率不到20%，个体经济组织的签订率更低；60%以上的用人单位与劳动者签订的劳动合同是短期合同，大多是一年一签，有的甚至一年几签。

沿海地区的民工工资由于十几年不涨，已经对民工们失去吸引力。从2004年开始，一场始料不及的“民工荒”在珠三角等地区蔓延，很多企业因为找不到劳工而无法开工。

2007年5月，“山西黑砖窑事件”震惊全国。黑砖窑主、包工头等人为谋取私利，采用雇用看守等方法，剥夺他人人身自由、强迫劳动……这些现象表明，人口红利背后是越发畸形的劳动关系。

有评论指出，“中国制造”凭借物美价廉占据全球市场，比较优势就是充沛的廉价劳动力。但是，由于劳动力成本被人为压低，相当于通过国家政策对企业进行变相补贴，长远来看只会削弱企业自身的竞争力。

上海财经大学法学院教授王全兴及时发出警告说，劳动者工资收入增长缓慢、劳动关系不稳定，已经成为阻碍中国经济进一步发展的障碍，容易导致整个经济陷入“内需不足—依赖出口—低价竞销—利润低下—劳动收入增长缓慢—内需不足”的恶性循环。打破这一恶性循环的关键点，就在于加大保护劳动者利益的法律力度，提高劳动者收入，最终增加社会目标与经济目标之间的相融度。

毫无疑问，低劳动力成本时代难以维持，更加公平的劳动立法呼之欲出。

⊙ 历时两年，四易其稿

从2004年开始，原劳动保障部牵头启动《劳动合同法》的起草工作。此时，作为《劳动合同法》的母法，《劳动法》颁布整10年。10年间，中国的经济体制、企业形式和劳动关系发生重大变化，劳动争议纠纷大幅增加，劳动合同问题成为众多劳动争议案件的核心。

2006年3月20日，《劳动合同法》（草案）公开征求公众意见。短短一个月间，19万条意见蜂拥而来，其中60%的意见出自劳动者，这在中国立法史上前所未有。可以作为对照的是，同期公开征求的《物权法》（草案），最终收到的意见只有1万多条。

2007年5月，《劳动合同法》的文本进入第4稿修改。就在此时，山西“黑砖窑”问题被媒体曝光，举世震动，让《劳动合同法》的出台突然加速。2007年6月29日，第十届全国人大常委会第28次会议上，《劳动合同法》被提交会议表决，145票赞成，0票反对，1人未按表决器。这部事关亿万劳动者和所有企业的法律，终获高票通过。

正是通过对劳动合同制度的修改，《劳动合同法》让《劳动法》领衔主导的中国劳动法规体系得到了进一步完善。

第一，有针对性地解决了原有劳动合同制度存在的主要问题。如一些用人单位不依法订立书面劳动合同，滥用试用期和劳务派遣，限制劳动者的择业自由和劳动力的合理流动，等等。《劳动合同法》加重了用人单位不订立劳动合同的法律责任，对劳务派遣进行了规范，并加大了对试用期劳动者的保护力度。

第二，促进了劳动者的就业稳定。针对一些用人单位为规避法定义务，不愿与劳动者签订长期合同，导致劳动合同短期化的现象，《劳动合同法》在用人单位与劳动者订立无固定期限劳动合同方面提出了更高的要求。

第三，根据实际需要增加了维护用人单位合法权益的内容。如规定竞业限制制度，放宽用人单位依法解除劳动合同的条件，因劳动合同订立时所依据的客观经济情况发生重大变化时，企业可以依法裁减人员。

2008年1月1日，《劳动合同法》正式颁布实施，亿万劳动者多拥有了一把权益“保护伞”，构建和发展和谐稳定的劳动关系有了新动力。

⊙ 新劳动法引发争议

然而，从《劳动合同法》起草开始，这部8章98条的法律就牵动了不同利益阶层的神经，立场截然不同的争论从来没有平息。

《劳动合同法》实施尚未百日，广东玖龙纸业有限公司董事长张茵在出席全国政协会议时，以全国政协委员身份提出继续完善《劳动合同法》的提案，使得有关《劳动合同法》的争议成为当年全国“两会”的焦点话题。张茵提出：“签订无限期合同，不但对企业而言非常难操作，而且对劳方也不是件好事。在市场经济时代，这种大锅饭的劳动条例是要不得的。”

事实上，早在《劳动合同法》起草阶段，包括中国欧盟商会、北京和上海的美国商会、广州的外商投资商会在内，一些外资企业在华代表机构就公开表示反对。他们认为，如果实施过分强调保护劳动者权益的法律，会增加劳动成本，将对中国的投资环境造成消极的影响。

在这一波反对的声浪中，上海跨国企业人力资源协会宣称“如果实施这样的法律，我们将撤资”；华为公司7000余名工作满8年的老员工则被“鼓励”在2008年元旦之前办理主动辞职手续，竞聘后再与公司签订1年至3年的劳动合同。

对这些企业而言，付钱劝退的做法比未来守法便宜很多。站在资方立场的专家学者们甚至警告说，华为打响的是企业反击《劳动合同法》的第一枪，如果法律不作调整，将会有大量的企业紧随其后。一场大规模的企业反击《劳动合同法》的风浪即将袭来，政府的态度变得很敏感。

2008年3月9日，十一届全国人大一次会议举行记者招待会。

时任劳动和社会保障部部长田成平、副部长孙宝树接受中外媒体采访，公开回复由张茵提案引发的关于《劳动合同法》要不要修改的问题。孙宝树称，《劳动合同法》颁布以来，广大职工非常拥护，大多数企业认真贯彻实施。目前，这部法律实施不足3个月，不是修改的问题，而是要认真贯彻实施的问题。

一锤定音，这一波反对《劳动合同法》的声浪骤然退去。

⊙ 实施五年，首次修订

但被广大劳动者寄以期待的《劳动合同法》，仍然留下了一个问题："同工不同酬"的劳务派遣工。

有全国人大代表曾做过调查，劳务派遣工与正式工收入差距少则30%，多则达四五倍。正式工有年终奖、住房补贴等福利津贴，而劳务派遣工往往没有。他们一般干最苦的活儿，工作量大，为企业发展作出了最直接的贡献，但在待遇方面却沦为"二等"员工，面临保障少、维权难等困境。

鉴于此，对于这部从诞生开始就伴随着关注和争议的法律来说，《劳动合同法》在仅仅实施5年后，就迎来了第一次修改。"严格规范劳务派遣用工，不能把劳务派遣变成用工主渠道"，成为这次修订的重点。

2013年7月1日，修订后的《劳动合同法》正式开始实施。

修订后的《劳动合同法》第六十六条明确规定："劳动合同用工是我国的企业基本用工形式。劳务派遣用工是补充形式，只能在临时性、辅助性或者替代性的工作岗位上实施。"依照这一原则，《劳动合同法》对临时性、辅助性、替代性岗位作出明确界定，规定用工单位应当严格控制劳务派遣用工数量，超过其用工总量规定的具体比例应由国务院劳动行政部门规定。

尽管2008年实施的《劳动合同法》对劳务派遣作出多种限制性规定，包括严格劳务派遣市场的准入条件和限制劳务派遣的适用岗位，甚至具体规定了劳务派遣监管和连带赔偿制度，但是，劳务派遣被滥用的现象依然越来越多。

鉴于这种情况，2012 年，《劳动合同法修正案》（草案）向全社会公开征求意见，一个月内征集意见超过 55 万条，再次刷新了中国立法历史上法案公开征求意见的最高纪录。

作为一种灵活的用工方式，劳务派遣在世界范围普遍存在，却只是拾遗补阙的补充用工形式，派遣工占从业人员的比例从未超过 5%。但在中国，劳务派遣早已超越“临时性、辅助性、替代性”的范围，每年以惊人的速度增长。以煤炭行业为例，派遣工一度占到 80%，电信行业也一度占到 40% 以上。

派遣工在企业的体制之外，实际上被视为“劣等劳动者”，身份和处境比原来的临时工更糟。全国人大财经委副主任委员乌日图认为，很多用工单位以此规避劳动合同法出台以后带来的用工成本的提高。另外，劳务派遣的负面效应开始显现。有关调研显示，由于同工不同酬，福利待遇差，劳务派遣工在企业的权益保障被边缘化，发展空间小，加剧了劳动者的就业不稳定性和危机感，导致劳动纠纷多发频发和社会保险基金收支失衡，限制劳动者技能素质提升，直接制约产业升级，影响劳动关系和谐稳定。

正是在这个意义上，全国人大常委会修改《劳动合同法》，“使劳务派遣回归其作为劳动用工补充形式的定位，把派遣用工数量控制在合理范围内”，有着重大的现实意义。

⊙ 劳资博弈，仍在继续

又一个 5 年之后，再度修订《劳动合同法》的声浪又一次出现。《劳动合同法》对劳动者的保护是否过度？《劳动合同法》是否是企业利润下滑、经济衰退的主要原因之一？签订无固定期限合同对大中小企业采取一刀切的做法是否合适？

在经济新常态的当下，伴随着企业成本上升和利润下降，企业经营者对于《劳动合同法》的质疑更加激烈，甚至得到一些政府官员的呼应。

2015年4月24日，时任财政部部长楼继伟在清华大学经济管理学院演讲时，首次批评《劳动合同法》，指出它的弊端主要在于降低了劳动力市场的流动性和灵活性。此后，他连续发声，提出“现行劳动合同法对于企业保护十分不足，降低了中国劳动力市场灵活性，最终损害的将是劳动者的利益”。

2016年2月，国务院新闻办公室就就业和社会保障问题举行发布会，人力资源和社会保障部负责人公开表示，《劳动合同法》在实施的过程中也反映出一些问题，主要集中在两个方面：第一，劳动力市场的灵活性不够，导致生产率偏低。第二，企业用工成本比较高。这一轮激烈而密集的争议，在立法层面亦有显现。

2017年10月31日，全国人民代表大会财政经济委员会提交的《关于第十二届全国人民代表大会第五次会议主席团交付审议的代表提出的议案审议结果的报告》透露，关于修改《劳动合同法》的议案有10件，关于修改《劳动法》的议案有3件，《劳动合同法》修改争取列入十三届全国人大常委会立法计划。

但是，在2018年3月11日，十三届全国人大一次会议听取全国人民代表大会常务委员会工作报告。张德江委员长在谈到今后一年的立法工作时，并未提及《劳动合同法》的修改。

“修改法律还是要慎重。”全国人大常委会法工委社会法室主任郭林茂在2018年全国两会前夕表示，“应当充分肯定《劳动合同法》对维护和谐劳动关系的作用，它关系到亿万劳动者的切身利益。”针对认为《劳动合同法》使得企业负担过重的质疑，郭林茂坚称企业负担过重是多方面原因造成的，仅仅归结到劳动用工方面是“不全面的”。

“有人说，近几年劳动者工资增长率超过了经济增长率，如果只看最近三五年确实可以得出这个结论，但如果再往前推，经济增长率远高于工资增长率。这几年的工资增长率高一点，也可能是作为补偿性的高增长。”西南政法大学副教授熊晖提出，不能简单地认为《劳动合同法》是导致企业用人成本增加的主要原因。从《劳动合同法》的立法目的来看，是保护弱势劳动者的利益，其背景是资强劳弱，强调劳动者的劳动是从属性的劳动，劳动者不能自己决定劳动行为，因此，对劳动者予以保护是不应被质疑的。

法工委国家法室副主任童卫东则认为，2010 年以后我国 16 岁至 59 岁的劳动力人口每年持续下降 300 多万，劳动力的供求关系发生根本转变，再加上房价等各方面生活成本的增加，导致了劳动成本上升。

针对认为《劳动合同法》使得用工不灵活的质疑，郭林茂明确提出，“不把用人单位的权力适当放大，就是用工不灵活，解聘人方便就是灵活，这种考虑是片面的。有关部门跟工会之间相互看法不一致，国务院有关部门正在研究”。

此外，也有学者提出，现行《劳动合同法》对劳动者权益的适度倾斜，在资强劳弱的国情下是必要的。在国外，人们失业后可以通过社会保障系统获得一大笔救济金，但目前中国还做不到，人们担心失去工作后将面临生存问题。中国的社会保障体系仍不够完善，所以我们更多地强化就业保护。

郭林茂说：“既然问题没有弄清楚，各方的利益没有协调好，所以现在对《劳动合同法》进行修改的条件还不具备，时机也不成熟。”

尽管修订问题尘埃暂落，但《劳动合同法》对于中国劳动力市场和经济社会发展的影响依然广受关注。

在已经开启的新一个 10 年的历程里，回答新的问题，迎接新的挑战，《劳动合同法》的使命仍在继续。

扫一扫，发现更多精彩

一座城与它的劳模记忆

文 / 许梦醒

上海：现代都市闪耀的劳动者之光

2018年5月18日，上海，外滩14号。

上海市总工会一楼大厅内，人潮涌动。

“3、2、1。”随着倒数计时的呐喊声，全国劳动模范杨怀远、包起帆一起将挂在大厅牌匾上的红布掀开，场馆内掌声雷动，“上海市劳动模范风采展”几个大字熠熠生辉。

400平方米，154位劳动模范，140件展品实物，348张照片以及92部视频……这里不仅有“人民挑夫”杨怀远的唯一一根折叠式扁担，还有“抓斗大王”包起帆的第一个设计原型。

上海外滩，寸土寸金，现代与繁华尽显。

从这天起，《时代领跑者——上海劳动模范风采展》展馆永久落户于此，劳动者的光芒与繁华美景交相呼应。也是从这天起，当人们走在外滩的观光大道上，既可观赏上海的现代繁华，也可走进展馆，一览上海近70年劳动模范的风采。

时隔一个月，《中国工人》记者也走进了这里，并以这里为起点，向西前往普陀区，向东前往浦东区，开始了探访上海与劳模记忆的旅程。

⊙ 石泉路上有颗闪光的金子

6月21日，夏至，上海的梅雨季来了。

伴着大雨，《中国工人》记者前往上海普陀区石泉路。33年前，时任上海中山北路房管所水电工徐虎制作了3个简易小木箱，分别挂于光新一村居委会办公室门口、石泉路75弄弄堂口、石泉六村电话间，义务帮助周围居民解决水电故障。

彼时，石泉路上都是工人住宅，由房管所统一管理。谁家停电了、谁家漏水了，都要找水电工上门维修。徐虎的小木箱解决了无数居民非工作时间段的急需，也树立了属于他的“新时代雷锋”形象。

1985年的元宵节是徐虎记忆最深的一天。当天，上海3大报社和上海人民广播电台、上海电视台同时报道了他的事迹。作为一名房管所的普通工人，社会的认可让他心中的使命感与荣誉感倍升，干劲儿也越来越足。1985年起，徐虎先后5次获得全国劳动模范荣誉称号，他也成为在全国叫得响、立得住的劳模人物。

当时间进入20世纪90年代，徐虎却感觉有些“力不从心”了。

伴随着上海住房制度改革，公有住房可以进行买卖。1994年，普陀区房管局也随之进行了政企改革，成立西部集团，从事物业管理。1998年，存在了13年的小木箱卸任，徐虎也从一线岗位走上了管理岗位，直至2010年退休。

今天，当记者再次走到石泉路75弄弄堂口时，已经没有人再能谈起小木箱的故事了。但未曾改变的是，徐虎仍住在这里。

1985年至今，徐虎一直住在石泉路附近的一套49.6平方米的老房子里。进门第一眼就能看见挂在客厅的大照片。“这是1995年获得全国劳模时，上海市工人文化宫的记者给我拍的。你看，照片的背景图还是上海‘第一湾’，现在都已经拆了。”

城市建设的脚步从未停歇过。20世纪80年代，石泉路路口处是一排排纺织工人居住的二层小楼，被称作“2万户”。如今，这里已变成了均价每平方米12万的商品房，正在对外出售。

对于和徐虎一样的水电维修工来说，城市的变化似乎也让他们变得不再那么重要了。

今天，认识徐虎的人越来越少了。但这段在石泉路发生的劳模故事仍在被传颂。在小学生德育课本《闪光的金子》一文中这样写道：“许多年来，徐虎利用休息时间走遍了千家万户，给大家带来方便。人们都说他的一颗心像‘闪光的金子’。”

⊙ 延续至今的劳模创新力

从外滩向东20多公里，穿过整个浦东区，就能到达上海第二工业大学（以下简称二工大）金海路校区。有关上海的劳模记忆，这里是不得不来的地方之一。

在上海，二工大素有“劳动模范摇篮”的美誉。20世纪80年代，上海市总工会决定从工人中培养知识分子，在这里开设劳模班，帮助他们考上大学。二工大的劳模班前后10届，共600名学员。后来，他们中的大多数成为上海各条战线上的工匠人才和管理干部。

过去50多年里，从二工大走出了李斌、徐小平等100多位劳动模范。特别是全国劳动模范包起帆，他的名字在这里更是无人不知、无人不晓。

2016年9月28日，在上海各界的支持下，包起帆创新之路展示馆正式对全社会开放，一幢总建筑面积为2000多平方米的3层大楼里，将包起帆的创新故事做了全景展现。

当工人时，为节约钢丝绳，包起帆主攻卷筒革新，将其寿命延长8倍；做工程师时，为提高工人生产安全条件，他发明了木材抓斗、生铁抓斗等，被人们称为“抓斗大王”；做企业老总时，他将创新运用到企业管理中，实现了中国内贸标准集装箱由零起步；当集团副总裁时，他更领衔制定了ISO18186

国际标准，走向国际……

如今，二工大将展示馆作为教学场所之一。每年新学期伊始，包起帆都要为大一新生讲授“第一堂课”，为青年人勇往直前鼓劲儿加油。大二的学生，每年也要在这里完成两个学时的劳模课程。

“创新不问出身”，这是包起帆最常说的一句话，今年 68 岁的他仍然奋战在一线，担任上海市政府参事后，他以拓展上海城市新空间为己任，积极为上海发展新动能出谋划策。

今天，二工大虽然早已没有了劳模班，但关于劳模的印记和劳模持续不断的创新力仍在这里延续着，像一颗颗常青藤，蔓延至城市的每一个角落。

⊙ 工人阶级的大本营

1949 年 5 月 29 日，上海解放第二天，新华社社论《祝上海解放》写道：“上海是中国工人阶级的大本营和中国共产党的诞生地。”

今天，四行仓库外墙上至今依稀可见的炮火痕迹，上海历史博物馆里记录的解放战争时期上海重要革命史迹……探究上海城市记忆，这里有太多和工人相关的印记。

同样，中华人民共和国成立 69 年来，一批批劳动模范和先进工作者也诞生于此。从电机制造技术的奠基人孟庆元到导弹研制院士梁晋才，从蓝领科学家王军到“汽车心脏”的守护神徐小平，从知识型工人标兵李斌到航空“手艺人”胡双钱……在中华人民共和国成立之初，他们一马当先、艰苦创业；在改革开放时期，他们敢为人先、开拓创新；面向新时代，他们奋楫争先、追求卓越。据统计，中华人民共和国成立以来上海各行各业涌现了约 1.6 万名全国劳动模范和上海市劳动模范。

今天，上海正加快建设“五个中心”和卓越的全球城市、打造“四大品牌”，为当好改革开放排头兵、创新发展先行者，上海市总工会也正在以劳动模范精神引领职工群众建功立业。

“由于场地限制，我们展示的劳模有限，未来，还将打造更大的劳模空间。”上海市总工会宣教部部长陈必华介绍说，为推动公益性文化事业单位改革，提高服务群众的能力和水平，位于普陀区的沪西工人文化宫正在升级改造，建成后，将为劳模工匠的宣传与传承提供更广阔的新天地。

沈阳：流淌着劳模血液的工业之城

2018年1月17日19时，沈阳，辽宁大剧院。这个夜晚，是属于沈阳劳模工匠的荣耀时刻。

由沈阳市总工会主办、沈阳市广播电视台承办的匠心筑梦新时代——沈阳市首批“盛京大工匠”颁奖典礼在此举行，决定授予方文墨等25人“盛京大工匠”称号，授予孙飞等60人“金牌工匠”称号，授予刘凤博等184人“优秀工匠”称号。

如此大规模的表彰，在沈阳发展历史上还是头一次。这不仅是一次工匠的评选，更是一次属于劳动者的聚会。舞台上，今年85岁高龄的全国劳动模范尉凤英压轴出场，与工匠们共同庆祝。

沈阳是一个盛产劳模和工匠的地方，这里走出了许多享誉全国的劳动模范和先进工作者。在他们的劳模故事里，记录着这座城市的过往，同时，在这座城市里，也深深烙印下了他们的奋斗轨迹。

⊙ 全国最大的劳模纪念馆

8万人次。这是沈阳劳模纪念馆自2016年开馆以来，截至目前最新的参观人次数据。在纪念馆开馆近两年的时间里，已累计接待参观团队近1500个，成为当之无愧的劳模传统教育基地。

开设劳模纪念馆，沈阳，有得天独厚的优势。

在1950年表彰的全国第一届劳动模范名单中，沈阳就涌现了全国劳动模范小组带头人马恒昌、新纪录运动的创造者赵国有、中华人民共和国第一位女火车司机田桂英等14位来自沈阳各行各业的杰出代表。

沈阳劳模纪念馆是目前全国规模最大的劳模纪念馆，位于沈阳职工之家，占地近 3000 平方米，分为 7 个部分，全景展现了 112 位不同历史时期的沈阳劳动模范先进事迹。

纪念馆开馆后，吸引了全市乃至全国广大职工的关注，不少劳模慕名到这里参观。

每次，只要有战友到沈阳来，李志强都要带他们来纪念馆转一转。2014 年，沈阳黎明航空发动机装配厂总装工段“李志强班”被中宣部和全国总工会授予“最美职工”称号，他和班组的故事也被收录在了这里。

还有不少已故劳模的家属，也专程来到纪念馆参观。此前，已故劳模龚畿道的儿媳就专门从上海赶到这里，她说：“虽然老人已经去世近 10 年，但老人的精神一直激励着我们这些后辈，我们全家一定会把他的一言一行作为自己行动的楷模，把劳模精神传承下去。”

2016 年，沈阳市总工会编写的《沈阳劳动模范》一书也正式出版。以全国总工会、辽宁省总工会、沈阳市总工会相关文献和沈阳地方史志为依据，通过对沈阳解放以来劳动模范评选表彰工作的深入研究，以及对各个历史时期知名劳模事迹的整理挖掘，进一步厘清了沈阳劳模产生及发展的历史脉络、劳模工作的基本特点和劳动模范的重要贡献，力求使之成为一部传承劳模精神的励志书、沈阳工运史研究的参考书、沈阳劳模工作的工具书，并作为沈阳劳模纪念馆和沈阳劳模网建设的重要依据。

那些在沈阳发生的劳模故事，被一一记录在了书籍里，记录在了纪念馆里。

⊙ 老工业基地的烙印

走在沈阳街头，会发现很多与“工”字有关的街道，启工街、保工街、肇工街……如果要聊一聊沈阳与“工”有关的历史，除了工人、工匠，必须要说一说的，还有沈阳的工业。

1953 年全国开始第一个五年计划，沈阳作为重工业基地，肩负着为国家建设积累资金，为生产企业制造“母机”，培养和输送技术力量的光荣使命。

与此同时，全国工业历史上很多个“第一”都在这里诞生。1953 年，时任沈阳变压器厂副总工程师、副厂长王凤恩带领团队成功制造出我国第一台5000千伏安大型变压器；20世纪60年代，时任沈阳黎明发动机制造公司工程师张明云和工友一起连续奋战27个月，制造出我国第一台涡轮喷气式发动机，填补了此项技术的历史空白……

20世纪90年代，随着现代化生产、高精尖技术上线，过去的落后设备和笨重工业生产面临转换。但是，在沈阳这片工业热土上，敢创新、肯拼搏的劳模血液一直流淌着。

2003年10月，中共中央、国务院发布《关于实施东北地区等老工业基地振兴战略的若干意见》，沈阳也吹响了打赢振兴老工业基地“辽沈战役”的进军号。研制国产大型空分压缩机组的创新团队“五朵金花”、压缩机齿轮加工最高精度的创造者徐强、压缩机机壳焊接拼装第一人杨建华等一大批新时期劳动模范脱颖而出。

如今，烙印着沈阳工业面貌的铁西区旧貌换了新颜。曾炼出中华人民共和国第一炉钢水的原沈重集团二金工车间被改为创意文化园；原沈阳铸造厂的翻砂车间及所有设备被保留下来，变成了铸造博物馆……

那些与“工”相关的印记，有的换了一种方式被留了下来，有的则集聚着更大能量，奋力把沈阳老工业基地振兴发展推向新阶段。

⊙ 工匠精神焕发新能量

2018年1月8日，一个好消息传遍了沈阳——由中国航发沈阳黎明一线工人洪家光研发的“航空发动机叶片滚轮精密磨削技术”，荣获2017年度国家科学技术进步奖二等奖。

此项目是航空发动机叶片加工领域的核心技术，使叶片滚轮精密磨削精度提高至0.005mm，合格率由78%提高至92.1%，为国家新型战机、大飞机上天提供了关键技术支撑。

回忆往昔，这样的好消息在沈阳不是第一次发生。60多年前，沈阳老百姓津津乐道的，要属挂在天安门城楼上的那枚国徽。

1950年9月，中央人民政府把铸造中华人民共和国第一枚金属国徽的任务交给了沈阳第一机器厂。当时因模具不过关、铜铝熔点相差大、没有砖炉和熔器等问题，生产受到了严重影响。时任沈阳第一机器厂铸造车间工长焦百顺带领攻关小组攻克一个又一个难关，经过全厂工人的团结协作、艰苦努力，终于在 1951 年“五一”国际劳动节前夕，铸造出新中国第一枚金属国徽。

如今，在沈阳，穿工装上街，仍是一件让人骄傲自豪的事儿。不论是地铁还是街道，总能看到身着蓝色工装的工人，他们大多来自沈阳黎明和沈鼓集团。沈阳市民都知道，这两家企业的工人不仅工资高、待遇好，他们的技术也不得了。

不论是过去的重工业制造时代还是今天高精尖技术在大国重器上的应用，沈阳的劳模精神和工匠精神一直在传承延续着，也势必将以生生不息的姿态焕发新的劳动热情，释放新的创造潜能。

北戴河：劳模疗休养背后的国家关爱

7 月，随着气温的上升，北戴河海边的人多了起来。对一座海滨城市来说，经历了寒冷的严冬，马上，这里就要迎来一年中最热闹的季节。

2018 年，位于北戴河东经路 818 号的京煤集团矿工疗养院，早已先于其他地方“火”了起来，吸引了一波又一波的客人。他们中有今年刚刚荣获全国五一劳动奖章的煤矿工人，也有来自北京市的全国劳动模范和先进工作者。

“感觉像回家一样。”开滦集团赵矿公司采煤组组长、全国劳动模范王进东说：“走进矿工疗养院，看到的、感受到的都是与劳模相关的内容，作为一名劳模，心中有一种强烈的荣誉感。”

⊙ 打造劳模精神文化家园

的确，从走进疗养院的那一刻起，映入眼帘的全是与“劳模”相关的景致。2018 年 4 月刚刚建成的劳模林，占地面积约 600 平方米，树种以红枫为主，寓意红色基因的传承；在位于整个园区的中心位置，以红色船帆为造型的宣传栏上，不仅可以看到劳模事迹，还能聆听到矿工之歌、石油之歌，“加满油、把稳舵、鼓足劲儿”的标语更像是在为劳模们加油打气。

2017年，在中国能源化学地质工会、北京市总工会的关心支持下，京能集团积极响应全国总工会加快推进新时期产业工人队伍建设改革的号召，决定将北戴河矿工疗养院建设打造为具有“劳模博物馆”性质功能的文化家园。

为此，京能集团矿工疗养院在每一处景观的设计上都加入了“劳模”元素。就拿门口摆放着的镌刻有“劳动开创未来”6个大字的文化石来说，在设计过程中，特意选择了长1.8米、高90厘米的天然泰山石，让参观者一下记住了1890年5月1日——确立五一国际劳动节这个特别的日子。

京能集团有着悠久的劳模历史。坐在劳模书屋内，《中国工人》记者翻看《北京市全国劳动模范大辞典》时发现，在1950年北京市被评为全国劳动模范为数不多的几个人中，就有3位来自现在的京能集团。他们是20世纪50年代时任北京市石景山发电厂厂长刘英源、北京市石景山发电厂汽机场技工刘德珍和北京市门头沟煤矿采煤工人李书和。

如今，京能集团将尊重劳模、弘扬劳动精神、工匠精神与打造劳模文化品牌相结合，从北京延续至了北戴河，在矿工疗养院内升温升效。

“书屋中摆放着的书桌、座椅都是北京石景山发电厂搬迁时，特意留下来的‘老物件’。”矿工疗养院负责人介绍说，为了让劳模在休养过程中有荣誉感和获得感，疗养院特邀画师，为到这里休养的劳模现场素描肖像，一张劳模留存，一张则挂在了通往劳模书屋的通道两侧。

“这样的疗养院，在北戴河应该是独一家了。”来自北京市的全国劳动模范郭玉全应邀到疗养院参观学习后，如实评价说。

目前，矿工疗养院内的劳模林、劳模宣传栏、劳模书屋已建设完成。未来两年内，劳模博物馆、劳模雕塑园、星光大道等文化工程项目也将加速推进。届时，这里不仅是劳模之家，更是劳动精神的教育基地、劳模文化的交流平台、劳动模范的宣传窗口。

⊙ 工人的度假胜地

对于不少获得过全国劳动模范荣誉的劳动者来说，北戴河并不陌生。从20世纪50年代至今，这里一直有与全国劳动模范们疗休养有关的印记。

在徐焰写的《北戴河往事追踪报告》中就有这样的记录——

1950年初，经时任政务院总理兼外交部部长周恩来亲自选择，批准在北戴河建设外交人员休养所。当时，作为一种待遇，北戴河接待着全国劳动模范、战斗英雄；作为一种荣誉，北戴河成为党和国家领导人避暑办公的指定地点。

虽然因历史原因，劳模疗休养曾一度中断。但是，在2000年后，为体现党和国家对劳动模范的重视和关爱，营造争当劳模的良好氛围，全国总工会开始在全国范围内有组织、分批次地开展全国劳模暑期休养活动。矿工疗养院的建立也是沿着这样的历史轨迹。1954年，周恩来总理亲自选择了北戴河的最高点作为矿工的疗养基地。也是从那时起，矿工在北戴河有了自己的“家”。

如今，走在北戴河的街道上，与工人相关的疗养院随处可见。与矿工疗养院紧挨着的是天津市北戴河工人疗养院，再向海边方向走，河北省总工会北戴河工人疗养院的大门格外显眼。《中国工人》记者发现，这里不仅有各省、市总工会开办的工人疗养院，也有各行业、企业的工人疗养院。

据已经退休20年的原北京起重机器厂工会主席王淑赞回忆，20世纪80年代到90年代，夏天的北戴河人多得像“煮饺子”，随便在路上拉两个人一问，他们都是来自各地企业的优秀工人代表。

时光荏苒，各个历史时期的全国劳模，都不会忘记在北戴河这片沙滩上留下的欢声笑语，而他们在北戴河这片沙滩上的笑容，也定格在了历史的镜头下，成为这座城市见证一个国家尊重劳动者的生动瞬间。

⊙ 偷得浮生半日闲

2014年5月9日，《全国总工会劳模休养五年计划（2014—2018年）》中明确，截至2018年，组织4.7万名全国劳模、五一劳动奖章获得者和部分省部级劳模参加休养，并实现其至少休养一次的目标。同时，要求优先安排生产一线，特别是条件艰苦、劳动强度大、有毒有害岗位工作的劳模和在重大工程、重点科研项目中发挥骨干作用的劳模参加休养。

北戴河也被全国总工会设定为劳模休养地之一。《中国工人》记者曾5次跟随采访全国总工会组织的劳模休养活动，3次同劳动模范一起来到北戴河。

记者发现，近几年，在劳模休养活动安排上，不再仅仅局限于单纯的游览参观活动，还增加了聆听形势报告、劳模交流座谈会、养生讲座等学习内容，劳模休养的主题性更强了。

新时代，伴随着人们对劳模精神、工匠精神新的诠释和理解，劳模休养中也亟须增加学习课程。“在劳模休养中开设劳模课程，也是落实产业工人队伍建设改革的重要内容。”京能集团党委副书记李迅介绍说，劳模文化家园在一边运行一边建设的过程中，也在紧锣密鼓地筹备劳模课程。将结合行业特色，为劳模设计学习菜单，真正服务于劳模工匠。

7月，全国各地的劳模休养活动又要开始了，北戴河也将变得热闹起来。这个夏天，如果你也有机会到北戴河走一走，可以尝试着问一问路上遇到的人：“你是劳动模范吗？”也许，你遇到的就是一位正在这里疗休养的劳模“大咖”。

扫一扫，发现更多精彩

人 物

每个人虽不过是沧海一粟，
汇聚起来却是一个国家的荣耀。

洪家光：我和黎明的 20 年

文 / 许梦醒

在 2017 年度国家科学技术奖励大会上，来自中国航发沈阳黎明航空发动机有限责任公司的高级技师洪家光凭借研发《航空发动机叶片滚轮精密磨削技术》项目成果，获得国家科学技术进步二等奖。领奖当天，洪家光穿着一身印有“中国航发”四个红字的工装在会场内格外显眼。一位同来领奖的学者轻轻地拍了拍他的肩膀问道：“你是一线工人？”

洪家光自豪地回答：“对，我来自沈阳黎明，是制造飞机发动机的。”对方惊讶得瞪圆了眼睛，向他竖起大拇指：“我可算是见到‘宝贝’了！”作为 2018 年获得此奖项的两位一线产业工人之一，洪家光内心的骄傲与激动之情难以言表：“我给产业工人争气了，也给公司争气了！”

为见到这位炙手可热的工人之星，1 月 21 日，在沈阳最冷的季节，《中国工人》记者走进沈阳黎明。在这里，记者有了更多发现。

从 19 岁到 39 岁，洪家光的芳华与沈阳黎明深深连在了一起。他在这片沃土中成长、成才，用一项项技术创新成果诠释着一线产业工人的工匠力量。

⊙ 高手

洪家光此次获奖的“航空发动机叶片滚轮精密磨削技术”是航空发动机

叶片加工领域的核心技术之一。长期以来，西方国家在此项技术上对我国进行封锁。突破叶片加工工艺装备——金刚石滚轮制造技术迫在眉睫。

从 1998 年入厂开始，洪家光就和金刚石滚轮较上了劲。当时，金刚石滚轮加工技术在厂里属于“独苗工种”，只有老师傅刘永祥知道其“奥秘”。作为厂里的年轻工人，洪家光根本没有上手的机会，但他用心观察师傅的操作手法，边看边记录，边记录边思考。

2002 年公司下达加工金刚石滚轮的紧急任务。那时刘师傅恰巧生病了，洪家光主动请缨，获得了第一次珍贵的实操机会。起初，洪家光信心满满，但让他没想到的是，经过十几个小时奋战出的产品，居然没有一个尺寸是合格的。洪家光的倔脾气一下冒了出来，连续 10 天，每天工作 14 个小时，尝试不断改善加工方法。

就这样，他把别人看来需要几年时间才能掌握的技术，在 10 天内就攻破了。这项技术创新使金刚石滚轮阴腔精度提升至 0.003 毫米，相当于一根头发丝的 1/20，为他后来创新航空发动机叶片加工技术打下坚实基础。

洪家光所在的工装制造厂，每年负责加工的产品多达 4000 多件，是公司生产产品种类最多、工艺最复杂的分厂之一。

走进车间，记者发现，洪家光不仅有一台与他人相比略新的普通机床，还有一台数控机床。“技术好的人才能用新一点的机床。”他的工友介绍说，“洪家光的数控技术可是自学的呢！”从 2002 年开始，洪家光自学数控机床的操作方法，成为厂里普通机床、数控机床双料高级技师。

近年来，随着我国航空发动机产业的快速发展，发动机制造技术也更加趋于高、精、尖。为此，沈阳黎明一直倡导一线工人向一专多能方向发展，逐步消灭“独苗工种”，2017 年，公司更是把“一专多能”变为员工考核的一项重要内容。

在洪家光这样“双料”技师的带领下，企业涌现出越来越多的一专多能人才。工人的收入提高了，企业的生产效率提升了，年轻工人更爱学技术了。

⊙ 成长

2007年是洪家光印象最深的一年。

那一年，他在“振兴杯”全国青年职业技能大赛辽宁省选拔赛中落选了。车工组第4名的成绩让洪家光无缘全国大赛舞台，成为他最伤心的事儿。

也是那一年，沈阳鼓风机（集团）有限公司的高级技师杨建华凭借离心压缩机、鼓风机机壳拼装制造技术捧回了国家科学技术进步二等奖。

当年，前来听杨建华事迹报告会的人挤满了沈阳市文化宫，洪家光也是其中一位。“工人也可以获得这么高的奖！”坐在台下，洪家光觉得这个奖离自己好远，但一线工人的技术创新之路却离自己很近。也就是从那时起，洪家光更坚定了学技术的心。

为了备战全国技能大赛，洪家光把每一次零件加工都当成比赛现场，全神贯注地投入，从每一个加工步骤开始，时刻训练自己适应紧张情绪，更在加工操作速度和产品精度上毫不放松。坚持一天容易，但坚持一年很难，而洪家光坚持了4年。

2011年，洪家光在“振兴杯”比赛中获得冠军，成为人们关注的焦点。如今，在中国航发黎明公司，技术大赛早已成为一线工人成长成才的重要上升通道，在2017年公司技能大赛中，全公司6000多名一线工人中，就有3000多人报名参加比赛。

公司每两年举办一届技能比武大赛，至今已经连续开展8届，利用每个人的竞胜心和成就感，充分调动公司员工学习技术的积极性、主动性。

在技能比赛的激励机制上，公司也投入很多，连续3届获得同一工种冠军的职工，公司将给予一定的物质奖励。前几年有“三冠王”曾获得公司奖励的一辆小轿车，去年的“三冠王”获得了6万元奖金。

洪家光不仅是公司2005年技能大赛冠军，2009年，他还被公司授予“首席技师”称号。

为加快技能人才成长，公司建立人才成长阶梯，并享受对等待遇。当然，享受待遇的同时也要接受公司严格的考核，公司将从学历、生产业绩、创新成果、创新项目等方面对技能人才进行考核，其所带徒弟的工作业绩也直接与师傅的考核成绩挂钩，到了年终，公司内同级专家还要进行大排名，排在末尾的人要被降级。

目前，公司有包括洪家光在内的公司首席技师12人，“当了首席技师，工友们都看着我呢，不创新不行啊。”洪家光说。

⊙ 初心

洪家光是个地地道道的农村娃，初中毕业后，为了减轻家庭负担，他选择上了黎明技校。因为家离得远，每天都要乘火车再转汽车，往返4个小时。和他一起的同学有的在车上睡觉，有的打牌，而他则喜欢在车上看书。3年里，他坚持自学了4本专业技术书，把绿皮火车变成了他的“移动图书馆”。

1998年，洪家光以优异的成绩考入中国航发黎明公司。当时正值企业的困难时期，不少技术工人都选择了离开。洪家光心里也犹豫过，直到他在厂里的劳模墙上看到了全国劳动模范孟宪新的名字。“一线工人也可以有出彩人生。”洪家光内心的小火苗一下被点燃了。

即使在困难时期，公司仍极其重视技术技能人才培养，1999年年初，公司实施“双百工程”，选出企业内优秀的100位技能人才、100位技术人才，享受总经理颁发的200元至800元不等的高级技术津贴。孟宪新正是其中一位，因为技术过硬，大家都叫他孟大拿。

为了拜孟宪新为师，洪家光软磨硬泡，连续数天，他都跑到孟师傅那里，当他助手，帮他干活。孟师傅问他:“学技术要持之以恒，你能坚持吗？”“师傅，看我行动吧！”洪家光响亮地回答着，向师傅深深鞠了一躬。

十几年来，洪家光共完成了100多项技术革新，解决了300多个技术难题。在学技术的路上，洪家光一直执着坚持，他说，“有些事情不是看到了希望才去做，而是坚持了、努力了才能接近梦想，实现梦想”。

⊙ 传承

如今，走在沈阳街头，不论是地铁还是街道，总能看到身着印有“中国航发”工装的工人，周围人也总会对他们投来羡慕的目光。现在，沈阳市民都知道黎明的工人工资高、待遇好，这里的工人不得了。

《中国工人》记者了解到，目前沈阳黎明一线工人的基本工资在4000元至5000元，在沈阳算是中等收入水平。但只要肯学技术、搞创新，一线工人收入可在此基础上提高50%以上。过去几年，公司每年拿出500万元用于鼓励职工摘牌技术攻关项目。在这里，只要能踏踏实实搞技术，工人月收入过万不是难事儿。

让工人在收入上得实惠，才能让工人有责任感和使命感。近几年，公司狠抓技术人才、技能人才、管理人才“三驾马车”的共同发展，不断优化人力资源管理体制，发掘、培养、选树、宣传一线工人中的典型人物，及时挖掘和培养劳模后备人选，为新入场员工制定培育计划。“在黎明，干哪一行都可以成才。”

如今，投身技术创新的一线职工多了，公司内的各项技术评选更加激烈，每年由公司评选出的10位劳模含金量也越来越高，公司已经成立的16个劳模创新工作室创新成果也越来越多。

“现在当师傅不仅要懂技术，还要能把技术说出来。”作为省、市级“洪家光劳模创新工作室”的领衔人，洪家光已带徒弟13人，编写了《航空发动机典型零件的加工方法》技能操作书，还录制了视频教材《车工技能操作绝技绝活》。

“能把自己的一切奉献给黎明，奉献给航空，让我倍感光荣。”和黎明风雨同舟20年，洪家光对企业有太多说不出的“情”。从追求产品精度的极致，到追求人生创新的极致，如今，洪家光有了新的极致目标——将劳模创新工作室的技术创新工作落实到位，把工匠的“接力棒”传递到更年轻的工人手中。

黄金娟：见证智能电表检定从无到有

文/文　君

2018 年 1 月 8 日，2017 年度国家科学技术奖励大会上，黄金娟作为国家科技进步奖设立以来首位获奖的女性工人，其完成的《电能表智能化计量检定技术与应用》获国家科技进步奖工人农民技术创新组二等奖。

黄金娟是国网浙江电力计量中心运营管理室协理员，她带领的团队自 2006 年提出电能表智能检定的理念，经多年钻研实践首创了电能表计量检定智能化作业工法，实现了国内外电能表计量检定由人工作业向智能化作业的变革，将“检定全过程无人工干预”的“异想天开”变成现实。

⊙“电表是一杆秤”

3000 平方米的自动化检定流水线上，成千上万只电表正有序地上料、耐压试验、打标、下料，每个环节配合得天衣无缝，每条流水线上除了几个巡检人员，几乎看不到工人的身影……这是黄金娟如今所在的智能工作车间。

电表的准确性关系到千家万户，我们常用的电表都是经过严格的计量检定之后才能安装入户。目前，全国运行电能表逾 5.13 亿只，每年检定量多达 8000 余万只。

在过去，电表检定完全靠人工，一个工人完整检定一块电表至少要 185 分钟，如今有了这套电能表自动化检定流水线，一次性可以检定5400块电表，效率提升58倍，人员精简90%以上，检定可靠性更是达到了100%。

“原来我们这里完全靠人工，用手一根线一根线地接线拆线，现在我们采用气压方式，用气压接拆线装置，一次性把它接上，又一次性分离了，看似很简单，其实有很多的发明专利。”电能表智能化计量检定就是用智能技术检测检定每一块电能表。

为了这项技术，黄金娟付出了常人难以想象的努力。“电表，它相当于一杆秤，而我们要做的，就是要让表公平公正。浙江现在有2500万用户，传统的装置就是60个表位，你既要把60只表一只一只挂上去，又要用一根根线把60只表接好。接线与拆线要45分钟，你看我这个手臂不能洗衣服，如果多拧几次马上手腕就感觉不舒服。”黄金娟说，在智能电表还未普及时，左臂劳损几乎成了所有一线工人的“标配”。

黄金娟说话时总会下意识地摸摸左臂，那里有长期劳作落下的伤。原来，传统的程控式检定装置需要人工挂表、接线、巡检、加封，大量机械性重复劳动不仅效率低下且易出差错，高电压大电流的作业环境更是威胁着操作员的人身安全，检定效率低下，迫切需要创新、突破。

2006年，由于电能表检定任务急剧增长，黄金娟所在的检定班组即使全员加班加点仍然无法满足营业用表的需求。黄金娟琢磨了很久。渐渐地，她萌生了利用自动化控制技术实现电表智能化检定的想法。在当时人工检定的大环境下，这个想法有点近乎异想天开，且国内外均无先例可循。但黄金娟心想，“难！但值得去试”！

⊙“精力无限的老黄牛”

黄金娟个子瘦小，一头短发，脸小而颧骨微凸。周围的人都知道，她是个只醉心于技术的人。“她的学习劲头和认真程度惊人，我刚毕业报到那会儿，快50岁的黄师傅拿出一本笔记本，上面全是手抄的编程语言，英文单词下面密密麻麻的都是中文注释。我完全震惊了！”她的徒弟严华江回忆道。

人们初次看到黄金娟在技术上的刻苦，是在1992年的首届全国电力技术比武大赛中。彼时，黄金娟从事计量检定专业工作尚不满 3 年，但她硬是逼自己在备赛的半年里啃下一本本专业书籍。

在这次比赛中，没有高学历、缺乏系统学习培训、也无丰富工作经验的黄金娟一路过关斩将，闯入全国总决赛，一举拿下全国第二名，被授予“全国技术能手”的称号。

等到她提出“智能化计量检定”时，很多人觉得这是异想天开，黄金娟从丹东跑到深圳，从深圳跑到南京，到处寻觅愿意合作的电表制造商。但马不停蹄地奔走了一个多月，她那股切期盼的目光，换来的却都是厂家爱莫能助的摇头。

定制！黄金娟下定决心，此后，她便没有了上下班的概念，自己一边将发明想法一步步充实为详尽的技术方案，一边收集国内外最新行业动态，向业内专家和厂家虚心请教学习。几经努力，终于找到了理想的合作伙伴。

⊙ 创新是一种力量

“变化的是技术，不变的是执着的追求；要想和‘难关’死磕，必须精雕细琢。”这两句话是黄金娟为工作写下的注解。

2007 年，黄金娟制定了电能表智能化计量检定的总体思路。接着，她家里的半张乒乓球桌就成了她和两个徒弟很长一段时期内的试验台。

成功研制出第一代电能表自动化检定流水线后，她并没有止步，而是一边完成日常生产任务，一边开展智能化检定技术优化完善研究工作。

黄金娟讲述起当时几件至关重要的“小事”：为了获取自动接拆线的气缸最佳推力值，连续试验了数千次；为了实现自动加封、提高防伪性能，提出多套设计方案并反复验证……

在单位的支持和团队的帮助下，2009 年工程样机完成，2010 年试点应用，历经 3 年努力，黄金娟和团队建成了国内外首套大规模检定系统。检定能效由每日人均 80 只提升至每日人均 4700 只，检定可靠性从 98% 提升至 100%，年检定能力达到了 640 万只，项目成果鉴定委员会认为该成果达到了国际领先水平。

曾经在黄金娟脑海里播撒的一颗种子，如今终于长成参天大树，并留下满园芬芳。黄金娟的成果获授权美国专利2项，发明专利18项，实用新型和外观设计专利21项，软件著作权8项。核心专利获中国专利优秀奖、国际发明展览会金奖……国网公司认定推广效益达17.93亿元。

“其实创新并不是什么高大上的事情，作为我们一线工人，立足点是岗位，只要解决实际工作中的种种不足，解决一个问题，它也是一种创新。”黄金娟说，她从没想过，身为一个工人，能够走进人民大会堂去领国家科技进步奖。

杨海波：踏踏实实当个好工人

文 / 许梦醒

2017 年 6 月，青岛。

杨海波作为大庆油田首届“油田工匠”获奖者代表之一，与全国劳动模范许振超签订了师徒协议。“我的偶像一下子变成了我的师傅，这是我从来都不敢想的事儿。”回忆起这段经历，杨海波至今仍难掩激动的心情。

在拜师仪式上，杨海波拿出手机，翻出了一张照片递给师傅看。原来，在 2015 年中华全国总工会举办的全国优秀班组长交流活动上，杨海波就与师傅许振超有了一张并不清晰的合影，被她一直悄悄珍藏着。

其实，在大庆油田，第四采油厂采油女工杨海波的名字早已家喻户晓。

她 21 岁荣获全国技术能手；26 岁被破格聘为采油技师；30 岁被聘为采油高级技师；33 岁成为大庆油田最年轻的采油技能专家；36 岁又成为集团公司采油技能专家。

工作 23 年，杨海波将自己的成长经历清晰地划分为 3 个阶段，从自学技术，到解决生产难题进行技术创新，再到成立杨海波工作室，致力于培养更多技术创新型职工……

杨海波说：“我的成功是可以复制的。”

⊙“当个好工人”

“最年轻”“技能专家”“全国劳动模范”……如今，41岁的杨海波已经成为油田很多青年技工的偶像。殊不知，在她刚参加工作时，也经常遇到技术上“抓瞎”的事儿。

1994年，刚满18岁的杨海波从石油技校毕业，被分配到大庆油田第四采油厂第一油矿，成为一名采油工。在岗位上的第一个夜班，就让她受了挫。凌晨1点多输油泵密封填料突然泄漏，满地的油污一片狼藉。杨海波和另一名女工手足无措，反复加了多次密封填料都没有成功，直到站长赶到才处理完故障。

“那时候，站上不论遇到大事儿小事儿，只要跟技术有关的事儿，我们都给站长打电话寻求帮助。”杨海波回忆说，工作第一年，经常感到害怕，“那个时候不是梦到着火了，就是梦到爆炸了。”

一次，杨海波赶上了整个矿区突然断电，站长安排她去切换油气混输流程，面对复杂的流程她不知所措，最后还是求助于站长……

在一次次的技术问题面前，杨海波不断问自己，如何能在工作时不害怕，干活时不遭罪，有问题不求人？

“学技术才是硬道理！”

从那以后，白天，她变成了站长的跟屁虫儿，遇到技术问题，她先冲上去解决，让站长帮她指出操作问题。晚上，她挑灯夜战，把相关专业书籍读了一遍又一遍，记了十几万字的学习笔记。一年多后，杨海波悄然发现，同事们遇到技术问题时，开始给她打电话了。

1997年9月，杨海波经过层层选拔，代表大庆油田参加全国青年岗位能手技能运动会，取得采油工种比赛全国第10名的成绩。她是当时获奖选手中年龄最小、参加工作时间最短的人。在使用铰板手工套制钢管丝扣的项目中，她凭借完美的丝扣和最短的时间，获得全场最高分；仅用6分钟就娴熟地完成抽油机换皮带操作。

荣誉和光环的背后，没有人知道为了缩短更换抽油机皮带的时间，杨海波进行了上百次练习，肩膀、手臂、手指磨破渗出了血水；为了掌握更多型号抽油机的构造和工作原理，她拿着资料往返井站几百次，徒步近百公里……

26岁那年，杨海波提前9年被大庆油田公司破格聘为采油技师。她的父亲也是一名石油工人，每当觉得苦、觉得累的时候，她总能想起父亲在她第一天上班前的叮嘱："踏踏实实当个好工人。"

⊙ 创新也要"巧"用力

"您成功的秘诀是什么？"

面对《中国工人》记者提出的问题，杨海波想了很久，回答说："成功哪有什么秘诀，如果说有，那就是坚持。"

坚持学习，坚持思考，她说："每一项技术创新都是从解决生产难题开始的。"

2007年，杨海波到聚合物驱采油队聚五队工作。当时，聚合物驱采油技术在大庆油田是一门新兴的技术，工艺新、技术力量弱、配套技术不完善等问题一直影响生产现场管理，而且该技术在国外也仍处于先导性试验阶段，国内没有经验可借鉴，更没有专业人员指导。

"咱们队皮带太费了，三天两头就得更换一次。"维修班长的一句无心之语，被杨海波记在了心里，她略感惭愧地想，如果连本队工作中的难题都没法解决，我这个技能专家真是白当了。

杨海波了解到，聚合物驱抽油井产量高，负荷大，皮带耗损严重，仅一年的皮带消耗就达40多万元。"不行，皮带用得这么费，烧皮带像烧钱，太心疼了！"

于是，她和队里的5名技师跟这"费钱的皮带"较上了劲儿。他们一边现场调查、分析原因，一边查阅书籍、理论计算，筛查出了皮带轮配型不合理、部分皮带轮包角小等问题，并及时进行了修整。在不断有新井投产的情况下，使全队全年皮带消耗由1053组下降到596组，仅此一项节约材料费用24万多元。这项创新成果还在全厂聚合物驱采油队推广，每年节约费用100多万元。

凭借着对技术创新的这股“拧”劲儿，截至2016年年底，杨海波先后完成革新成果41项，其中12项获得国家专利。

“将两端有绳套的两根绳子互相交叉，分别套在两个人的手腕上，绳套不能脱离手腕，如何能将绳子解开？”这是杨海波在培训课堂上最喜欢和大家做的趣味游戏——解绳结。

“一般，大家都会采用‘钻’的方式，结果钻来钻去就是解不开。其实，只要将关注点由绳子交叉处转移到手腕处，以手腕为轴进行环绕，绳子一下就解开了。”杨海波说，“创新就像做游戏，需要打破惯性思维。”

每一台抽油机上都安装有节能设备，但因抽油机处于野外，节能设备常常被盗。如何才能预防这一现象？多数人想到的办法是，在节能设备上安装防盗螺丝，像一道“防盗门”，在设备上进行加固保护，但即便如此，其被盗率仍居高难下。

对这一问题，杨海波换位思考，“节能设备之所以被盗，是因为它具有一定的价值，盗走后能够再利用，产生利益。既然如此，我们就让盗贼们无利可图。”她和团队在不影响其使用的情况下，将节能设备“做旧”，即使被盗，也没有再利用价值，省时省力地解决了这一问题。

多年来，杨海波带领其他技师累计解决各类难题208个，研发各类成果142项，为企业创造经济效益1200余万元。

⊙“互联网＋培训”

2012年，厂里为了让技术大咖们更好地发挥带头作用，以杨海波名字命名的工作室正式成立。她带领30名培训师，承担起1600多名员工的技术培训工作。

工作室成立之初，她和团队走了不少弯路。最初，培训课堂员工来自各基层队，学员不仅水平参差不齐，即使是同一工种、同一级别的员工，技能水平和接受能力也各不相同。技能强的人走神发困，技能差的人一知半解，培训效果大打折扣。

“要想做好员工培训，首先要知道员工真正需要什么。”为此，杨海波和培训师们走访调研了矿内所有岗位，认真分析不同岗位、不同层次员工群体的培训需求，反复论证后提出“5+4”差异化培训法，将员工细分为企业新员工、一般岗位人员等5类人群，相应举办基础培训班、技能强化班等4类培训班，实现了因人施教、因需施教。

同时，为了保证一岗一课件、一班一教材、一级一方案，杨海波编写出采油、集输等工种不同级别教材16套，制作标准化多媒体、视频、培训教材60多套，其中有10部被选定为中国石油、中国石化员工技能培训教材。“5+4”差异化培训法，被中国能源化学地质工会评为“全国石油石化系统职工先进操作法”一等奖。

随着培训的深入，枯燥乏味的理论学习让员工学习兴趣不足。杨海波又敏感地抓住了这个关键问题，历经3年多时间，自主研发了网上自助学习系统。爱找碴儿、连连看、对对碰……杨海波把员工们喜欢玩儿的游戏和学习内容相结合，在学习平台上设计开发出4套“快乐学习”游戏软件，激发了员工的学习热情。

在杨海波的课堂上，还有一个有趣的现象。放眼望去，学员们都在拿着手机，当着“低头族”。其实，大家是在使用“海波题库通”手机App。

点开软件，可以清晰地看到模拟考试、比赛模式、强化练习等6项功能，员工们可以根据自己的需要，利用零散时间“随时随地”进行学习培训。

这种高效便捷的学习模式彻底颠覆了传统的学习方法，受到职工普遍欢迎和好评。如今，不仅在油田内部广泛使用，还吸引了石油系统其他单位的员工学习应用，受众已达10多万人。这项成果也获得国家软件著作权专利，被评为大庆油田公司重大技术革新一等奖。

近年来，油田为一线职工搭建的平台越来越多，职工参与技术革新的热情越来越高。“有热情、有技能，但不掌握方法，这让很多职工在创新中遇到了瓶颈。”杨海波说，“技术创新有成功也有失败，所以我们将自己的经验、方法进行总结。”

2017年1月，《高效革新》一书出版发行。这是由杨海波凝聚身边创新创效能手和油田革新专家汤凯劳模工作室一起合作完成的。他们总结梳理了自己多年来的技术创新经验，在理论中充实大量创新实例和典故，将复杂抽象的创新理论成功转化为深入浅出的革新原理，书中囊括 4 大类 50 种技术革新方法和 5 个典型案例分析。

这本书在国内首次实现技术创新与 TRIZ 理论完美融合，一举打破产业工人在技术创新领域缺少方法论的局面，填补了石油石化行业技术创新的理论空白，成为人人读得懂、学得会、用得好的技术创新指导教材。

⊙ 从一个杨海波到 N 个杨海波

走进第四采油厂第一油矿，大院里有一栋白色的 4 层小楼，“杨海波工作室”几个字挂在楼门口格外显眼。走进去，每个“教室”“办公室”“会议室”的门牌上，甚至到每一个墙灯开关上，都能看到“杨海波”的名字。

刚开始，她对这一切还感到害羞，现在，她更多的是为之自豪。“把我的技能传授出去，带出 10 个、100 个、1000 个杨海波，这才是对油田最好的回报”。

如今，大庆油田招聘的大学生人数越来越多，青年职工的岗位竞争也越来越激烈。2013 年大学毕业的石晓琳两次参加竞聘管理岗位，都因基础分数过低而落选，她一度想要放弃油田工作。

2015 年她参加了厂里组织的青工大赛，拜杨海波为师。杨海波发现石晓琳善于思考，动手能力强，是个学技术的好苗子。于是，杨海波一方面对她进行技术指导，另一方面鼓励她多学技术，为她进行职业规划。“你将来一定也会成为一名‘油田工匠’。”师傅的话像种子一样埋在了石晓琳的心里。

2017 年 4 月，石晓琳代表师傅杨海波登上了大庆油田首届“油田工匠”领奖台。当她看到台下尊重的目光，听到阵阵掌声时，石晓琳脸上露出了从未有过的自豪。她说：“虽然这份荣誉并不是给我的，但我更坚定了要走技术这条路的决心。”

对有创新潜质的优秀员工，杨海波以“结对子”“传帮带”的方式，为他们量身制定 2 年至 3 年成长规划，通过压担子、定课题、给任务的方法，促进人才快速成长。近年来，全矿共有 17 名一线职工成长为创新人才，成为各领域创新创效的核心力量。

技校毕业的李允冲，是一名 90 后，参加工作仅两年，在油田的青年职工队伍中缺乏竞争力。通过杨海波工作室的技术培训，他找到了属于自己的职业发展方向，在中石油 2017 年职业技能竞赛采油工种比赛中摘得银牌，被杨海波工作室破格聘为矿级培训师。

“看到这些孩子就像看到了当年的自己，我想帮助更多想学技术的孩子们，实现他们的梦想。”通过工作室的员工培训，引领更多青年职工转变思想，投身技术学习，走上工匠之路，是杨海波最感欣慰的事情。

如今，杨海波工作室的 3 名培训师当选了中石油职业技能竞赛教练员，和集团公司的石油工人在一起时，他们会骄傲地说，“我来自杨海波工作室”。

胡雅玲：卖菜街巷中，且吟诗与歌

文 / 周礼雄

胡雅玲说自己最近不太顺。

前不久，她收摊把三轮车开进停车场充电的时候打了个盹儿，撞坏了停车场的道闸，赔了 1600 元。惊醒的她下意识地倒车，又撞到了后面跟着的小车，赔了 300 元。“当晚 10 点多，实在太困了。”巡查从她那儿“借”了 200 元，催了两次也没还，估计不了了之了。中间休息了两天，参加文学活动耽搁了 3 天，这么一算下来，“这个月白干了”。

胡雅玲现在最上心的有两件事：一个是给读大学的女儿把生活费攒出来，另一个是编辑她的自选诗集《此生我来过》，她希望这本诗集有一天能够出版。

⊙ 卖菜送女儿上大学

胡雅玲住在广东惠州大亚湾比亚迪工厂附近。下午 2 点，她从住处开着三轮车驱驰 40 分钟到淡水镇裕兴农产品批发市场批发蔬菜，选菜、装车将近 2 个小时，再回到住处附近贩卖。

她卖菜的路径比较固定，先是到一个幼儿园，家长接孩子放学顺带买菜，再到比亚迪门口等职工下班，然后走街串巷贩卖。晚上 11 点左右收摊停车充电，回家点数一天的账目。如果菜没有卖完，第二天早上五六点起来再卖一波。一般她会批发五六百元的菜品，顺利的时候能赚两三百元，不顺利的时候只能赚一百来元钱。

中午，胡雅玲会为自己做一顿饭，而早餐和晚餐基本都是在街角买两个包子或粽子将就一顿。卖菜要跟城管“打游击”，有段时间，城管查得特别严，胡雅玲的车屡次被扣押，前两次她托人帮忙，很快就把车弄出来了。第三次，她不好意思再麻烦别人，只好花1700元又买了一辆二手三轮车。“卖菜一年，我老了十岁。”

为读大学的女儿攒学费和生活费是支撑胡雅玲卖菜的最大动力。1991年，19岁的胡雅玲离开湖南永州到厦门打工，在那里她认识了前夫，但婚后，丈夫变得暴躁易怒，生活随之而来的是无尽的争吵甚至暴力。不堪忍受的她与丈夫离婚，女儿判给了对方，但因为前夫没有抚养能力，实际一直由她带着。

离婚后，胡雅玲开始四处漂泊打工，厦门、深圳、东莞，她做过仓库管理员、清洁工、流水线普工、超市陈列员，也卖过烧烤。女儿跟着胡雅玲四处转学，而这段生活对女儿产生了很大影响，女儿曾经写道：“记忆有很多，其中最绵长的一段是搬家，那是一种像迁徙一样的运动，你可以一厢情愿地联想到候鸟，区别只是没有光，没有蓝天，没有希望。”

2013年，胡雅玲得知在福建福鼎读高二的女儿在考试中得了倒数第二名，她又折返回福鼎，边打工边照顾女儿的生活，督促女儿的学习。“我这样的生活太苦了，我希望她多读书，读书才可能有出路。”

2015年10月，女儿顺利考上南京一所大学，胡雅玲再次离开福建，在惠州大亚湾停歇下来。胡雅玲的女儿喜欢画画、跳舞，她深知母亲的不容易，周末会出去做兼职。在胡雅玲眼里，女儿有些任性、不服管教，“我们常拌嘴吵架”，但吵完之后女儿会说，“我不能没有爸妈，有你们两个人我就有了念想”“我毕业了，你要跟着我，我养你”之类的话，“这让我觉得大大咧咧的女儿其实心里一直有我，一切都值”。

⊙ 在诗歌中寻找生活的宁静

胡雅玲的母亲在她12岁那年去世，姐姐也早早嫁人。姐姐出嫁后，农村家庭里的大事小情她都得学着做，砍柴、筛米、种菜、喂猪。父亲曾经是教师，家中有他爱看的《小说选刊》《散文》。晚上闲下来，胡雅玲也会随手拿来翻阅。“文字里环绕着另一个世界，让我变得安静。”胡雅玲挎着篮子出去打猪食也会带上一本，打完猪食，她就坐在柳荫下忘我地阅读起来。

1991年，胡雅玲初到厦门打工，在一家工厂做物流员，把原材料从仓库搬到车间，有时物流车不够用，还需要用肩膀去扛。一天下来，累得全身疼痛，她第一次感受到了离家的孤独与枯寂。

在那段时间里，胡雅玲偶然间第一次接触到《诗刊》杂志，她借来翻阅，看着看着，便拿起笔，模仿杂志里诗歌的风格写起诗来。胡雅玲把自己的打工经历和感受写成了一首诗歌，用平信寄给《诗刊》，没想到竟刊用了，还给她寄来样刊和稿费。“这首诗点燃了我诉诸文字的火。”

直到2014年，胡雅玲才为自己买了一台二手笔记本电脑，在这之前，她周末常常到网吧写下诗歌贴到网上。女儿笑她：“你舍不得吃舍不得穿，上网你倒是很大方。”

“居无定所、亲人的误解、没有一个性格相投的人交流，这是人生三大痛。”胡雅玲说，“我不敢说这些年来我有多么艰辛，因为我知道世上比我不容易的大有人在，只是他们可能选择了在风中哀叹，而我选择了在阅读中获得安静与力量，获得了笔落于纸的诉说。”

“我希望我的诗歌能进入生活的内部。不是沉浸在生活的琐碎和苦闷中，而是能为苦闷寻找一条出路，换得一份宁静。”

如果有来生

如果能给我相遇一场美丽的爱情，美丽的婚姻
那么，来生我还愿意做一个依水而居的人
如若不能，请让我在梅花深处重门深锁

胡雅玲在《遇见生命》中写道。

现在，胡雅玲正在编辑整理自己的诗集，她精心挑选出自己创作的100余首诗歌，序言已经请人写好，后记也已完成，甚至连目录也整理出来了，可她还没有筹到钱。

“命运给了我这样的生活，我没有办法，但是我挣扎过，希望留下一点痕迹。”胡雅玲已为诗集取名为《此生我来过》。

陶萍点钞，花！

文 / 郑后生

一个手指，一指禅；两个手指，打算盘；三个手指，弹钢琴；四个手指，挠痒痒；五个手指，弹琵琶。

如果没有亲眼看过陶萍点钞，你很难想象，点钞可以这么“花”。

正常点钞机的速度在五六秒钟一把，陶萍的点钞速度最快是 4 秒钟。在短短 30 秒的时间里，她“单指单张”的点钞数达 190 张，“多指多张”的点钞数在 330 张以上。

如果没有亲眼看过陶萍点钞，你很难想象，点钞可以这么快。

从 1988 年来到中国人民银行南京分行，陶萍已经和钞票“共事”了 30 年。其中，在专门负责点钞的“整点”岗位工作了整整 18 年。现如今，她活跃在反假一线，与各种假币做着斗争。

18 年的酸甜苦辣，30 年的指尖神功，陶萍也变成了别人眼中的点钞传奇和大国工匠。

⊙“磨”出来的绝技

台上一分钟，台下十年功。拥有一手绝活的工匠，都有一段艰苦磨炼的历程。

1988年年底，陶萍考入中国人民银行南京分行货币发行处，点的都是残损人民币，辛苦程度超出想象。“那个时候的残损人民币，都黏在了一块儿，像砖头一样。”陶萍说，当时的库房设在防空洞里，环境阴暗且潮湿，再加上残破人民币的变质发酵，空气中弥漫着灰尘和细菌，到处散发着呛人的霉味。

在这样的环境下，陶萍和她同事中的不少人患上了咽炎和鼻炎，有的同事先后调离了岗位，但陶萍坚守了下来。后来，条件改善了，但清点的任务却成倍增加。她工作得更加勤奋，技艺也突飞猛进。

为了提升技艺，业余时间，她用铅砣绑着手指进行负重练习。有时候一天下来，手指头碰都不敢碰，吃饭喝水连碗也无法端起来。10多年来，她细嫩的手被割破了一次又一次，皮磨破了一层又一层，指纹磨平了一遍又一遍，指甲磨反了一个又一个，眼泪也流了一回又一回，可她就是不服气，不认输，反而更加投入，更加刻苦。

2000年的夏天，陶萍应邀参加了全国人行系统在兰州举行的点钞比赛。冒着夏日的酷暑高温，她一次次上门向商业银行高手请教，回来就把自己关在房间里从早到晚地练习。一天的训练下来后，她的双手布满了被纸条割出来的血口。

练着练着，陶萍渐渐感觉到大脑越来越不够用了——大脑计数的速度总是赶不上手清点的速度。一天、两天，差错率越来越高，比赛的日期却一天天临近。时间不等人，她琢磨出新方法，反复练习后，速度有了很大的提高，差错率也终于降了下来。凭着独特的技艺和出色的发挥，她夺得了全国人行系统单指单张第2名、多指多张第4名的好成绩。

陶萍的手磨出了水泡，水泡破了磨出了伤口，伤口长好了又变成了老茧。点钞的绝技就这样一天天“磨”了出来。

⊙ 蒙眼识假币

除了点钞，陶萍的绝技主要体现在识别假币上。陶萍一开始入行从事的整点岗位，点的全是残损的钞票，所以对钞票有手感。“其实在弹的时候，我就能感觉到这个钞票纸质是滑的，同时用大拇指、食指在弹的一瞬间能感觉到钞票的纸张，这全凭手感。”对于识别假币，陶萍也罗列了一套自己的方法，“一定要一看、二摸。看的是光变油墨是不是变色，白水印是不是很通透；摸中国人民银行，摸团徽、国徽，摸毛主席头像发丝。”

让人拍手叫绝的是，她可以在蒙住双眼的情况下，仅靠手瞬间触摸的感觉，就轻松熟练地把假钞“数”出来，同时不影响计数、不影响点钞速度。对于烦琐的假币收缴工作，陶萍有着异乎寻常的平和心态。她按月手工逐张清点整个南京市33家金融机构1000多家银行上缴和全南京市公安机关收缴的假币。

据统计，近5年来，南京共收缴假币61.93万余张，金额达1931.84万元，这些假币都是通过陶萍的手一张张清点和一张张识别鉴定的。同事们对她有一个很客观的形容：“别人是在真币中发现和挑出假币，而她是在千万元的假币中发现真币。”

更难能可贵的是，她从不把技艺看成私有，也不怕后人赶超。“我最愿意做的就是毫无保留地把技术教给新进的员工，不管哪家银行，他们掌握了技能，就会在各自的岗位中当先锋，为系统争荣誉，为国家做贡献。”

因此，陶萍经常接受邀请到基层分理处传授技艺，工行、农行、中行、建行、交行甚至浦发、光大以及地方城市银行，都有她传道授业的足迹。她为江苏省和南京市银行机构4500多名员工传授、辅导点钞技法，传授最新的识别假币技能，成为许多银行员工的学习榜样，培养了一大批业务骨干。

在机器一天天取代人工的今天，像陶萍这样的手艺人仿佛已经落伍于这个高速发展的时代。但在陶萍看来，机器是不能取代手工的。“点钞是一个手、眼、脑三结合的工作，要求员工心静，还要快。机器总会出现一些故障，肯定要用手工来点钞。”

⊙ 干一行，爱一行

针对近期媒体曝光的网络盗刷、电信诈骗风险案件，陶萍从揭露各种盗刷、诈骗手段入手，教会大学生如何防范金融风险，避免自身财产受到损失；从信用卡逾期造成贷款受阻的小故事引出征信知识，她帮助大学生清楚认识拥有良好个人信用记录的重要性；通过介绍我国发行的5套人民币相关知识，并对2015年版第5套人民币100元纸币防伪特征进行详细讲解，她教会师生们如何识别假币……

陶萍的很多个休息日都是在义务活动中度过的。除了参加行里的业务值班和有关专业银行组织的资格考试工作，她还经常参加各类金融知识进高校宣讲活动，围绕防范金融诈骗、银行卡用卡安全以及人民币反假等主题进行宣讲。

2008年10月，陶萍注册成为央行志愿者，参加了行里组织的“女子反假行动队”，成为营管部“金融知识进社区”金融讲师团的一名讲师。她总是紧密结合辖内实际，把反假货币知识的宣传和培训深入企业、社区、医院……

正是凭借坚韧的意志和精益求精的信念，入行20多年以来，陶萍多次荣获先进工作者、青年岗位能手、全国巾帼建功标兵等荣誉称号。

“我只想做好我的工作，也应该做好我的工作。”面对荣誉，陶萍异常谦逊。她从没有把自己看成什么名人，总认为自己就是一名普通的员工，和大家没有什么区别；也从不因为有了名气而摆架子、发脾气、闹待遇，从来都是只有工作而没有要求。

“工匠精神就是干一行爱一行。我参加工作的时候，6个姐妹同时进了人民银行，就是专门清点残损人民币。当时的环境等各方面原因导致其他姐妹都已经调离了岗位，只有我坚持在这个岗位。我相信，无论什么事只要你坚持，没有做不成的。”陶萍的话语当中没有豪言壮语，却不难让人体会出她脚踏实地的精神。

故 事

伟大的故事总是具有现实意义，
新的一代都能够从中观照自己。

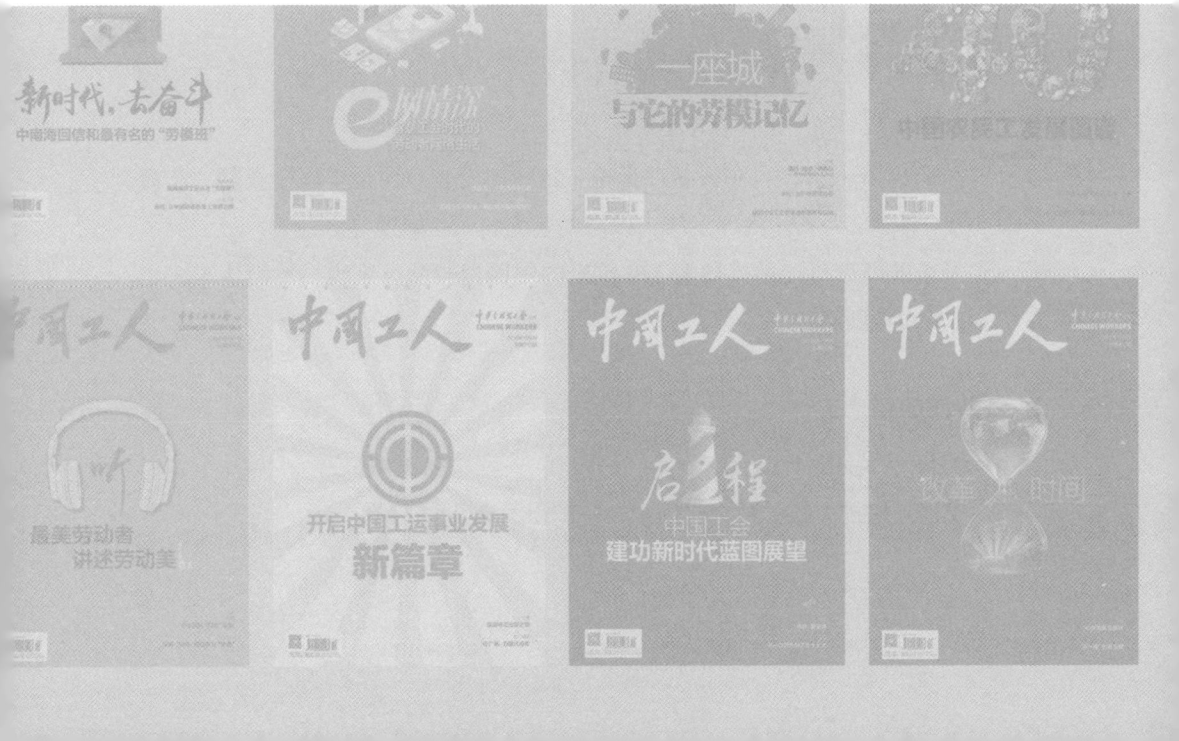

国家搜救：我要找到你

文 / 于宛尼

2014 年 3 月 8 日，马航 370 航班失联的消息震惊世界。机上载有 227 名乘客和 12 名机组人员，其中有 154 名中国人。

随后长达 200 多天的日子里，在中国海上搜救中心的指挥调度下，中国海上救捞职工紧急出动，在茫茫大洋上展开了一次前所未有的国家搜救行动。

4 年后，马航 370 航班的故事依旧没有最终的结局。那些搜救的日日夜夜，依然栩栩如生。

2018 年 1 月 10 日，马来西亚政府重启马航 370 航班客机搜寻工作。围绕着这架飞机的一切，再次引发世界关注。

1 月 29 日，澳大利亚副总理沃伦·特拉斯发表声明说中国搜救船“东海救 101”将于 2 月抵达南印度洋，以协助澳大利亚一同搜寻。

对于曾经参与过寻找马航 370 航班的中国搜救队员来说，他们从未忘记 4 年前的搜救画面。

⊙ 共同的信念

2014 年 3 月 8 日，北京。

交通运输部大楼，因为是周末，空旷得没有几个人影。

7时49分，大楼3层的中国海上搜救中心被一阵急促的铃声划破。电话中传来的是更为急促的声音：“你好，我这里是中国民航局总调度室，报送你处急件，请查收。”

值班人员拿起传真件，一下子惊呆了——“0时42分，一架由马来西亚吉隆坡起飞的波音777-200客机，信号于1时20分在雷达上消失，机上载有大量中国乘客”。10时，时任交通部部长杨传堂在中国海上搜救中心召开紧急会议。“我宣布，立即启动交通运输部一级应急响应！”

随后，南海救助局、广州打捞局和广东海事局、海南海事局相继启动一级应急响应，14艘专业救助船、6艘海事执法船及2架巡航救助飞机做好了应急出动准备。5个小时以后，越南提供的客机最后失联海域的坐标，传到中国海上搜救中心。

北纬6度56分、东经103度35分——这个处于泰国湾的位置，是当时唯一得到确认的信息。

“所有待命救助船舶，立刻出动！”杨传堂下达命令。军令如山，中国专业的救助力量搭载着专业潜水员、打捞专家以及巡航救助直升机、专业扫测设备，从不同的停泊地点同时全速赶往泰国湾。

一次前所未有的国家搜救，就此展开。

每一个人都有一个共同的信念——我要找到你。

⊙“发现漂浮物”

呼啸的北风，飞逝的海水。希望在前方，生命在等待。中国所有的主要航运企业，都得到了中国海上救援中心的通知，要求所有途经疑似失联海域的相关船舶注意观察海面情况，发现可疑情况随时报告。

泰国湾地处中南半岛和马来半岛之间，旧称暹罗湾，在太平洋的最西端，位于南海西南部，是“Y字形”的短边。那里气候条件复杂，受季风影响严重。

3月11日，“南海救101”轮距离疑似失联海域地点越来越近。有着丰富救助经验的船长于志革紧盯着海面，紧张的气氛从搜寻队员紧锁的眉头散发

1 救助人员正在进行紧张补给

2 瞭望是搜寻中最普通也十分重要的任务

1 夜间海面搜索

2 搜救人员通过望远镜搜索茫茫海面

出来，即使有万分之一的希望，也要付出一万分的努力。

因为连续全速前进，机舱温度达到了50℃~60℃。轮机长洪俊知道，任务海域是低纬度地区，气温和水温都高，对于主机长时间满负荷正常运转是很大考验。他和于志革商议后决定，加强主机运行工况的监控，值班人员由2人增加到3人，设备的巡视时间由间隔一小时缩短为半小时，及时启用备用冷却设备。

目测是搜寻的主要手段。能见度较好的情况下，目测范围一般在1海里左右，船的航行轨迹间距要保持在2海里。有洋流时，就顺着区域边界沿着洋流方向“回字形”前行。当海流静止、海面平静时，则会以区域中心点为圆心，采取拓展矩形法搜索。

“南海救101”轮把全体人员分为6个瞭望组，白天每组8人，夜晚每组6人，进行24小时昼夜不间断搜寻。二副牟卫杰负责值守在驾驶台一侧，用肉眼结合望远镜、雷达进行瞭望。他专注地瞭望，目光在海面上缓缓移动，神经高度绷紧，海面上的任何细微的异样，都会引起强烈反应。

“发现漂浮物！”15时17分，牟卫杰突如其来的叫声令人们的心头一紧。

“在哪里？”原本静寂的驾驶台，一下子喧闹起来。顺着牟卫杰手指的方向看去，前方不远处一抹橙色映入大家的眼帘。这是出动以来第一次发现漂浮物，奇迹也许即将出现！

驾驶员立即减车，报告船长和随船领导。于志革亲自操船，并安排水手做好捞上漂浮物的准备，水手长立刻带着两个水手奔向后甲板。

“南海救101”轮缓缓向橙色物体靠近，逐渐看清那是一件救生衣。在于志革娴熟的操船技能和几个水手的密切配合下，捞网、捞钩齐刷刷地伸出去，救生衣被精准地捞起。水手长仔细辨认，从标志上确认这只是一件船用救生衣。尽管心里早有准备，大家还是难以掩饰脸上失望的表情。

⊙ 又是一件海洋垃圾

3月21日。

全速驶向巽他海峡的“海巡01”轮一路颠簸，到达印度圣诞岛以南的南部搜寻海域。风浪潮涌开始加剧，船员在船舱内走动的脚步凌乱得像跳舞，看着电脑屏幕三五分钟，便感到头晕、发汗。

天气看起来很好，天际线刀割般横绕在十几海里外。瞭望员开始了 24 小时不间断的目视搜索。这片海域非常干净，几乎看不见途经的商船，任何人造漂浮物都清晰可见。

15 时 45 分，“海巡 01”轮突然停船，有船员大喊，“海面上发现东西了”。

巨大的“海巡 01”轮吃力地掉了两次头，好让手持长杆网兜的海员从距离水面很近的船尾甲板靠近漂浮物。然而，三四米高的浪花一次次拍砸着船体，船员费了好大的力气，才从海面上捞起一件半米来长、20 厘米宽的白色塑料板。塑料板上有人为刻划的痕迹，但是边缘部分的黄黑色油渍样的泥垢，说明它已经漂浮有一阵子了——又是一件海洋垃圾。

这一天，“海巡 01”轮上的舰载直升机两次升空，进行宽度为 10 海里的“S 形”无死角搜索。瞭望员说:“今天海区能见度大于 10 千米，从直升机上看海面，甚至能看清楚巴掌大的飞鱼跳起来的样子。如果发现漂浮物，直升机可以精确定位，并在漂浮物上空盘旋等待船只前来。”接下来的几天，“海巡 01”轮与“南海救 101”轮组成编队，进行平行搜索，结果只是捞出一堆海洋垃圾。在茫茫大海里，寻找可疑的漂浮物，确实如同捞针一般。

3 月 28 日 18 时 43 分，“海巡 01”轮上传真机再次响起，嘀嘀嘀，很快一页英文信息纸传出——“新西兰皇家空军部队的猎户座军机，在南纬 28 度附近海域发现 2 米大小橙色漂浮物”。“海巡 01”轮立即全速驶往目标水域。

打捞队员像是老虎嗅到了猎物的气息一般，拿着望远镜一刻不放松地盯着周围的海面，提早进入了搜寻打捞状态。深夜，漆黑的南印度洋上伸手不见五指，无边的黑暗仿佛要吞噬一切。“海巡 01”轮把四盏强力探照灯尽数打开，也只能照亮不足百米的黑夜。几乎所有的人都在船舷边上，尽量撑圆了双眼，盯着船旁 20 余米宽的蓝黑色的海面，一旦发现漂浮的物体，便扯开嗓子冲对讲机喊，好让船尾救生甲板上装备有挠钩和捞网的水手听到。

3 月 29 日零时 10 分，有人突然大叫:“左边有漂浮物！”果然，左前方一个漂浮物在探照灯的光柱下泛着白光漂了过来。5 分钟后，大船慢慢靠近漂浮物，打捞队员拿着长杆捞网依次排开，等到漂浮物从浪头上方往下冲的时候，虚位以待的打捞网瞬间被提起，牢牢地裹住了漂浮物。

第一个疑似漂浮物被捞上来了！经过现场确认，这是一个清洁用品塑料袋。随后打捞起的几件漂浮物，都是洗衣粉包装袋之类的海洋垃圾。

⊙“我听到声音了”

南印度洋似乎从未这般“热闹”过。这个只是连接着几个无人岛，商船也不曾过往的航线，却因为马航370航班失联，变得惹人关注。

4月3日早晨，“海巡01”轮抵达了新的一处卫星报告坐标点，展开搜寻。

海上的能见度非常好，星星点点的白色浪花不时翻腾着。瞭望队员们在机舱里睁大了眼，扫视着海面。即便逆着光，强烈的海面反光扎着队员们的眼，他们也希望能在强光的中心哪怕看见一个微不足道的小黑点。

然而，除了蓝天、白云、白浪花，只有被直升机惊起而成群跳出海面的飞鱼，在蓝缎子一般的海面上仿佛几只白蛾一般一闪就过去了。

4月4日，失联客机黑匣子水下信标30天有效期的倒数第3天。搜寻负责人马列东接到中国海上搜救中心指示，“今天搜寻东经101度、南纬25度这个区域，重点是黑匣子信号侦听”。

16时20分，海测大队队长张良、队员李永奎与“海巡01”轮的二副魏亮、水手长童世民，带着黑匣子搜寻仪乘小艇再次出发。

夕阳低垂，暮色中的小艇在海面上漂荡。16时34分，在小艇远离“海巡01”轮之后，李永奎将黑匣子搜寻仪的换能器放入海水中。张良第一个戴起耳机听，大约3分钟后，他听到砰砰声。张良不太敢相信，又仔细地听，仪器表显示的频率是37.5kHz。他赶紧告诉身边同事：“我听到声音了。”虽然张良语气肯定，但这句“我听到声音了”并没有引起船上的人的注意，大家很多天都徒劳无功，身心已经有些麻木。“我听到声音了。”张良第三遍说出来，身边的同事才反应过劲儿来。紧接着，魏亮、童世民和李永奎先后戴起耳机，都听到了同样每秒一次的砰砰声。

4个人面面相觑，既兴奋又复杂的心情让他们的声音都有些颤抖了，不敢相信在海上漂了24天，终于有了“意外”惊喜。

外表看起来，黑匣子搜寻仪就像一个黑色的长柄锤子，2米左右的长杆顶端是不到30厘米不的换能器。“黑匣子搜寻仪的工作原理是，换能器将听到的飞机黑匣子信号转换成电流，再转换成人耳可以听到的声音。”测量队队员韩磊说。

听到声音之后，张良的第一个判断是，这肯定不是自然界物体发出的，“这就是一个标准的脉冲信号，海底生物不可能发出这个高频频率的声音。”

“除了飞机黑匣子之外，还有哪些可能会听到这样的声音吗？”魏亮问。“只有三种可能——一是其他船舶发出相同频率的主动声呐脉冲音频信号，二是其他水下潜水器正在与水面舰艇之间进行通讯，三是此前有人在这里投过pingo（水下定位信标）。”张良说。

一个小时很快就过去了，海面也渐渐从灰蓝过渡到深蓝最终变成黑色。橙黄色的小艇只剩下艇弦两侧的反光带可以让人模模糊糊地看见它的轮廓。

四个人返回“海巡01”轮上，详细描述在小艇上发生的一切，并形成书面材料报告给中国海上搜救中心。理性告诉他们，这与买彩票中头奖一般，侦听到疑似黑匣子信号是低得不能再低的超低概率事件。但是，四个人同时都听到了相同的声音，这却是不争的事实，而且还排除了三种可能造成乌龙的情况。

随船采访的记者准备发稿子，被船长姜龙制止了。“明天，我们的小艇会再次回到监听到信号的坐标，确认信号的真实性。”

4月5日下午3时，天空中的猎户座已经在南印度洋的上空闪着光。在南纬25度、东经101度水域，橙色小艇再次出发，继续寻找黑匣子的脉冲信号。从早晨开始，“海巡01”轮已经两次放下救生艇，小艇上每次跟随一名记者，随时准备见证历史。

北京时间15时30分，记者张弛拿着用保鲜膜包裹好的相机登上了救生艇，当时小艇上共有3名水手和“海巡01”轮扫测组的魏亮、罗远、李永奎3位同志，一共7人。

这天的海，是张弛3月13日上船以来见过最平静的，没有风，除了微微起伏的浪涌，海面上连一朵白色浪花也看不见。小艇开到距离“海巡01”轮四五海里的海面上，关闭了发动机，扫测组的同志将黑匣子搜寻仪伸入水面下开始作业。

15时57分，扫测组成员罗远正戴着耳机监听信号，李永奎将黑匣子搜寻仪的扫测部分伸进右侧艇弦旁的海里，并缓缓地调整搜寻仪的角度。突然，罗远说：“别动！我好像听见了！”李永奎固定住手上黑匣子搜寻仪的角度，连忙招呼在一旁的同事：“魏亮！快来听听！你听过的！”

魏亮沿着艇弦挪了过去，从罗远耳朵里拉下耳机塞进自己的耳朵里仔细辨听。

“砰，砰，砰……”“没错！就是这个声音！”魏亮大声喊道，随即将一侧的耳塞递给了罗远，两人继续埋头监听。

一分多钟以后，这个微弱的信号终于消逝了。李永奎移动了换能器的位置，再听，却怎么也听不到刚才的声音了。“这片海域的平均海底深度为5000米，如果黑匣子在海底，垂直距离就接近黑匣子搜寻仪的极值，稍微转换角度，可能就听不到了。”测量队队员罗远解释。

这次监听到的脉冲信号持续约1分半钟，共有两名扫测组成员听见了这个每秒发射一次，频率为37.5kHz的脉冲信号。当小艇循原路线折返时，微弱的信号音再次沉寂了。这是“海巡01”轮上的扫测组第二次听见疑似黑匣子的脉冲信号。

7个人回到“海巡01”轮上，被大家围住，详细讲述小艇上的“一分钟”疑似脉冲信号声音。马列东召集大家到指挥室开会，并做了详细记录。

记者们和船上的人就是否将侦听到疑似脉冲信号消息发布发生了分歧。文字记者不再理会任何人，埋头写稿子。电视台的记者早已经跑出船舱。中央电视台的记者和凤凰卫视的记者开始剪辑片子，在船甲板上举着卫星信号仪器寻找最佳位置，随时准备与台里连线。

新华社记者陈炜伟费了好半天时间才找到信号，将自己写的快讯和消息两条稿件利用卫星设备发回北京。暗暗着急自己卫星设备信号不灵光的陈炜伟没有想到的是，因为中央电视台没有播放时间，自己的一条快讯成了全球首发。

新华社快讯（记者陈炜伟）“海巡01”轮5日在南纬25度、东经101度附近南印度洋水域通过黑匣子搜寻仪侦听到频率37.5kHz（千赫兹）每秒一次的脉冲信号，目前正在鉴定确认是否与失联客机有关联性。中方两艘军舰也已赶往相关海域。

这样的一条快讯在当晚7时许成为全球转发的爆炸性新闻。

⊙ 这种错过绝对是一种过错

“快起来，快起来。”4月5日23时，“海巡01”轮上的广播突然响起，张弛在睡梦中起来后，便赶紧叫醒同屋的陈炜伟。

“发生什么事了？”陈炜伟揉着眼睛说。“不知道，召集我们现在开会。”张弛套上衣服，拉起陈炜伟，“赶紧去开会吧，这么晚召集会议，一定出大事了。”

“交通运输部和中国海上搜救中心发来急电，询问‘海巡01’轮上侦听到疑似黑匣子脉冲信号的事情。同时，船上的新闻一律要等新华社和央视播发消息之后，其他的媒体才可以对外发稿。”马列东将北京的最新消息告知大家。

黑匣子落水后，自动激活信标，每秒发出一次频率为37.5kHz的水声脉冲信号，这是国际民航界为寻找落水黑匣子而设计的特殊功能。不过，在没有发现飞机残骸，未能确定坠机地点的情况下，就在海上探测脉冲信号，这种堪比“大海捞针”的行动，此前并没有多少成功案例。

消息发布后，国外媒体在跟进之余，质疑声不断。“中国海事船设备陈旧，探测仪只能探测到海面以下200米的信号，怎么能在4000米水深的南印度洋创造奇迹？”

“来自中国，之前有关于卫星图片的错误信息，这次侦听的疑似信号怎么可能是真的？”

“发布此信息正好在黑匣子即将失效的最后一天，时机太巧！”

“此频率信号有可能来自其他船只或海洋动物。”

张良阅读着北京传过来的外界质疑简报，心里冰凉得如4000米以下的海水温度。

张良所在的测量队，曾经用黑匣子搜寻仪等设备成功帮助打捞过直升机的黑匣子。2005年春节期间，一架直升机在接送工作人员的工作路途中，撞到了一艘集装箱船，飞机坠落在长江口。当时的上海海测大队接报后，第二天就用黑匣子搜寻仪听到了黑匣子发出的脉冲信号声音，锁定了大概的位置，再用其他设备确定了直升机的具体位置，完成了打捞。

张良作为技术人员，心中有遗憾、无奈，但他无暇放大情绪，因为目前，马航370航班黑匣子搜索的最难点在于逼近了两个极限，即黑匣子信标信号的30天有效期与海底深度可探测位置5000米的双极限。

望着夕阳下的大海，几名记者流下了委屈的眼泪。这些眼泪，也是为海测队员们流的。每一天天蒙蒙亮，海测队员们就坐上小艇，离开大船，前往目标区域探测。印度洋波诡云谲，长桌一般大小的探测艇在海上，就是一叶扁舟，随着波浪起伏不停。

就在这样的环境下，海测队员们戴上耳机，打开探测仪，将频率调至37.5kHz，心里默默祈祷着能有声音传来。时间一天天过去，耳机传来的通常是一片静默，或者是海底的杂音。越是没有声音，队员们越要把耳机捂紧，哪怕耳廓旁勒出了印痕，因为他们怕自己错过任何一个线索，因为这种错过绝对是一种过错。

张良明白，在没有发现任何漂浮物的情形下监听到黑匣子发出声呐信号的渺茫与无助。这个时候，他的脑海里突然浮现出的，是海明威《老人与海》里那个几乎用生命证明尊严与希望的主人公，在大海里倔强的背影。但是张良执着地相信自己确实听到了声音，这个声音虽然还不能证明就是失联航班黑匣子的脉冲信号，但这声音确实是37.5kHz。

只是，当奇迹发生时，全世界的人都不相信。

⊙“如果有机会，我还会去找他们”

搜寻一块面积较大的海底区域可能需要数周，甚至更长的时间。找到飞机残骸的希望，还取决于调查人员能否正确解读卫星和雷达数据，从而确定正确的搜寻区域。

在“东海救 101”轮、“南海救 101”轮、“南海救 115”轮、“海巡 31”轮相继完成既定任务离开印度洋南部后，马航 370 航班搜寻工作进入过渡阶段。

几个月的水面搜索迟迟没有进展，唯一可行的办法就是通过水下探测手段直接寻找黑匣子。水下搜索的难度远远大于水面，虽然 2 个黑匣子会持续发出高频声信号，但它们藏在深深的海底，距水面距离超过 4500 米，这时声音不会沿着直线传播，水压、盐度和温度的差异会导致声音以无法预测的方式折射或衰减，这种情况下要准确定位黑匣子是相当麻烦的。

10 月 12 日 9 时，“海巡 01”轮结束过渡阶段搜寻任务，缓缓驶入上海国际客运中心码头。

历时 216 天，航程 22371 海里，跨越 66 个纬度，完成搜寻面积 245624 平方公里。

船员们消失在茫茫人海，马航 370 航班的搜寻行动成为他们人生中最重要的经历。

“我们尽力了。如果有机会，我还会去找他们。”马列东说。

时光如同流水，渐渐湮没了曾经的一切。

但是，不能忘记的东西，永远不会忘记。

围绕马航 370 航班的谜团究竟能否解开？世界再次将希望寄托在重启的搜寻工作中。

截至 2018 年 2 月 25 日，重启的马航 370 航班搜寻工作已经完成了 8200 平方公里的搜索，船只已经转移到总面积为 2.5 万平方公里的第二个搜索区域内，这也是澳洲交通安全局最终报告中指出的客机最有可能存在的地方。

总有一天，所有的谜都会找到答案。

那些逝去生命教会我们的事

文 / 曾鹏宇

对我而言，自 1999 年进入媒体工作到 2016 年的 17 年间，一共写过 34 位已经去世的采访对象。除此之外，我的家族里先后有 7 位亲人去世，生活中还有 10 位左右的熟人去世。当我把这些逝者的名字在纸上一一列出来之后，心里觉得特别惊讶。因为我从来没有意识到，在短短十几年的时间里，身边竟然有这么多认识的人已经永远离开。我甚至没有意识到，他们中有很多是跟我特别亲近的人。

⊙ 陆幼青（2000 年）

2000 年，我在《北京青年报》实习时，得知一位得了绝症的人在网站上发表了名为《死亡日记》的文章，非常火。那个年代，上网的人远远不如现在多，文章居然获得了 10 万的点击量。

文章的主人公陆幼青那一年 38 岁，是上海一家房地产公司的副总，即使以现在的标准看，他也应该算是一个成功人士，家住郊区别墅，并没有因为治疗费用而担心。另外，他在整个生病以及记录自己死亡过程当中呈现出来的反应，跟绝大多数中国人截然不同。这与他受到的教育、平常的生活方式及生活环境有非常大的关系。

联系采访起初并不顺利，接电话的是他太太。她问我：“请问您多大年纪？”我回答：“25岁。”我还多说了一岁。但是他太太依然说：“对不起，我们不接受这次采访。”我特别吃惊，并不明白为什么。后来一位老记者跟我说，像你这种刚工作的记者太年轻，并不懂生死，很容易煽情。而这个人写的东西，一看就不太愿意煽情。当时我听了还特别不服气地说：“那我一定要采访到他。”

后来又经过一番努力，陆幼青终于答应接受采访。第一篇稿子写出来花了很长的时间，结果被领导打回来说，你这就两个字：煽情！

那篇稿子改了6遍，才最终见报。

经常有人跟我说，你真幸运，刚当记者就碰上了陆幼青这样的题材。开始我也这么觉得，可后来发现其实不是，我那时太年轻，更多的只是记录。我甚至不清楚在一个殷实的3口之家里，男人的死亡，会给这个家庭带来什么样的影响——这样的记录，效果会大打折扣。

有一件事让我印象特别深。单位一位老记者看了我拍的采访照片后说：“陆幼青心里一定非常难过。”我很惊奇，问为什么？他说：“你看他家里所有的装修布置都是非常艳丽的颜色，但只有他的衣服是偏灰暗的颜色。”

这件事情给了我很大的触动。后来，我就完完全全像一张白纸一样去向陆幼青请教，非常感谢他并没有把我拒之门外。尽管我当时并不懂死亡，但是他依然让我见证了他从2000年4月到2000年10月这半年期间的整个生活过程。这半年中，他改变了我许多关于死亡、关于疾病的固有看法。

陆幼青是一个三口之家的顶梁柱，爱人是他大学同学，女儿当时7岁。他们非常坦然地向女儿谈起：如果有一天爸爸不在了你会怎么办？

女儿特别惊讶，爸爸为什么会不在呢，爸爸不就是生病了吗，生了病治好不就行了？

妻子告诉女儿：“这个病有可能会让爸爸有一天到天上去，你就永远都见不到爸爸了。”

目睹这一幕的我十分震惊，它就发生在离我5米远的客厅，我就那么看着他们和一个7岁的孩子说生死问题，比如爸爸死了会怎么样；万一爸爸没有了，小男生来欺负你怎么办？

然后，这个7岁的小姑娘说：“我会去学跆拳道。”

感谢陆幼青，他让我看到中国人前所未有的对待死亡的做法，让我知道，如果有些事情你没有办法去改变和对抗，应该怎样去面对。陆幼青让我体会更多的是当结束的命运无法改变时，应该做哪些准备，包括但不限于整理、思考和告别——在此之前，我一直很单纯地认为人定胜天、心想事成、有付出就一定有回报。这是陆幼青给我上的成年后最现实和残酷的一课。他告诉我，我脑海里所有的“一定”都可能不存在。

后来，陆幼青的《死亡日记》以一周两篇的频率进行连载，社会影响很大。到了2000年8月，他写作的速度开始放慢了；到了9月就已经不再写了；10月陷入昏迷；11月被送进医院，昏迷了16天后去世。

去世之前，陆幼青已经成了名人，中国当时所有知名的电视节目包括《实话实说》《焦点访谈》等，都找他去做采访。他给我上了很重要的一课，让我端正工作态度和生活态度——真正走出校园进入职场的人，心里的感受就是天不怕地不怕，敢打敢拼敢闯，认为一切都有可能。但陆幼青这件事情告诉我，生活并不是这样。

陆幼青和他的《死亡日记》在2000年就拥有了百万读者，这本书正式出版时，书名改成了《生命的留言》，在陆幼青去世前送到了他的手边。

陆幼青的生命因为他的女儿、妻子和作品得到了延续。

⊙ 朱进忠（2005年）

朱进忠是我采访过的一位艾滋病感染者。

十几年前的中国，艾滋病被视为死亡的同义词。2001年世界艾滋病日，我从佑安医院采访艾滋病患儿后打车回报社，司机师傅问我去采访什么。当时没多想就回答——艾滋病患儿。这句话后，一路沉默。等车到了报社，他说：“你把钱放在后面的座位上面就行了。”

那时我是跑性病、艾滋病防治口的记者。有一段时间，我在报社吃饭的时候，有的同事就跟我说：“哎，听说你去跑艾滋病口了。你胆子不小啊！进医院采访要穿防护服吗？”尽管他们都是经验丰富的记者，但脑子里对艾滋病依然没有足够的知识和认知。

当时，我一直觉得，在这样一个群体中，应该有一些标志性的人或事出现，才可以改变人们对艾滋病防控固有的刻板印象。

我就是在这个过程中认识朱进忠的。

朱进忠是一个农民，也是一个感染者，他是因为卖血感染艾滋病。他生活在河南，这里曾在20世纪90年代发生过血灾、血祸等公共事件。因为无序采血和无保护的检测输血，导致许多职业的卖血人感染了艾滋病。从他们身上采的血又通过输血的方式传播给更多人。

在朱进忠生活的河南柘城，有中国最广为人知的“艾滋病村”。朱进忠一家人一起去卖血，结果全部感染艾滋病，无一幸免。他生活的村子本来有3000人，算很大的自然村，感染艾滋病的人就有1000多人。在我去采访的2002年至2003年间，死亡人数已经超过500人，也就是说，全村将有超过15%的人因为艾滋病死亡。

印象最深的一幕，是我去采访时经过村头，看到一个接一个的土堆。一开始，我还以为是草堆，村子里的人告诉我，不是草堆，是坟，新坟。

大人因为艾滋病离开了，却留下了很多孩子。朱进忠所在的村子，因为父母双亡致孤的儿童就有48个。其实，要说孤儿应该更多。有些孩子是被爷爷奶奶、亲戚朋友收养了，而这48个孩子是完全无人抚养。

朱进忠在当地算一个能人，很早就外出打工赚钱，开厂子，所以家底还比较殷实。他看到这48个孩子无人看管，就把他们都接到自己家里。后来，邻近的村听说这里有一个朱善人接收孩子，又送来几个。前前后后他一共收养了53个孩子。他们中间，也有通过母婴传播感染艾滋病的孩子。加上朱进忠自己的两个孩子，家里生活着55个孩子。最大的13岁，最小的不到3岁。

说起为什么收养这些孩子，朱进忠说:“我是感染者，我可能活不了几年，这么做也是希望我死了以后也能有人来帮助我的孩子。如果我现在帮助这些孩子，是不是以后也可能有人帮忙照顾我的孩子？”

这句话让我震撼。报道《五十五个孩子一个爹》见报后的第二天，北青报报社门前就排起了长队，很多读者要捐款。短短两天时间，就收到17万元捐款。那是2003年，北京的房价才5000多元。加上一家机构捐资100万元，共计117万元捐款，可把我们高兴坏了，想着那些挤在朱家的孩子们能够有更好的住宿条件和学习条件。

结果，钱还在路上，就接到一个电话，说当地政府成立了“关爱之家”，把所有的孩子接了过去。朱进忠一开始听了特别开心，那边最后说了一句：“所有的捐款都可以打到我们这来！”

后来，这117万元就进了当地的民政部门。民政部门接收了那些孩子。我能够了解当时中国社会面临艾滋病疫情时的复杂性和多样性，所以对这种变化不做任何评判。

因为抚养50多个孩子，朱进忠的家底已经空了。不过他也逐渐接受了事实，至少这些孩子有一个归宿了。

这之后，朱进忠一直在做艾滋病防治和志愿关怀等工作，直到2005年，38岁的他去世。

朱进忠的去世非常偶然。当时，大雪埋了从村口到他家那条200米的小路，他是蹚着雪回的家，也因此感冒，人很快就走了。他并非死于艾滋病，而是死于艾滋病引起的免疫功能低下导致的并发症。

在朱进忠去世3个月后，中国开始全面引进鸡尾酒疗法（这是一种多种药物同时治疗艾滋病的疗法，1999年获得诺贝尔医学奖，2005年进入中国）。同时，我国政府强制性地免除了药品专利，并对所有接受鸡尾酒疗法的艾滋病感染者全部免费。

随着鸡尾酒疗法进入中国，艾滋病死亡率被控制，大家对艾滋病的认识才开始渐渐有了变化。到了2016年，艾滋病已经成为一个慢性病，虽然免费药品现在依然不太多，但鸡尾酒疗法的确帮助中国大大降低了艾滋病感染后的死亡率，从我报道时候的25%降低到现在的1‰。

我认识最早的感染者叫黎家明，2001年他感染后写了一本《艾滋手记》，非常有名。之后这10多年，他虽然九死一生，但依然活着，而且状态非常好。现在的黎家明是一个商业公司的负责人。没有人知道他是一名感染者，他的生活和普通人无异。

黎家明之所以有今天，那些类似朱进忠的普通感染者的努力是非常重要的。正是他们在推动中国社会一点一点地关注疫情，使得这个10多年前的绝症一步步变成了可以拥有正常寿命的慢性病。

⊙ 子尤（2006年）

2006年的一天，编辑拿给我一篇刊发于《南方周末》的文章——《让我心痛的妞妞和〈妞妞〉》。

《妞妞》是周国平先生很著名的一篇散文，讲的是他的女儿被发现患有恶性肿瘤，放弃治疗后只能悲伤地看着妞妞离去的故事。当时很多人，包括我和我的家人都觉得文章写得特别感人。但《南方周末》这篇文章却说："你们这些悲伤都是虚假的，因为你们根本没有努力地尝试去挽留你们孩子的生命，你们只是在秀你们的'爱'，这不是真正的爱。"

后来，我找出周国平先生的那本书重新看了一遍，不得不承认子尤的感悟直接而纯粹。写这些时，子尤只有15岁，也得了癌症。

编辑说："给你个机会，去采访一下他吧，听说他要出本书，还要开个新闻发布会。"

我听了很奇怪："15岁的小朋友！得了癌症，不在医院躺着？还出本书？还开新闻发布会？这是什么路数？"

到了发布会现场，一个特别有气质的中年大姐正在笑眯眯地布置会场，她就是子尤的妈妈。我跟子尤妈妈讲，我以前采访过陆幼青，也采访过黎家明等，希望采访一下子尤。子尤妈妈一听，就非常坚决地拒绝了我的采访。

她特别害怕当时媒体记者用一种统一的、程式化的眼光去看子尤，这种报道会很煽情，很假。子尤妈妈说，子尤和我都不需要这样的东西。子尤妈妈人非常好，虽然拒绝了我的采访，但是她说，要不然你先在一旁看一看。

于是我就看了一下午，这一下午的主角是子尤和他的同学，他们在海淀万圣书园开了一个小的作品研讨会。

15岁孩子的作品研讨会一点也不敷衍。有的人说"我觉得你这段写得特别好”，也有人说“我觉得你这里写得就不好”。记得有一位女生说，你们能不提郭敬明吗？彼时，郭敬明因《梦里花落知多少》已经出名。那女生觉得，子尤的书比郭敬明写得好太多。这一切发生时，子尤就在旁边嘻嘻哈哈地笑。整个氛围你完全感受不到这是一个已经得了癌症一年多的小朋友。我甚至在想，他会是装的吗，这会是假的吗？

会开完后我和子尤聊天才发现，这绝对不是装的，他天性乐观开朗，当然也有他后天接受的教育——子尤妈妈和我后来成了非常好的朋友。她为了孩子，全身心地投入一场战斗中，让人肃然起敬。

说实话，这篇稿子很难写。

以前每次采访这种带有疾病、癌症的话题时，我就会起范儿，不仅我会起范儿，我们的读者也会起范儿。可是在参加完那个研讨会，见到那一群小朋友的表现后，我在回报社的路上就在想，要怎样才能准确地表达出我的这种感受，以及这种巨大的差别？

当天晚上，整个写作的过程特别痛苦。晚饭也没吃，从7点开始写，一直到11点写了3000字。后来觉得有些话说得不透，又加了一个手记。这篇文章发在了2005年7月16日的北青报上，题目是《90后狂狷少年，癌症挡不住我发言》。相信看过这篇文章后，没有人会生出哀伤、难过的情绪，绝对不会！

“我的血怎么BIU地就喷出来了？”这是子尤在得了癌症又得了白血病后，和妈妈对话的口吻。这样的语言，让人感觉这孩子真是太没心没肺了。后来才明白，他是真的没把这个病当回事儿。这种态度，在他的诗里体现得更生动——撒旦为我铺稿纸。

每次见子尤，他都穿得五颜六色，子尤妈妈也穿得花花绿绿的。子尤去世前两个月，我和我的编辑去看他们的时候，只能用“一对斑斓的母子”来形容他们。

那种感觉，独特又美好。子尤喜欢用笔来记录身患癌症期间的感觉。他曾经写过这么一段话：上帝喜欢一个孩子就会送给他一个礼物，有些孩子太优秀了，上帝实在不知道送给他什么好，所以就送给他一个癌症。

2005 年年底，李敖来北京见到子尤，感受到子尤可爱到什么地步——大家都知道李敖是一个高傲的人，一直认为自己的书、文、史（书法、文章、历史）三绝。结果子尤见到他说："我妈的字比你写得好！"

李敖说："怎么可能？"后来一看，说，你妈妈的字是写得挺好的。

然后子尤说："我外婆的字比我妈的字还要好！"结果就又拿出字来给李敖看。结果李敖看了就说："你外婆的字还真挺好的！她是大家！"

当时子尤已经得了白血病，身体状况并不是很好。但是上节目的时候，完全看不出是一个得了病的孩子。旁人看到就会觉得很开心，但一想到他是生着病的孩子就又很难过。但是子尤自己并没有把它当成一个事来看。

2006 年，16 岁的子尤去世。这时候距离他被大家认识已经一年多。这之后，经过子尤妈妈的努力，他的遗作在 2013 年陆续出版。她还为孩子建立了子尤之家，保留了很多遗物。

子尤离开，其实最难过的肯定是子尤妈妈，一个人到中年的母亲，这样好的一个孩子，却在花季去世，想想就让人难过。这种境遇，换了别人多半会一蹶不振，但子尤妈妈不是。2010 年，50 岁的子尤妈妈开始跑马拉松。几年后，她居然成了一名运动健将，整个人呈现出的状态很健康。子尤妈妈说，她是为子尤跑的，因为子尤在离开之前告诉她要多去体会，所以她就带着他的想法到处跑。

2016 年 4 月 10 日，子尤生日的那天，56 岁的子尤妈妈在维也纳参加马拉松，全程下来 5 个多小时。从这个意义上说，子尤的生命并没有停止，他在母亲奔跑的脚步中延续。

⊙ **我的父亲**（2016 年）

2016 年 4 月 4 日，我的父亲去世。

父亲不运动、爱抽烟、爱喝酒、爱吃肥肉、脾气急、不看书、不听医生的话，还卧床多年。从某种角度说，我一直把父亲当成反面教材。尽管这样，在很长一段时间里，我和大家一样，从来没有想过父亲会真的离去。父母怎么会消失呢，他们会一辈子陪着我的。

然而，2016年清明节那天，父亲去世了。在这之前，他已经卧床7年，这7年的时间里，我自觉做了足够的心理准备，所以当他真的离开时，我告诉自己：“你真的尽力了。”

父亲离开后的几天还好，因为需要处理后事，人还比较忙，没工夫多想。但当我回到北京之后，站在阳光明媚车水马龙的大街上，忽然之间，情绪难以自控，仿佛整个世界发生了翻天覆地的变化，特别伤心和难过！

这一刻的情绪崩溃，我根本无法描述。事实上，就算再怎么提前准备，人生还是会有太多太多的遗憾！父亲因为肺病和心脑血管病去世，享年不到69岁。以现在的生活条件和医疗条件来讲，父亲就算得了肺部疾病和心脑血管疾病，活到八九十岁一点问题都没有。但为什么他才69岁就走了？

我从小就在烟雾缭绕的环境中长大，那时还没有二手烟的概念。后来我长大一点，我妈就经常说：“我们家里绝对不会进贼，为什么？因为你爸总在咳嗽，一咳就是一宿，贼害怕，谁敢进来啊？”

我一直劝父亲戒烟，但他嘴上说得好听，却一直在抽，直到肺部出了问题，引起心脑血管病，62岁那年就住进了医院。那次病发非常严重，如果晚送去医院5分钟，他就彻底“牺牲”了。这让他意识到，再不戒烟就真的要面对死亡了。可是，已经有些晚了，之后的几年，他一直缠绵于病榻。

父亲60岁退休一直到62岁脑溢血，满打满算也就过了两年退休生活。身边总有朋友说：“哎哟，你爸挺享福的，你每次给他买那么多好药，他住院的费用都是你负担。”我听了真是一脸苦笑：这叫享福吗？这样的福谁愿意享？

记得我跑步的时候，有一次我爸看见我的运动服很好看，就说：“你怎么穿成这样？”当时并没有往心里去，但后来我想，如果当初也给他买一身运动服，让他也穿得这么好看，他是不是也会跟我一起去跑步呢？但我当时完全没听出他的弦外之音。所以，等父亲真的走了，再扪心自问，这些年是否真的尽力了？我承认，的确努力了，但还不够。

有段时间，我感觉父亲特别怕死。那时候，他动不动就说：“哎呀，我不行了，我要犯病了，我要昏迷了。”听到这儿，我就特别紧张，赶紧打120，可进了医院他就生龙活虎，但不住院就浑身难受。

有一天，父亲早晨起来说他身上不舒服，支使我妈去买东西。我妈出门后，父亲以为我也上班了，就把身上的仪器都扔到桌子上，身手敏捷地站起来去拿吃的东西。见此情状，我喊了声“爸”，他大吃一惊，立即又开始倒在椅子里哎哟哎哟地叫着。后来，心理医生告诉我，心脑血管疾病的人特别容易出现这种情况，因为这种病会影响大脑的思考和逻辑，他的逻辑简单到认为只有这样亲人才会多关注他。

父亲去世时，我儿子多多刚刚 6 岁。在父亲昏迷期间，有一天他忽然问我，爷爷这次病会好起来吗？

我跟他说：“如果爷爷回不来，你会难过，爸爸、奶奶和姑姑都会很难过，所以我们尽力把爷爷留住。”

多多说：“对，那我们就尽力留住爷爷。”

后来，父亲去世，我们让多多来医院看一下，他还是太小，那时候还不明白人的去世意味着什么。当天，父亲的灵堂布置完了之后，我坐在旁边的小屋里发了会儿呆，忽然有人从后面抱着我，一回头发现是多多，他的眼泪开始往下掉。我回头抱住他，听到他说：“爸爸，你是想你爸爸了吗？”他在用这种方式试着去理解成人的世界。我告诉他，我的确想爷爷了，爷爷回不来了，所以我们要更多地对奶奶好一点，不要让奶奶再难过。多多擦干眼泪说：“行，那我要照顾好奶奶。”

很多父母会瞒着孩子这种事，但是我没有。很多时候，孩子的接受力远远超过成人的想象，你去瞒他骗他反而没有必要。但不管怎么样，能够在人生前的时候多保留一份温存，该多好啊。

我非常想念我的父亲。

一条热线里的 30 万种求救声

文 / 郑后生

开通 16 年来，北京市心理援助热线接听了近 30 万个来电者的求救声。

在发出求救声前，有人割伤自己的手腕，任鲜血直流；有人打开家里的煤气，直至呼吸急促；有人说，自己就站在 20 层的楼顶，刚刚往下扔了一包衣服。

在狭小的接线室内，接线员们仿佛进入了另一个世界。那个世界混乱、挣扎、痛苦、绝望，但又心存侥幸、期盼救赎。在那里，他们倾听痛苦、安抚心灵，努力将人拉出死亡的谷底。

⊙ 与死亡赛跑

"我要在晚上自杀。"说完这句话，他就挂断了电话。

石镓维的心提到了嗓子眼。作为北京市心理援助热线的 32 名接线员之一，他深知这句话的分量——它不是威胁，更不是玩笑，要是放任不管，很有可能有一个生命离去。

这是一条对心理危机和自杀进行干预的热线。据北京心理危机研究与干预中心副主任梁红介绍，自 2002 年开通以来，热线一共接听了近 30 万个来电，其中，超过 50% 的来电者具有不同程度的自杀风险，且自 2015 年起，高危来电比例不断上升，由之前每年接听总量的 5% 上升至 11%。

这个电话是在不久前的一个中午打来的。他是一名中年男子，声音低沉，从小父母双亡，有着不幸的童年。现在，他又陷入了情感的旋涡——他喜欢上了一个已婚女人。进不能进，退又不愿退，他越陷越深，直至不可自拔。

童年阴影、家庭背景、成长经历、情感之路，男子诉说着，声音也从最开始的平静到悲伤、无奈、气愤，最后又复归平静。

“感觉生活没有什么意义了。”他在电话那头说。

石镓维嗅到了危险的气息，“自杀的念头一旦被点燃，就会像火苗一样，燃烧蔓延开来。”按照流程，石镓维需要给他做个心理状态的评估，包括抑郁情绪，自杀未遂史，长期、急性生活事件，亲友自杀史等。如果来电者当下有自杀想法，并且有具体的自杀计划或者准备在近一周内自杀的都会被标记为“高危”。电话结束前，接线员要为其预约后续的随访。如果“高危者”再次来电，其他同事也可以第一时间查询到他此前来电咨询的情况。

石镓维屏住了呼吸——测试的结果显示，这个男子处于重度抑郁状态。

“你有什么想法吗？”石镓维尽量语气平稳，小心翼翼地想着接下来的措辞。29 岁的他，成为接线员已经两年多了，遇到过形形色色的高危来电。有人在割伤自己的手腕后，打来电话；有人打开家里的煤气，在等待中拨打了热线；有人说自己就站在 20 层的楼顶，刚刚往下扔了一包衣服，想象着自己跳下去时的样子；有人用窗帘在天花板上挂了条绳子，天天面对着它，想着打完最后一个电话就上吊。

他已能较为从容地应对各种高危情况了。可他还是没有想到，对方会突然挂断电话。挂断电话前只留下了一句“我要在晚上自杀”的话。石镓维来不及细想，立刻拿起电话回拨。

电话响了很久才拨通。“喂？”确认是那个男子的声音，石镓维才缓过神来。

“我知道你深思熟虑过，不希望别人劝你”“你觉得生活没有意义，这是暂时的，并不代表以后会一直这样”……石镓维希望让对方感受到自己是被理解的。一步步地，他想要与对方建立关联，给予他情感的支持，倾听并理解他自杀的原因。之后，再和他一起找到能让他活下去的希望和理由。

男子的心情开始慢慢平复。可这还远远不够。“家属和朋友才能给予他真正的陪伴和关心，需要调动他的外部资源去帮助他。”尽管一开始被拒绝，但最终，石镓维从这个男子的口中获得了他一个朋友的联系方式。石镓维还建议来电者去北医六院就诊，进一步寻求专业的评估和帮助，并约了当天的电话随访。

男子都一一答应了。

“有时候，一个电话就是一条人命。”石镓维说，这个职业随时都在与死亡赛跑，容不得一点马虎。

⊙“听声识危”

“您好，心理援助热线。”这是每个来电者在打通电话后听到的第一句话。

援助热线的办公地点，就藏在北京回龙观医院深处的一排平房里。10个隔断的小屋，排成两排，相对而列。一桌一椅，就是一个接线室。

接到来电，接线员通常首先要做的，就是确认来电者处于安全的环境下。但来电者说的话，未必都可靠。因为看不到来电者，接线员只能靠耳朵“听声识危”。哗哗的流水声、海浪的拍打声、火车的鸣笛声、安眠药瓶的摇晃声、打火机点燃的吧嗒声、菜刀磕碰桌子的清脆声。这些声音，他们全都听到过。

有一回，石镓维听到了呼啸的风声。来电者却说，自己在屋内，而且窗户是关着的。

石镓维不相信，又重复了一遍他的问题：“你现在在哪里？我听到了很大的风声。”

来电者犹豫了几秒，才慢慢说道：“我现在坐在窗台上。”

石镓维呼出一口气。“我很乐意帮助你，但你在窗台上我很担心你的安全。你能不能先下来？”

要是遇到陷入自己情绪的来电者，为了劝说他们离开危险的地方，石镓维会反复强调，“你的安全很重要”“我愿意帮助你，你要先离开那儿”。声音还得平稳，不能露出慌张与焦急，“如果两个人都乱，那就很危险了”。

电话那头沉默着。石镓维能感觉到，两头猛兽在来电者的身体里拉锯，一头叫自杀，一头叫求生。十几秒后，求生这头猛兽占了上风。

“自杀的人如果打来电话，说明他们内心其实是矛盾、犹豫甚至是恐惧的。这时，如果有人拉他一把，也许就是生。”石镓维说。

然而，并不是所有的干预都能成功。有人打来电话，刚刚接通就挂断了；有人决心一死，拨通电话只为做个最后的告别；有人放下电话前说不会再自杀，可之后却再也联系不上；还有人在当天的随访中被确认已自杀身亡。

王翠玲就接过这样的来电。2002 年，热线刚开通时，她就来到了这里。之后，她从接线员成长为督导，现在已成为心理援助热线负责人。

那是 2004 年的一个早晨。王翠玲正在值晚班。在援助热线，所有接线员分为早晚班，早 8 时到下午 4 时为早班，开通 5~6 条线路，下午 4 时至次日 8 时是晚班，开通 3~4 条线路，24 小时值守。

电话铃声响起，是一个中年女性。她说，自己的老公有外遇，现在还要跟她离婚。她活不下去，已经写好了遗书。

过往的经验告诉王翠玲，这会是一场艰难的“劝生战”。果不其然，整个过程中，来电者都异常冷静，情绪也没有太大波澜，只有在谈到她老公外遇时，才表现出一丝愤怒。王翠玲试图找出让她留恋的东西，譬如孩子、父母，但得到的只是一片渺茫。更难办的是，她不愿提供个人信息和家属朋友的联系方式。

但来电者接受了后续随访，王翠玲的心才稍微安定了些。在交谈了 40 多分钟后，来电者说想休息一下，于是挂断了电话。

王翠玲下班后，从早上 8 点到 9 点，白班的同事给这位来电者打了好几个电话都没人接。9 时多，电话终于打通，是个男人的声音。

她自杀了。

尽管培训时王翠玲就知道，危机干预有它的局限性，不是所有的生命都能被挽回，可当她得知，那个几个小时前还和自己聊过天的人就这样走了，一股内疚和无力感还是袭来。“虽然理智上知道，这不是你的错，也不是你的原因，可还是会反思，是不是哪里还做得不够好？”

来电者确认自杀的，这是热线开通以来的第一例。王翠玲说，截至目前，这样的案例共有 23 起。

面对一个生命的逝去，再专业坚强的接线员，也难免会有心理的波动。每当发生类似的事时，和同事倾诉，将情绪宣泄出来，才是正确的应对之道。接线员的督导也会在听完完整的录音后，去找接线员谈心。最先表达的总是支持与关心，如果接线员自己愿意，才会进一步分析还有哪些地方可以改进。

就像来电者需要学会接纳自己糟糕的情绪一样，接线员们也要学习如何面对无能为力。

⊙ 拼凑情绪碎片

除了有自杀倾向的人，打电话来求助的，大多是遭遇危机或者深陷困境的人。他们要么不被周围的人理解，要么找不到情绪宣泄的出口，要么感到孤独和彷徨，要么不知该如何表达自己。

石镓维接听的第一个热线就是这样的类型。他是一名精神分裂症患者，是热线的“常客”。这次打来电话，他只是说了些很日常琐碎的事情，“前言不搭后语，没有什么来由”。

石镓维只是听着，几乎没说什么话。10 多分钟后，对方像是解决了问题似的，就把电话挂了。

督导问石镓维：“第一次接线什么感觉？”

“好像没什么用。”石镓维很坦诚。

“那他为什么还要打过来呢？”督导反问道，“还打这么多次，可见这个对他很重要。”

石镓维恍然大悟：“是呀。生活中没有人愿意听他说话，所有人都把他当成精神病患者。他憋着难受，才需要在陌生人那里找一个出口。”

在都市生活的高压和快节奏下，很多人其实都不知道如何与自己的情绪相处。来电者是个中年男性，某个公司的中层领导。在外人眼里，他生活富足、家庭幸福、事业更是蒸蒸日上，可他却说找不到生活的意义。家人对他满怀期待，但他自己觉得“累得已经喘不过气了”。

他不想再继续这样的生活，又不敢告诉家人，觉得他们不会理解，也害怕他们担心。他开始做伤害自己的事情，比如飙车，想象着出了车祸可以一了百了；比如用头撞墙，直到血印斑斑。

石镓维知道，这是个在日常生活中不会表达自己脆弱的男人。他总是压抑着自己的真实想法和情绪，再不找个出口宣泄，迟早要出问题。所以，他只是倾听着，让对方把情绪宣泄出来，然后不时地对他的行为表示理解，“你真的很辛苦”“很佩服你的承受能力”……

“他宣泄情绪的过程中，扔出了许多碎片。通过归纳和整理，将这些碎片拼凑起来，就能发现他真实的需求。”石镓维这才引导他识别自己的情绪，告诉他有哪些方法可以帮助他。

50 分钟后，石镓维问他，“和刚打电话时相比，现在感觉怎么样？”

“放松了许多。有一个人听你说话真的很好。”对方回复道。

透过这条热线，会发现人际关系困扰着许多人。家庭关系问题和非家庭关系问题排到了来电求助者的前两位，各占 20% 左右。一位即将参加高考的考生曾声泪俱下地控诉，父母不关心他，只关心他的成绩；一位大龄女青年曾在电话里抱怨，一回家就被父母安排相亲，她不想和父母争吵，可又无法忍受；一位女大学生曾拨通热线，哭诉自己被寝室其他室友孤立，不知该怎么办……

石镓维喜欢把自己当成这些人的陌生朋友，在有限的时间里，尽可能地“倾听他们，陪伴他们，同时引导他们走出困境”。

在听了越来越多的来电后，石镓维越发知道，人们常常心口不一，每一个看似寻常的电话背后，都隐藏着情绪的密码。

一个人如果说“我没什么目的，只是来说说话”，那是在渴望被关心；一个人如果问“什么样的死法不会痛”，那是在表达“我很绝望”；一个人如果喊“不要劝我”，那是他在发出求救的信号。

这些深层次的心理需求，他们有的不自知，有的知道了也不知如何表达。于是，那些隐秘而低徊的情感和伤痛，常常化成电话里的各种情绪：有人抽泣，有人呜咽；有人号啕大哭，有人连声叹息；有人歇斯底里，有人断断续续；有人冷静异常，有人情绪失控。

⊙ 热线里的世界

热线日夜不停，运转了16年。

16年来，接线员换了一拨又一拨，王翠玲还一直坚守在这里。在狭小的接线室内，在此起彼伏的电话铃声中，她听到了外面急剧变化的世界。热线里的这个世界，混乱、挣扎、痛苦、绝望，但又心存侥幸、期盼救赎、希望抓住最后一根救命稻草。

王翠玲能明显感觉到，最近几年，人们对金钱和物质的渴求越来越强烈。因为赌博、欠债、经济纠纷而产生自杀念头的人越来越多。

一位想要快速发财致富的年轻人，深陷赌博的泥潭，直到输了85万元，走投无路想到割腕自杀，却又怕疼，只能在绝望和幻想中陷入崩溃的边缘；一个男人做生意失败，欠了一屁股债，老婆和他离婚，孩子还未成年，他得了抑郁症，感觉无法活下去；一个女大学生通过网贷平台借了1万元“裸贷”，结果利滚利，翻了好几倍，不敢联系家人，只得拆东墙补西墙，最后在“债主”步步紧逼下，想到了跳楼……

据中心副主任梁红介绍，热线的来电者中以中青年居多，其中，19岁至29岁的人占36.2%，30岁至54岁的人占34%。但这并不意味着，老年群体的自杀率就低。

恰恰相反，国家卫计委的数据显示，2015年，中国城市85岁以上老年人的自杀率达到了41.09例/10万人，农村更是达到了65.6例/10万人。社会经济的急速变迁，让不少老年人产生被抛弃之感。他们中，不少人因为身心疾病带来的痛苦、被诈骗导致的财产损失或者与儿女的冲突而产生轻生的念头。

老年人在热线里的“不彰显”，更多是因为他们不知道热线的存在。数据显示，一半以上来电者是通过网络得知电话号码的，可不会上网的老年人有很多。

他们中能找到这条热线并打来电话求救的，只是少数。其中就包括一位

70 多岁的老人。他疾病缠身，因为春节的到来，更感悲伤和凄凉。“与其痛苦地活下去，不如痛快地死去。”电话里，他的声音满是孤独与无奈。

所幸，这个老人之前就做过接听热线的工作，有一群热心肠的朋友。王翠玲要到了这位老人的朋友的电话。在安抚好老人的情绪，确认他暂时不会轻生后，王翠玲拨通了要来的那个电话号码，将线上的援助扩展到了线下。

社会转型带来的压力，也通过热线传导进来。在中国，有 1800 万的“老漂族”，60 多岁的陈芳（化名）就是其中之一。她打来电话倾诉自己的艰辛和委屈。她说，自己从老家来到北京，帮孩子照顾孙子。每天忙忙碌碌，做饭、接送孩子，加之身体不好，还要吃一堆药，可家人不理解她，两代人经常发生矛盾。

“原本想着退休了，可以安享晚年，现在却要背井离乡。”

“北京这么繁华，我却没什么朋友，住不惯，也跟不上社会了。”

“ 挺绝望的，感觉生活不受控制。”

……

说着说着，陈芳就在电话里哭了，哭了足足 10 多分钟。

听着听着，石镓维的眼睛也酸了。

⊙ 晴天的祈祷

近几年，心理援助热线的来电量逐年增加。不过，这主要因为热线知名度的扩大。

事实上，过去近 20 年间，中国的自杀率呈现出明显下降的趋势。根据世界卫生组织的数据，2000 年，中国的自杀率为 23 例 /10 万人，而到了 2012 年，中国的自杀率为 8.7 例 /10 万人，下降了 60%。

梁红认为，这个变化是多方面因素导致的，包括经济的飞速发展，生活、教育和社会保障水平的提高，心理医疗服务的强化，公共交通系统的改善等。

自杀是个非常复杂的现象，由多种因素引起。生物、遗传、社会、心理、文化和其他环境因素相互作用下都有可能引发自杀行为。但随着人们对自杀行为的认识越来越深入，“自杀是可以预防和避免的”。

现在，在网络上搜索“自杀”二字，就会自动跳出北京市心理援助热线的电话号码，并跟着一行字：“这个世界虽然不完美，但我们仍然可以疗愈自己。”

对中心来说，随着越来越多人知道热线，问题也随之产生。资金投入和专业人员培养的速度，远远跟不上需求的增长。梁红介绍，每月1万多个的来电量，能被接听到的只有2800个左右。晚上9时到10时是热线的高峰期，最多的时候，同时打进来1300多个电话，可是能接听的人最多也就5个。大部分电话只能在长时间的排队中，无奈挂断。有一次，因为过于忙碌，接线员没能接起一个连续拨打12次的电话。最终，这位来电者选择了自杀。

在王翠玲看来，尽管现在心理危机和自杀的求救渠道越来越多，医院、心理诊所、网络论坛、微信群、App等平台都有专业人士和志愿者在做这些事，但热线还是有它的优势。“相比打字，听有情感的流动，注意力更集中，能够辨别情绪；而和线下相比，电话又更便捷。”

在决定来做接线员之前，石镓维是有犹豫的。“生命是个沉重的话题。”他不知道自己能不能担负起这份责任，承受住压力。在观察了解了三四个月后，才最终决定跟随内心的声音，“我希望走进这些无助的生命，帮助他们发现自己身上的力量”。

现在，做了两年多的接线员，在帮助他人的同时，他自己也在不断成长，“变得更有力量了”。他更懂得如何调整自己的心境，如何避开情绪的陷阱。当负面情绪袭来，他会选择去跑步、游泳或者和同事吐槽，“不要马上去追问为什么，因为你有可能掉进去。这只是身体在警告你，压力太大，要照顾一下自己了”。

让这些接线员感到欣慰的是，每个月他们都会接到两三个感谢电话，“要不是你们，那天晚上我可能真的会自杀”。他们还经常接到匿名的快递，里面有饼干、茶叶、饮料或者十字绣。

在这些狭小的接线室里，他们戴上耳机，就进入了另一个世界。在那里，他们倾听痛苦、安抚心灵，努力将人拉出死亡的谷底。

当他们摘下耳机，走出接线室，会看到每个屋子的门框处，都挂着一个晴天娃娃。那是在为每一个来电者祈祷。

红旗“三排座”诞生记

口述 / 王振　　整理 / 葛帮宁

⊙ 给中央领导换车

要说红旗“三排座”，首先要说的自然是“两排座”。

1958 年，一汽搞红旗“两排座”轿车 CA72 时，还没有轿车厂，各个部件分散生产，如发动机车间生产发动机，底盘车间生产底盘，最后集中起来总装。“两排座”轿车一直生产到 1960 年，作为检阅车参加过 1959 年的新中国 10 周年大庆，后来因质量问题，停做了一段时间。

1963 年，轿车厂开始集中研究“两排座”的毛病，找出了 42 个质量问题，其中一类问题 20 项，二类问题 22 项。所谓一类问题，就是不解决就不能出车的要害问题，像刹车跑偏、发动机熄火、车门关上后打不开等。其他如车到处乱响、喇叭不响等，属于二类问题。

随后，轿车厂提出“质量第一”的口号，成立了 20 多个质量攻关队，每个攻关队都包括工艺员、设计员和生产员。攻关队用了近 4 个月的时间，把这些质量问题全解决了。

1964 年 10 月 1 日，中华人民共和国成立 15 周年大庆，20 辆新改进的“两排座”被送到北京。这些车在北京使用得不错，中央用它们替换了苏联吉姆轿车，来迎送参加国庆大典的外国宾客。

说完“两排座”，该讲“三排座”了。“三排座”指的是红旗轿车CA770，它的出现有特定的历史背景。当时，中央领导坐的都是苏联车。其中，吉斯115防弹保险车5辆，供毛主席和中央政治局常委等5人乘坐；吉斯110三排座车，供中央政治局委员副总理以上的领导乘坐。除了这些，国内还有苏联高尔基汽车厂生产的吉姆车，供省委书记、军区司令员和部长乘坐。

20世纪60年代初，中苏关系恶化，在中国的苏联专家全部撤走。苏联不再提供汽车配件，导致在中国使用的这些苏联车没零件可换。我到北京做调查时就发现，吉斯115和吉斯110全部停开。

这种情况下，一机部领导下决心要给中央领导换咱们自己生产的高级轿车。1964年，段君毅部长来到一汽说：“中央领导同志坐老（CA）72肯定不行，它是两排座的，质量也不太好。要上三排座，给中央领导换车。”

1965年，命令下来了，要在10月1日前试制出一辆具有先进水平的三排座红旗高级轿车。

⊙ 全厂职工当评委

生产“三排座”谈何容易，首先要求的就是现代化。现代化是啥？当时谁也不知道。那时不能去国外，也不知道外国车是怎样的。上面对“三排座”外形提的要求是美观、大方、庄严，富有民族色彩。

我们赶紧找样车。当时，我们手里只有一辆英国女皇坐过的劳斯莱斯，这是一机部汽车局专门从我国香港买来给我们的。我们想要最好的车，但谁也不卖给我们。汽车局给我们出点子，让我们去看国务院副总理陈毅坐的奔驰600。

我带着几个人去中南海，正好遇上陈毅的司机老李，他正在擦奔驰600。中央警卫局曹科长介绍说：“这是一汽轿车厂的王厂长，他们想看看奔驰600。”

老李说话挺不客气，但很爽快：“你看看人家的车，再看看你们那两排座轿车，咱们怎么就做不出来？汽车厂都白吃饭？这样吧，我先拉你们走

一圈。”

我们坐上奔驰600，从中南海6号门出去，顺着长安街，开到五棵松。警察都知道这是陈毅的车（当时全国就只有这一辆），所以我们一路畅通无阻，感觉确实不错。但是，光看是看不出什么名堂的，至少也得测一测、量一量，才知道具体尺寸。我们向部里申请，能不能把奔驰600给我们做样车。

陈毅最初没同意，但接着事情就有了转机。周总理跟他说："你把车给人家算了，他们给我们做高级轿车。"

此时，离国庆节还有不到半年时间，"三排座"进入设计阶段。参与设计、工艺的技术人员，同时展开对发动机、变速箱、刹车、双管路的研究。

我们先研究样车。劳斯莱斯看起来很高贵、车身长，试车时有些摇晃，但内饰不错。奔驰600外形不错，开起来挺稳，但下面老是"咕咚咕咚"地响，跟当时我国的路面不好有关系。

接下来，"三排座"的车长定为5.98米。英国女皇的劳斯莱斯车长约为6.2米，奔驰600车长约6.4米，我们的车长为什么设计为不到6米呢？因为那时候的北京小胡同多，车身短点好转弯。虽然车身短一些，但劳斯莱斯和奔驰600上的功能都有了，比如前面的隔音玻璃、后排的自动后座等。

现在车的设计都要保密，但我们那时候是公开的，而且人越多越好。7个人分别设计做好了7个油泥模型。中午吃饭时，全厂职工都带着饭盒去当评委，对7个油泥模型挑挑拣拣，提修改意见。后来，我们把每个模型的优点集中起来，做了一个1:1的主油泥模型，这就是红旗"三排座"的外形。

⊙ 在8个场地生产红旗

就在轿车厂准备试制样车时，一场意外不期而至。

1965年5月的一天，长春风雨交加、电闪雷鸣。轿车厂几万平方米的厂房都是"大跃进"时期用砖木盖的，哪里经受得住狂风暴雨的冲击，有些地方便裂开了。我来到车间，看到房子开裂后挡住了车床，威胁到工人和设备的安全。

我赶紧给总厂打电话："郭厂长，你赶紧过来，这个问题大了，厂房要塌了。别的事我可以负责任，但人命的事我负不起。”

郭力立即带着基建处的人来查看厂房，当场决定对厂房进行紧急大修，轿车厂马上搬家。

“我们正生产红旗轿车，这下怎么办？”我有些犯愁。

“我给你们找。”郭力说。

我们俩冒着大雨到各分厂求援。每到一处，郭力就讲：“为了61个阶级弟兄，大家都要援助轿车厂。”

我们用了半天时间，分别在越野、发动机、铸模、底盘、附件、教育大楼食堂6个单位要了7块场地。加上轿车厂那条总装线，红旗共分布在8个地方生产。

场地确定后，我们冒着大雨搬设备。轿车厂依靠自己的力量，用了半个月的时间，就把几百台设备分别搬到7个场地。“三排座”的样车以及1966年“五一”前送到北京的20辆“三排座”轿车，基本上都是在分散的厂房里做出来的。

这段时期，一边要搬迁，一边要试制，技术工人发挥了极其重要的作用。试制过程中困难很多，几乎没有模具，全靠他们做。

我一直坚持一个观点：不管是过去还是现在，技术工人的作用都不可忽视。但现在事实却相反，我们更注重科技、注重专家，却不重视能工巧匠。

车身总成采取设计人员、工艺人员和工人“三结合”的办法。车长和车宽确定后，还要根据中央领导的身高、体形和乘车需求，来确定车高和车内部尺寸。现在可以用电脑设计这些，但在当时不好办，只能让不同的人坐在里面测试。

为了设计驾驶室的尺寸，我们找来几位开车很有经验的司机，让他们分别代表胖、瘦、矮三种体形的人，测量和确定他们在驾驶时所占的空间尺寸，再进行设计。

车后边最初还设计了酒柜以及放茶杯的地方，但后来取消了。悬架装置的设计，牵涉许多原理。设计师华福林在工人的配合下，大胆地进行了改进设计，使之能适应当时的路面。

1 红旗生产线

2 1958年8月1日，第一辆国产红旗轿车诞生

1/2

1 红旗总装工人在工作

2 1958 年 8 月 2 日，全厂近两万名职工与家属在共青团花园举行红旗命名大会

我们在“三排座”上开创性地用了框形车架。这是设计师朱子智在一本国外汽车杂志上看到的，那时国外汽车也没有这种先例。框形车架做起来很难，先要设计模具，设计完还需要找材料。我让朱子智成立一个小组，还抽调了两个人：焊接工艺师孙德慎和八级钳工钱增荣。

第一次设计后，做出来的框形车架效果不理想。有人开始讲闲话：“你看，就想出风头，国外车都没用过，你就能用？你就能设计？”还有人认为，耽误了时间不说，可能会误大事。

为此，朱子智专门来找我。我说：“你别管他们说什么，咱们抓紧时间继续做。马克思主义也不是算命先生，我们实践实践吧。”

最终，试制出的框形车架的装车效果非常好。

⊙“三排座”红旗样车

1965年9月12日，我们装出了第一辆“三排座”样车。9月19日，轿车厂安排送车组把车送到北京。我虽然没去，但他们每天晚上要打电话汇报情况。

9月20日，中央领导和国务院的同志看了“三排座”轿车。

当天晚上9点，彭真同志要看车。他当时是中央政治局委员、书记处书记，北京市委书记。已调任一机部副部长的郭力带着送车组的同志，把“三排座”轿车开到彭真同志的住处。他看到后非常高兴，提出要试坐新车。

长安街上，彭真一个劲儿地让司机开快些。司机说，时速已经达到100公里了。“坐在车里没觉得有这么快，真是一部好车。”彭真对车的外形、性能和内饰都很满意，“我们要用自己的车接送其他国家总统。”

看到车后面的活动座椅，彭真高兴地说：“周总理迎送外宾很累，有了这个座椅，以后就可以躺着休息了。”看到三面红旗的侧标时，他问是什么意思。郭力回答说，三面红旗分别代表总路线、“大跃进”和人民公社。

彭真说：“那也不全，还有毛泽东思想这面红旗呢，干脆就用一面红旗吧。”后来，经上级决定，侧标只保留一面红旗。

彭真看完车后说：“你们把车留下，我明天开到政治局，给主席和总理他们再看看。”

这下可为难了。我们只做了一辆样车，车留下后我们就没了。郭力讲：“留给彭真同志吧，他可以做宣传。”

彭真每天都坐着红旗“三排座”轿车去中南海。好多领导都想坐这个车，都向他打听，这是哪里做的车，他们一听说是一汽做的，就向部里要车。

1965 年年底，我们接到上级指示，要在 1966 年“五一”节前生产 20 辆红旗“三排座”轿车送到北京，供中央政治局以上的领导乘坐。也就是说，要在 5 个月内生产 20 辆新车。

⊙ 热火朝天的“战斗”

完成这个任务的难度很大。首先，产品设计图纸不全。做第一辆样车时，我们准备了部分图纸和工装，但并不完整。

1965 年 10 月 4 日，轿车厂开动员大会，动员大家为 20 辆“三排座”轿车奋战到底。

热火朝天的“战斗”开始了。车身设计组的同志们趴在冰冷的图板上设计图纸，两个月内就画了 1000 多张。图纸画好后，工人再手工把模型敲出来。工装设计组的技术人员和工人们一起，制造出几百套工装。有些来不及搞工装的零部件，就凭借老工人的技术来做。

举个例子，悬挂部分的控制臂，是上海老师傅陈坤祥靠自己的技巧铣出来的；高压油泵的主被动转子，是八级工、劳模戴后法手工磨出来的，因为当时我们没有好磨床；液压变速箱是设计师冯锦炜，车间主任董正布，工程师黄远荣和老工人于兆峰、于学义共同努力完成的。当时，车身覆盖组还设在教育大楼食堂里，组长刘余宝带着工人，用手锤加扁铲、钢板加型钢，花了 17 天的时间做出了前后翼子板和前后盖八大覆盖件的胎具。

“三排座”的门锁是上海厂子生产的，装上车后打不开，打开后又关不上。上海厂子的老工人到长春把门锁拆开，研究有什么毛病，设计人员再按照改装的门锁重新制图。老工人把设计图带回上海，在没有模具的情况下，靠手工做出了新锁。

我后来经常感慨，“三排座”红旗轿车的成功生产首先依靠的是一批好的工程技术人员，其次依靠的是一批真正的老技工。大家都说原子弹好、高新技术好，可是设计得再好，谁来做啊？还要靠老工人。当时工人的技能等级最高为8级，而轿车厂工人的平均技能等级是6.8级，已经很高了。

⊙ 提前10天完成任务

由于时间紧、任务重，很多住在市内的工人，如车装车间工人王明山、徐文衡和张六同等都自发搬到工厂里住。他们在楼上搭床、搭草垫子，自己带粮食蒸饭吃。

一天深夜，我们给工人们送开水，半路上遇到管开水的仇相禄，手里提着几个米口袋。一问，我们才知道，他为了让工人们多睡会儿，每天自愿为他们蒸早饭。

可以说，做“三排座”轿车时，轿车厂的所有人都被动员起来了。我曾讲过，我家孩子怎么长大的我都不知道，因为我每天都在厂里，和工人们在一起。

晚饭是个难题。工人们的早饭能靠自己带的粮食解决，但晚饭怎么办？我去找总厂劳资处的人：“工人们太辛苦了，粮食也不够吃，晚上经常要干到半夜，厂里能不能解决一顿饭？”

劳资处的人不同意，说没这规矩。我们好说歹说，最后他们同意给加班费：一小时两毛钱。

工人们有意见了：“我们不是为这两毛钱来的，为两毛钱半夜三更跑这里干吗？”他们说，“我们是为了红旗，为了让中央领导早日坐上红旗。”

我又去找总厂党委书记赵学义反映情况：“我们干部还行，可以回家吃，吃了再来，但工人们住得太远，回去后就回不来（上班）了。”

赵学义说：“这样吧，我们按四毛钱的标准给工人供一顿饭，但工人要自己拿粮票，到食堂买饭。”

1966年年初，20辆“三排座”轿车进入攻坚阶段，老厂房主体工程的大修工程也即将完成。为了消除分散生产带来的管理困难，轿车厂把基建科、机械科和动力科动员起来，提出要缩短基建时间，让分散的生产部门3个月内搬回老厂。

按理说，基建搞完，不可能这么快恢复生产。我们就带着基建工人和机动科全体同志上一线。当时的基建处处长曹新不同意，说这样干有危险。后来在副厂长柳殿栋的协调下，我们与基建处达成协议：基建白天干，我们晚上干；他们在东边干，我们在西边干。

机动科除了保证正常维修，还要进行动能网络和各种管道的安装。搭脚手架来不及，他们就搭上简易跳板；采暖设备通风用的管子上百斤重，他们用肩膀一根根扛上去。质检处的同志都被感动了，说没见过这样干活的。

全厂很快就实现了动能七通，轿车厂恢复了集中生产。1966年3月，“三排座”开始在新厂房里总装配。总装配车间主任路宝根是工人出身，动员会上特别激动，大声说“这是我们总装配工人大显身手的时候了”。内饰钳工姜乃泉人称“小老虎”，完成自己的任务后，又帮协作科做了压制模。在新协作件来不了的情况下，老工人历金元刻制了前后侧标的装饰件。

20辆车做出来后，每辆车还要完成各种性能测试和1000公里的磨合测试。车白天不能上路，只能夜里跑。3月的长春夜里很冷，上海耀华生产的前后风挡玻璃还没送到，整车调整小组组长孙贤文召集技术过硬的技术人员和技术工人组成5个包车组，每组配4辆车。他们在夜里穿上棉大衣，戴着棉帽子，抓紧时间做调试。

风挡玻璃送到后，为了取得暖风系统的数据，在严寒的深夜，整车试验人员和试验工人把车开到野外，反复打开车窗，整夜整夜地进行测量，收集数据。

1966年4月20日，轿车厂提前10天完成任务。

21日，一汽派出20多位司机把车送到北京，到达永定门火车站时，国家机关事务管理局的同志早就在那里等着接车。

当时的场面非常壮观。20辆还没上牌的红旗“三排座”轿车由永定门车站驶向长安街，成了一道亮丽的风景线。道路两边站满了围观的人群，其中有北京市民，也有外国记者。

这批车很快就分给了不同的中央领导。

4月23日，也就是红旗轿车到达北京的第二天，一机部党组给一汽总厂发来贺电：热烈祝贺首批“三排座”红旗轿车提前生产完成。

4月29日，轿车厂召开大会，一是为庆祝，二是动员大家完成全年100辆的生产任务。

在那段艰难岁月里，中国的技术人员和技术工人就是这样用自己的心血，铸就了一段民族工业和民族品牌的传奇。

铁路在地雷梦魇中延伸

文 / 赛文德

⊙【故事背景】这就是安哥拉

安哥拉位于非洲西南部，国土面积124.6万平方公里，世界排名第22位。内战结束时，全国人口为1610万。2002年内战结束后，安哥拉政府的经济整改和鼓励生产措施开始取得成效，宏观经济逐渐稳定，基础设施得到修复，整体经济出现了复苏迹象。

1995年，安哥拉累计通货膨胀率为3784%。2004年，降低到12%。尽管如此，安哥拉首都罗安达仍被评为全球消费、生活成本最高的城市，远超日本东京和法国巴黎。

由于战乱和年久失修，安哥拉战后重建形势凸显紧迫。既有铁路修复运行工程中，线路最长的本格拉铁路被称为“Lobit走廊”，是中非地区通往大西洋的唯一铁路。这条铁路全长1344公里，连接洛比托港和刚果（金），并通过刚果（金）的铁路网与赞比亚铁路相连。

2006年6月20日，温家宝总理访问安哥拉。多斯桑托斯总统表示，安哥拉的现状如同1949年时的中国，百废待兴，需要建设优质工程而又缺乏资金和技术，在国家重建中需要中国的支持和帮助。

正是在这样的背景下，中铁二十局集团承建了安哥拉3条铁路重建和新建罗安达机场工程。由此开始，大批职工远赴非洲。在那里，他们首先面临的便是地雷的梦魇。

央视和凤凰卫视曾于2003年在安哥拉进行《走进非洲》纪录片的录制。很多人是通过出镜主持人、著名歌唱艺术家朱哲琴的介绍初识安哥拉的。

“安哥拉境内埋有无数颗地雷，看着杂草丛中排出的地雷，朱哲琴感慨万千”——这是至今还在互联网上可以搜索到的一张照片的说明文字。“无数”两个字，加上排雷官员雷昂纳多述说“排雷需要30年至50年”时的忧郁表情，都给人留下了深刻的印象。

据联合国估计，安哥拉内战时地雷数在1500万至2000万颗。

“从20世纪60年代独立战争时期开始，直到2002年内战结束，40多年来共有15派武装力量在安哥拉境内布埋地雷。据联合国开发项目组称，自1975年内战爆发以来，安哥拉超过8万人因地雷而变成残疾，几千人死亡。”

由于地雷数量多，埋设地点难以被发现，下一个受害者是谁？完全难以预测。

安哥拉军办官员以毋庸置疑的语气明确告诫中铁二十局的人员——“铁路沿线有大量地雷”。

这，让远赴非洲的铁路建设者不寒而栗。

⊙ 噩梦

本格拉铁路是2006年1月6日开工修建的。这个日期本应更早，其延迟与地雷有一定的关系。

据早期参建员工回忆，安哥拉在启动重建计划后不久，排雷工作就已经启动了，时间应该在2003年前后。

“2003年11月13日，迄今为止中安最大的合作项目，全长43公里、造价9000万美元的罗安达铁路修复和改造项目第一期工程正式启动。”

根据中国驻安哥拉大使馆经商处网站的这则信息，并求证了承建罗安达铁路启动段任务的某公司相关人员，证实了铁路重建启动时排雷起始时间的推测。

但为了员工的人身安全，中铁二十局的态度极为审慎。

人员进场初期，中铁二十局多次联系安哥拉重建办，要求对施工段进行地雷复排。

每项工程开工前，指挥部都要安排专业人员给参建员工进行地雷预防、应急处理知识培训，并制作了书面的预防指南。

由于“安哥拉排雷技术落后、速度慢”，中铁二十局曾在国内联系北京某专业排雷机构，并要求安哥拉军方购买功效更高的专业排雷设备。

以人为本，现场管理者把排除最大的安全隐患放在了工程建设的首位。本格拉铁路的开工，是在既定施工围内已经排雷后进行的。

尽管进行了立体防范，但问题还是不可避免。

2005 年 9 月 8 日 8 时 10 分，罗安达铁路巴亚到仁热段工地。罗铁公司推土机司机向永光驾驶 SD22 型推土机，正在进行路基清表作业，突然发生触雷爆炸。

当时的报告显示：“强烈的爆炸致使推土机底盘、发动机、驾驶室严重损坏；铁路既有的线路道砟当场被炸得四处横飞，散落面积达 800 平方米，废渣散落最远处达 50 米；推土机左履带下的铁路路基，被炸出了一个 1 米见方的炸坑。向永光头部、颈部和臂部血肉模糊，神志不清，接近昏迷状态；推土机完全报废，造成直接经济损失约 110 万元人民币。”

向永光得到了工友们的紧急救护，指挥部亦派人紧急赴现场处理相关事宜。

此次地雷爆炸发生在离工程起点不远处，距离罗铁公司驻地也很近，工程现场周围是业主信誓旦旦保证过的“雷净区”。因此，这颗意料之外的地雷，炸伤了当事人，炸怕了周围人，炸蒙了管理人。员工们由此产生了不安全感，逃避思想和思乡情绪开始蔓延。

更多的危险源在半个月内被接连发现。两天以后，距上次地雷爆炸地点 2 公里处，发现了 3 枚旧炮弹。当时，土方施工机械正在进行施工作业，即将达到炮弹位置，情况相当危险。

12 天后，东渡支线施工的三队驻地 15 米外，既有铁路右侧发现了一枚地

1 面对挑战，参建员工始终保持高涨的工作热情

2 地形勘察、地质勘探是设计工作开展的前提

3 推土机作业过后，路基表面两个未爆地雷赫然在目，这种危险情况曾有多起

雷，地雷引信暴露于地面，施工人员及施工机械稍微不注意就会将其引爆。

同一天，一枚重约 3 千克的炮弹被发现，当时它横亘在大型挖掘机前进的方向上。

接连出现险情，部分野外作业员工提出了回国请求。“我们感到安全预防工作的压力很大，员工们对意想不到的不安全因素畏惧思想严重，施工现场不安全事故可能随时发生，安全防范形势严峻。”这是罗铁公司当时上报材料中的描述。

新的一次爆炸还是发生了，司机王权没有受到上天的眷顾。2008 年 8 月 8 日，在本格拉铁路的奎托段，二项目的重型卡车结队返回营地。一声巨响，卡车驾驶楼冲天而起，王权倒在了血泊中，停止了呼吸。

这一刻，王权一定会对自己的家庭充满内疚。亲爱的父母、亲爱的妻子、可爱的儿女，从此天涯永隔。千言万语、千辛万苦，最后只有一声长叹：回不去，再也回不去了，永远也回不去了！

在空荡的原野上，回荡着工友们撕心裂肺的恸哭。

根据安哥拉国家排雷委员会协调员库苏穆阿提供的资料，2007 年安哥拉摧毁了大约 2.6 万颗普通地雷和 2946 颗反坦克地雷，同期还移除并销毁了 3.84 万个爆炸装置。排雷行动主要沿高压线、道路、输水管线进行，排雷队伍也进行了扩大，从原有的 48 支队伍扩大到了 59 支，参加排雷的专家达 4298 人。

或许，再多排这关键的一颗，王权的生命就不会被终结。但命运不能假设，也不能重来，王权就这样走了。

“由于工作原因，很多员工再也没有机会重返故地。有的员工，已经再也回不去朝思暮想的中国故乡了。因为地雷、疾病和交通事故，我们有 20 多名员工在修建铁路时不幸罹难。他们的英灵将常伴这片他们曾经奋斗过的热土。”

多年后，中铁二十局领导在铁路交付仪式上这样缅怀哀悼。

⊙ 重压

逝者安息，生者如斯。使命在前，还须坚强。但生活，给生者以不可承受之重压。

与王权朝夕相处的王孝田，回忆起王权，眼泪止不住地往下掉："好端端的一个人，说没就没了。早上还一起吃饭，下午就没了。"王孝田说，地雷不是能被百分百准确找到和排除的，出不出事要凭运气，运气好的时候啥事也没有。下班时工友们见面，都心情复杂地相互道一声："回来了！"彼此说："今天可安全回来了，今晚又能睡个安稳觉了。"

王权的离去让大家更加清晰地认识到了严峻的现实，尤其是开装载机、挖掘机的人，因为要清理道砟（反坦克雷大多隐藏在其中），所以时刻会面临着危险。

"很害怕"，这三个字从年过半百、饱经沧桑的人口中轻轻吐出时，周围的人禁不住汗毛倒竖。

王孝田所说的运气，并不是宿命论。在无法预测的危险面前，事故的发生是概率的问题。

2006年9月下旬，担负工程设计任务的中铁上海设计院在本格拉铁路莱瓦段进行现场勘查。一直走在队伍前面的中方技术人员，因旅游鞋带松开了，停下脚步，蹲身系鞋带。这时，身后肩扛测绘仪器的安哥拉当地员工反超上前，在两米开外踩中地雷，肢体横飞，血溅一片。

"钢轨间被炸出直径1米、深0.4米的大坑，一组GPS设备也被炸毁。没过几天，当地有人在附近铁路的路肩上行走，再次触雷，被炸断了腿。"

这是铁路工地上安哥拉当地员工因地雷而亡的第一例。

恐慌不断蔓延，有的人承受不了内心的压力，思想开始动摇。后来，中铁二十局党委书记、董事长邓勇在安哥拉调研时动情地说："在这样危险的环境下工作，我们的员工都是英雄，都是二十局的功臣！"

挖掘机驾驶员周玉玺经历了与王权相同的险境。

"当时开着挖掘机在装道砟，突然一声巨响，震动很大。我想发动机怎么爆炸了，这怎么可能呢？"

周玉玺触雷了。他下车查看，发现挖掘机的车门、引擎盖都在强爆中不翼而飞。发动机被炸离位，保护皮带的盖铁炸飞在二三十米开外。

“铁路上常见的有步兵雷、跳雷等，但威力最大、对机械威胁最大的还是反坦克雷。”项目经理李仕强对此颇有研究，他的管段几乎全是雷区，施工中有过掐指难以算清的遇雷经历。

周玉玺此番遇险的是反坦克雷，“挖掘机履带被炸断，履带轮毂严重变形”，所幸人无大碍。闻讯而来的当地人把周玉玺团团围住，抱起来接连抛向空中，对他逃过劫难进行了狂野的祝福。

周玉玺属于乐天派，以欢快的语气陈述往事，并止不住地咧嘴大笑，旁人察觉不到一丝想象中的恐怖。但事发数年，他从未给家人提起过，原因是“怕家里担心，不让我在安哥拉干了”。

⊙ 勇气

随着铁路不断向前延伸，战时遗留物被更多地发现，种类也越来越多。3个员工凑在一起，围绕着地雷、炮弹能说两个小时不换话题，在进场时挖出了地下枪械库，在桥头发现了窝雷，还见过已是废墟的火炮阵地、成排的子弹，等等。

员工们渐渐习以为常、见惯不惊，甚至都能泰然处之了。

在一处路基填筑时，自卸车碾压到了手雷。员工向队长报告：“队长，响了个雷。”

队长问：“炸哪了？”

答：“车后胎，啃了块皮。”

问：“人没事吧？”

答：“人在车上，啥事儿没有。”

队长：“哈哈，人没事儿就好，明天把胎换了，照常上班。”

2009年，时任指挥长的王选尚到一处待施工区域检查工作，负责施工的队长介绍了前方的进展状况。王选尚随即问：“有没有员工进过里面？”队长说：“测量人员进去过，没有碰到雷，但差一点掉到陷阱里。”

王选尚对一起来观摩工作的项目负责人说：“员工在这里的工作情况，我们应该了解感受一下。”言毕，他沿着铁路线径直走进了草莽。

1 罗安达铁路试运行时的热闹场景

2 罗安达铁路首次列车运行，当地居民蜂拥前往终点站马兰热车站

3 试运行列车抵达罗安达铁路终点站，马兰热城万人空巷，争睹机车雄姿

本格拉铁路修建过程中排雷的数量，安哥拉官方从未披露过。员工们只是目睹地雷被一颗一颗清理出来，一车一车运走，在远离人群处引爆。

2008 年 4 月 25 日，安哥拉军方欲引爆一车已排出的地雷，邀请员工们见证。在库恩巴茂密的原始密林中，一队军人把已经清理出来的各种地雷、火箭弹、榴弹炮、手雷及不知名的爆炸装置集中在一处废弃的建筑中，数量之巨，令人震撼。

后来，环境更加山高林密，居民居住地渐次减少，排出的各类爆炸装置已不再集中于固定的建筑中。各排雷机构就地挖坑，将起获的地雷、枪支弹药等整齐排放，待上级来人清点后就地引爆。为防止人或动物误入，一般在坑周围用涂有红色的木棍围成警戒线，并安排专人看守。

排雷也会有百密一疏的情况出现。在已经清理过的区域，时常会有漏排的现象。据说在一次作业中，一颗盘子大小的反坦克地雷从装载机机斗的道砟中滚落。

2009 年，万博前方指挥部扩建，装载机在对堆积的石子扒平的过程中，一颗壮硕的炮弹出其不意地出现了。事后，安哥拉的军方负责人指着炮弹尾部铜色、硬币大小的引信和装载机机斗前方的齿状凸起，描述着当时的危险程度。

每逢这种情况出现，安哥拉员工撒腿就跑，军方人员则抢上前去快速捡走爆炸物。

与地雷、炮弹等战争残留物接触过的员工，都有梦里再次遇见它们的情形。现实走进潜意识，就成了可怕的梦魇，挥之不去，招之即来。

在漫长的施工过程中，有关地雷的故事不断发生。尽管屡屡受到强烈的身心冲击，但无一例人员畏惧脱离的情况发生。

“高尚是高尚者的墓志铭，卑鄙是卑鄙者的通行证。”远在祖国两万里之遥的中国铁建员工，危险面前本应有多重选项，但却在朴素的价值观的支撑下毅然肩负起了使命。

他们可歌可泣的行为，展现了“前无险阻，前无困难”的铁道兵精神，在国际舞台上不断塑造着战无不胜、勤劳勇敢、坚韧不拔的中国工人形象。

做工的人
——宝岛工地故事

文 / 林立青

工地大嫂在工地恶劣环境中工作，穿梭其间，调停折冲。

这些拾荒者多是老人，沿着整栋大楼逐步上上下下，找着工班给予的瓶罐收拾、整理。

工人不愿意穿着沾满污泥的雨鞋走进便利商店，并非因为自卑，反而是种“同理”的能力，毕竟做工的疼惜做工的……

在我生活的中国台湾，一栋大楼的建成，人们关注的焦点往往在于投资者、设计师的理念、独特的外形、造价的咋舌云云，谁会关心“施工危险、闲人勿进”的铁皮围墙里面把建筑物从无到有，一点点建起来的工人呢?

这些工地上的水泥匠、焊接师傅、女工以及工地大嫂，每个人都有说不完的故事。围绕工地而生的小吃店、冷饮店、槟榔西施、便利店，每个人的故事都令人动容。

⊙ 人定胜天

在工地现场，最难以预料、也最令人无力的便是天气。任何工种，都有各自所担忧的天气状况。有风和太阳、气温约在 25 摄氏度的天气，对我们户外工作者最为适宜。

由于在工程现场施工的过程中，很难说服业主因为天气影响而不施工，因此，无论天气多么恶劣难耐，也不会出现延期的情况。加上承包商是以做了几项工程来计算利润，师傅们则按天计算工资，少上一天班就少一天收入。为了养家糊口，施工者往往会冒着烈阳或是风雨来到现场。

工地现场其实是很辛苦的。户外的钢筋板模工往往要在烈日下进行重度劳动。那些钢筋在太阳底下晒过，能让人在一接触时立即起水泡，板模工则是需要在这种时候负重切板，一整天下来，师傅们多半一到家就立即喝酒让自己睡去，第二天再提早上工。连日劳动使得工地的师傅们皮肤逐渐变黑。为了散热，在工地现场的师傅们习惯了大量饮用冰水，上身脱个精光并用水降温。

这种状况，对我这样的工程师来说是两难。如果要求师傅们穿衣服，套上反光背心，超过一定气温时，光站在太阳下就受不了，因此若比照劳检要求，所有师傅会立即收工离去。但是，要是放任不管，那师傅们会直接喝起啤酒来。另一种做法是严格要求工地的午间休息时间，也就是钢筋板模工从早上六点上工到下午六点下班，中间十点半到两点半全员休息。但这也很难实现工地现场管理的人大多数自己也受不了。

若是下雨、刮风，那又是另一番景象。做室外防水和洗石、抿石的师傅们最为感叹的，就是下雨时刻。雨下一整天的时候，所有人都干脆去钓虾。但若是不确定的雨，鹰架上的作业就开始紧张，施工的师傅们假如被进度压着，只能硬着头皮上架硬做。要是遇到暴雨、大雨，也只能各自找地方躲藏，身上有衣服的脱掉拧干，没有衣服的也要减少吹风。

我常因为淋雨和过低的气温而头痛，许多师傅也如此，只是他们习惯用米酒和止疼药来减轻自己的痛楚而已。鹰架的承包商则是要到场巡检，生怕一个强风后，整个鹰架崩塌。在台风前夕，则要将所有的防尘网收拾好。

不得不提的是，工人身上的异味，其实往往是衣服黏在身上后，湿了又无法干，整日下来所造成的结果。无论是夏日出汗或雨季淋雨，这种身上衣服无法干的情况，造成我们这些户外工作者总是一身黏腻汗味，令人掩鼻止步，这也是我们在工地现场流汗后，死也不肯前往较好的餐厅吃饭的一大原因。

天气热到受不了时，我们总会想偷溜到一边去纳凉，师傅们心里也知道，拉着现场工程师去看工地，东问西问恶作剧地想把人热死。或者是在天冷之时，硬要拉着现场的到工地确认施工状况，试图让这些“坐办公室的”在恶劣的天气状况下，承认师傅们的耐力和辛劳。

这招极为有效，我到现在还在运用从师傅们身上学来的这个技能：到了工地现场，先带着业主走一圈工地，累他一顿再说，这些平常坐办公室的立刻气喘如牛，浑身无力地宣告体力不支。这时候再来谈进度或施工，我总是比较占上风。

真正在工地久待的人总会找出一些生存之道。热得要死的时候提议叫手摇杯，冷到令人发抖时就先去找烧仙草。如果是荒郊野外，那就在酷夏拿锄头耙开树的周围。其中有个师傅就很有生活智慧，不知道从哪里搞来一个吊床，然后点起蚊香款待我这个现场的“躺下来睡午觉”，等我的鼾声作为最佳的赞美和说嘴的本钱。若在冬日，那就烧柴取暖，甚至烤起地瓜、香肠与君同乐，毕竟有笑声、有食物的地方，至少心不会冷。

⊙ 工地拾荒者

工地只要一开张，就会开始出现垃圾。工程现场的垃圾量大，有些是碎红砖、干涸的水泥砂碎块、破碎的瓷砖与玻璃，还有包装纸箱、切剩的管材、断裂的木头和废铁，以及饮料、便当盒等生活垃圾。

有些师傅生性节俭，会把所有可收、可捡的东西带走整理以贴补家用，整个货车上堆了一堆的可回收物，有塑胶瓶罐、纸箱等。但大多数的师傅懒得做此事，往往随意乱丢，顶多在工程师或主任到场时，给点面子分类一下。

所以有时候，我们会让拾荒者进工地。这些拾荒者通常是当地老人或弱势族群，我们这种工地简直是他们的宝库。工地现场的饮料瓶罐数不胜数，每个人在酷夏之下，半天都能喝上两三罐，我们管工地的，在楼梯间等地看到这些垃圾都想抓狂，拾荒者能拿着几个垃圾袋逐一清理，我也乐得让他们前来捡拾。

水电商的马桶设备包装为纸箱，拆下来后，这些拾荒者会逐楼清点，一一拿下来。我们不要的破铜烂铁硬塑胶，他们可以用小小的推车连续载上几天，甚至从开工就开始捡拾，多少也减轻了我们工地的垃圾负担。但现在碍于劳检法规，我们多少会担忧这些拾菜人员被劳检人员到场认定为粗工。曾听闻有水电包商告诉我，他们在整栋大楼安装卫浴设备的时候，带了附近的拾荒老夫妻，约好垃圾由他们捡、纸箱随他们收，于是整栋楼的卫浴设备弄下来，整整齐齐的一大摞。老夫妻两人才正乐得说这些电光牌包装纸箱捡半天能卖 200 元，还包了一大袋塑胶瓶罐，正要载出去的时候，遇上劳检员。两人一无教育训练，二无进场名册，三无劳工保险，被劳检员骂说戴了帽子就来骗，这罚单开下去 5 万不止，他们差点被吓得哭出来。所幸，也有一些有力人士前来关说、施压、哀号、求告，才让威风八面的劳检员在厉声警告“下不为例”后，高抬贵手。

我和朋友讨论过，看有无方法解决。但他们多在 60 岁上下，进工地现场需要体检，而且每年都要，也不可能为他们加保劳保。但也不可能要公司派遣粗工整理垃圾后，还送给他们卖钱。粗工们受到时间的压力，只能快速将所有垃圾、回收物全数乱丢在独轮车上倾倒于一处。

各个工班也不愿意这样处理。只有少数朋友表示愿意为赏人一口饭吃冒此风险，在警卫亭旁边贴着“休息区”的字样，一旦劳检人员到场，就只求不会在建案楼上看到这些拾荒老人，快快叫人带他们跑到“休息区”假装从事回收，以避免被开单，然后装孬应对、鞠躬哈腰，只求劳检人员慈悲为怀。

这些拾荒者多是老人，偶有带着智障家人一同前来的，沿着整栋大楼上上下下，收拾整理着工班给予的瓶罐。有些师傅、工人心软慈悲，会将家中的废电脑、废电扇等回收物也带给他们。另一些师傅则是心疼，有的水电师傅甚至将短铜线也给他们——小小的短铜线能让他们晚上吃得上鸡腿便当。手套这种东西更不用讲，许多师傅们是一打一打给这些老人。我们工务所则是大量给他们垃圾袋或米袋。工地对他们而言，是个捡不尽的宝库。这些老人会把乱丢在一起的水泥袋整理好，将纸箱堆叠整齐，把切坏的硬塑胶妥当地放在米袋中，用他们布满皱褶的手压平，堆高在吱吱作响的手推车上。那推车堆得比他们还高、还重，往往旁边还挂着数袋铁铝罐，两人一前一后地，拉着去变卖钱。前往回收场的路途遥远，并且价钱始终没有好过。我站在工地门口送别，那堆高的旧手推车，应该还是可以让他们吃上两餐。

⊙ 工地大嫂

像我这种在工地现场没有靠山的年轻人，活下来的第一个先决条件就是“嘴甜”。工地现场的嘴甜技巧，就是管工地的每个都叫“主任”，做工的叫“师傅”，管便当、福利社的叫“老板”，管司机叫“老大”。这样叫对了是上道，叫错了是礼貌。

工地属于传统产业，无论怎么呼吁男女平等，毕竟这里就是以劳力换钱的地方。男女体力的外在差异极大。但有些事就是适合女人做，例如请款时刻，和我们这些工地主任锱铢必较、算得清清楚楚的往往是女人；单独作业时，哀求警察、环保不要开单的是女人；要求工程价码提高的是女人；当学徒、同行要来借钱支应，能够应对处理的还是女人。不过，在工地工作的女性，通常是和父亲、丈夫、兄弟等家人或男友一起做。这种环境粗野阳刚，不适合女性单独前来。工地现场非常传统，工人师傅们往往早早结婚生子，对象也相对年轻。在妻子学历也不大高的状态下，跟着自己丈夫到工地是一个很自然的选择，毕竟多一人在身边，既能约束丈夫，也能顾好工作。这样的状态自然而正常，往往是工地现场师傅级常有的现象。

由于我们的社会对女性的框架依然很强，若是早婚生子的女性，往往很难重返职场找到好工作，餐饮服务薪资既低又差，高阶一点的服务业也不愿意给她们提供机会。这些大嫂们往往因为丈夫出师接案，工程前期需要人手，接连做上几年后掌握了个别技能，甚至超越丈夫的也常有。有些工地现场的大嫂，甚至有令人惊叹的技能和才华。

有些师傅功夫一流，技术精湛，但好强高傲。他的妻子在旁则是温柔婉约，长袖善舞地负责接案调度，使他们夫妻俩工程衔接无虞，完全补上自己丈夫能力不足处，成为真正顾场、指挥调度的专业女性。有的师傅技术可以，但个性不稳定，在工地就是爱喝、爱赌，带上妻子后也都有所收敛，并且能继续接案。这些大嫂们默默管着自己的丈夫，前后调度，拉着顾着，让丈夫不至于出大包，能稳稳地工作。也有的大嫂极有度量胸襟，带着娘家、夫家的侄儿亲戚等一同工作，徒子徒孙遍布整个行业，整个家族全靠她用一部手机联系，指挥调度使臂使指，喊水会结冻，喊米变肉粽。真正赶起工来，人脉比我们这些营造厂还多、还广。往往有时候大男人叫不到的人，都由这些嫂子们前去拜请而来。

当然，我们对于能待在工地现场共同管事的这些大嫂们无比尊敬，在这种传统产业的框架下，她们还兼顾家庭，照料孩子。而这种共拼事业的夫妻组合，其实是传统社会框架下最好的典范。工程现场环境的这些女性，往往在年长之后，对人、对事都多了一分宽容和体谅。

在工地有人吵起架来，调停的常常是她们；在工地看见有人病痛时，分药提供偏方的是她们；工地有猫、狗死亡，埋葬的还是她们；工程顺利，带着下包师傅一同唱歌的也是她们。甚至工程不顺，要去哪里拜什么，都是她们在指点迷津。困苦的环境使人感恩，在这种环境中，女性特有的温柔起到防腐作用，能使自己和丈夫更为稳定。

这些大嫂们，通常是在有了“阿嬷”身份后，才能退休回家。阿嬷的身份独特，地位崇高，有着不同于工地现场的待遇。她们在年轻时真的吃过苦头，见过困难环境和世面，她们全心全意地爱孩子，毫无保留地爱，并且等着徒子徒孙和晚辈的撒娇。

我常常看着她们在工地的身影，她们在恶劣环境中工作，穿梭其间，调停折冲。这些女性完全就是我国台湾社会女性最为坚强、最为温柔，又最为美丽的缩影。

⊙ 子孙代代

工地现场有一种很独特的情况，那就是不知道为什么，几乎所有的现场施工者到了一定年龄后，都会被理所当然地认为已经结婚生子，好像结婚生子是一件必然会发生的事。和工地现场的施工人员相处时，最常被这些师傅关心的也是婚姻、家庭状况。

工地的意识形态不同于办公室文化。在办公室里，一般来说对于私生活的关注较少，过度的关注是一件失礼的事。但在工地现场，这会是一个考古题，从何时结婚到孩子何时出生，这些师傅都会在关心时给予无比慷慨的承诺。相反地，一个人若是身边没有妻子，又或是从来没有结婚，都会被怀疑不务正业或不够稳重。

由于工作繁重，工程现场的师傅们难以进修或是拥有良好学历，若没有在年轻时积极追求对象，并且早早结婚生子，就会有很多人无法适应现代社会的择偶条件。在工地现场，到处都可见师傅们在过了一定年龄后娶了外籍配偶，甚至在七八年前，有些师傅的副业正是介绍外籍新娘。

有意思的是，无论本籍外籍，若是妻子会同丈夫一起工作，那其实以工地的薪资待遇，一般而言是能存下钱来的。这些工地现场的夫妻最常见的就是泥作、瓷砖师傅，夫妻两人架线、贴砖、搅土、粉墙。有些默契好的夫妇，两人在现场施工时的配合动作流畅，一人舀土上盘（泥作工程时，泥作师傅身边会有一个小工，有时是自己的妻子，将水泥砂浆舀到师父的盘子上）。另一人旋即粉刷上墙再将土盘接来，简直如同舞蹈一般。能这样配合的师傅也往往具有强大的韧性，他们甚至能够同时适应劳累的工作环境并养儿育女。

有些人认为工地现场的师傅容易疏于照顾儿女，但据我观察似乎没有太大依据。真正对儿女的照顾，和职业的相关性绝对少于与收入多寡的相关性。有钱的人往往能给孩子较好的环境，但在工地现场看过去，我也不觉得劳工的孩子比较差。反倒是工地的师傅们会让儿女更自由发展，有高职读高职，有大学读大学。科技大学和普通大学差在哪里？这些师傅往往也听不懂，总之读得学历比自己高，就值得开心一番了。

我所见到的师傅们，若是经济许可，多会为孩子缴学费。这是一种“能读多少就读多少”的观念，近年来转变为“想读多高就去读多高”，并且或多或少会对孩子寄予巨大期待。当然，也有经济能力较差的师傅，若是可以则会借贷来应付，比如让孩子办助学贷款，其他得靠着另外借贷来支应。这点有些特别，工人之间若是为了投资借钱，那不一定；但若是真的为了孩子借钱倒很容易，也很难拒绝。

工地的师傅们总是吹嘘当年勇：年轻时走跳四方，有钱的时候花起来毫不手软，各种各样的休闲活动无不涉猎，钓虾场、撞球馆、“小吃部”、网吧、卡拉 OK、夜市的“喊场”、各式养生馆，甚至奇特的挖耳朵、修脚皮专门店，应有尽有。这些吹嘘结束后，总要在结尾说上：后来因为有了老婆，只能一家子在周日时刻带孩子钓上一整天虾，或是全家在夜市喊卖玩具的摊子前坐上一整晚，随手吃着炸鸡、鱿鱼、烤玉米。

无论如何吹嘘，随着孩子年龄增长，学费、生活费、住宿费等费用也在增加。就算学费能够贷款，但住宿、生活以及书籍费还是得硬咬着牙处理。乡下地区的师傅们更是如此，有时孩子考上了大学，偏偏宿舍无床，便跑来问我如何上网查租屋。那个年龄的师傅们连烟钱都会开始省下。

工地现场的工作劳累，到最后身体会有一个极限，再也无法和其他年轻力壮的工人竞争。但若是孩子毕业了、当兵了、结婚了，这种担子似乎也就解脱了。很多师傅们会开始挑起工作，只做某些有把握并且劳动条件较好的工作。等到再老一点，工地不再联络，这些老人很可能就落得清闲了，女的在宫庙折花，男的在门口下棋、泡茶。

⊙ 便利商店

当一个人到外地工作，并且和师傅们同住一起时，往往没有什么生活空间及生活品质。在外地的时候，便利商店总是能提供多种服务，对一个工地现场管理者来说，任何一家便利商店都能打印、传真及接收资讯，在那个手机开启软件还很慢的年代，我大量依赖着便利商店。过去在彰滨工业区工作时，我就曾非常依赖一家便利商店：有桌椅、厕所，有停车场，还会把咖啡渣放在关东煮的碗内，用来集中户外座位的烟蒂。

当然，对我们来说，便利商店还是贵了些。比起来，小蜜蜂（开车或骑车卖饮料的人）和槟榔摊卖的水总是比较便宜，台啤也只要 30 元，饮料还是要去这里买才划算。但便利商店有现煮咖啡，有关东煮的热汤，并且可以在最短时间内满足生活所需。在这种超市要开半小时车才能到的地方，便利商店还是方便得多。

我时常发现便利商店的店员都极为年轻，并且和我们这些劳工相同。这些店员并没有显赫家世或漂亮学历。店员有时是女孩，往往一脸稚气，柔弱而单薄地站在柜台后。有时则是年轻的男孩，相较于我们的粗犷肤色，他们更显英俊。有时是二度就业的女性，动作虽慢却很认真。最少见到的，就是和我们一样的青、中年男性。我当时想过原因，或许是我们社会对于男性仍有框架。说到底，我身边的师傅多有人娶这样的基层服务业女子为妻。男人到工地，做基层的劳工，女人则到基层服务业工作。或许因此，我们对于这些店员的工作特别多了一分敏感。许多师傅坚持在进店前，绝对要先将自己的雨鞋清理干净，否则宁愿不踏进去。

我身边的黄师傅就是如此，他进便利商店时，宁愿脱鞋也不愿意踩脏别人的店，原因是不想增加这些服务生的困扰。虽然那些经过无缝处理的乳白色抛光石英砖，是店员们理所当然要负责清理的。

我曾经多次在便利商店周遭，想趁中午时间带他前往咖啡厅、便利商店或是卖场，但他始终不肯。黄师傅的原因多是不愿给他人造成困扰，毕竟做工的疼惜做工的。那些写在店门口的待遇让人看了心疼。

对便利店的店员来说，那些奥客（对服务员提出无理要求，或者在店内行为不检的顾客）往往无所不用其极地欺负弱者。我曾有一次，在便利商店要那些废话碎嘴之人“不买就滚，别挡我路”，那人回头一看，我们一伙8人腰挂铁锤扳手，雨衣雨裤沾满了干掉的泥，一脸鸟气（不堪其扰，脸色难看的样子），没人会想招惹。这种时候，奥客也多闭上嘴，识相地快速离去。

不管在任何时候，我们身上的味道都不好闻。裤子被汗水浸透，裤管的地方带着烈日曝晒后的白色汗水盐分结晶。腰带湿透，屁股、大腿间闷胀着甚至烧裆。但我们这些工人都还能体会、理解，并且尊重这些便利商店的店员。

我们不愿意在一身脏时坐在店内，以免店员困扰，也绝不出言欺负他们。我们做工的，都尚且如此，不知道为什么其他人做不到。

厉害了!
摘"星"技术工人
2.8亿人的利益表达
技术工人的奋斗时代来临
中国工人
中国工人
中国工人
中国工人

附　录

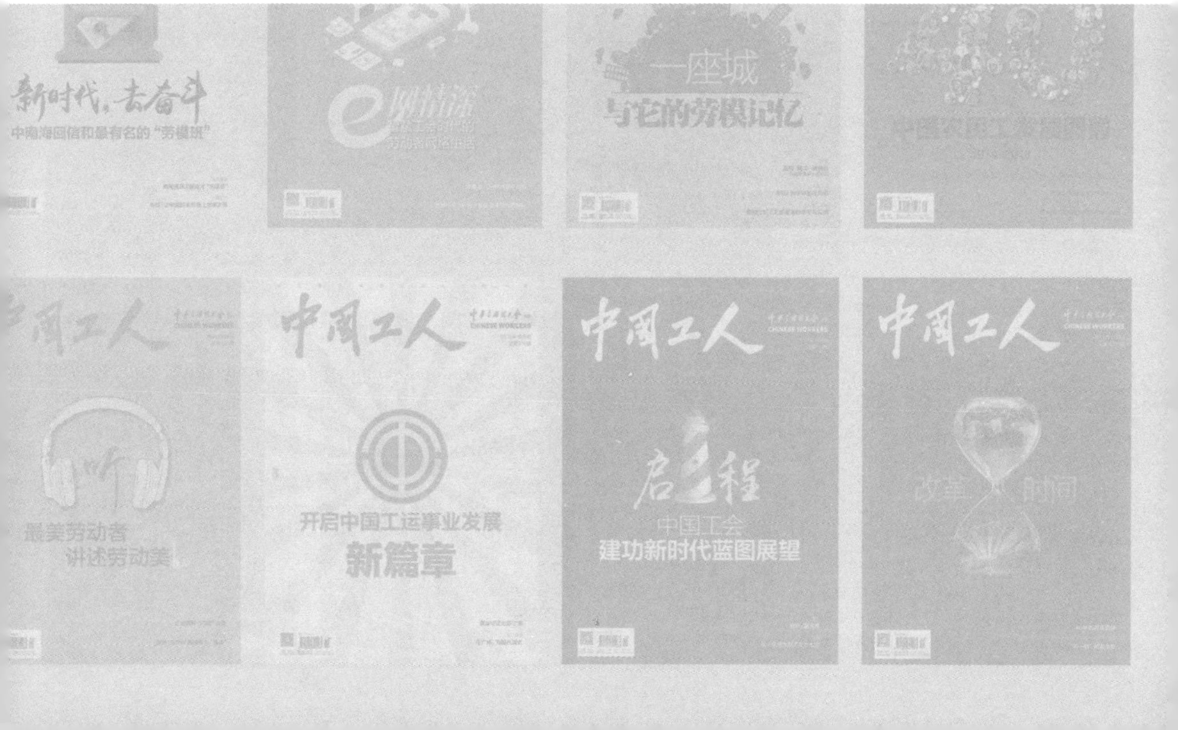
新时代，去奋斗
中南海回信和最有名的"劳模班"
一座城
与它的劳模记忆
中国工人
中国工人
中国工人
中国工人
听
最美劳动者
讲述劳动美
开启中国工运事业发展
新篇章
启程
中国工会
建功新时代蓝图展望
改革
时间

《中国工人》：从封面到封面

中国工人
CHINESE WORKERS
与党同行
庆祝中国工会十七大召开特辑

中国工人
CHINESE WORKERS
新时代 新使命 新作为
预见2018
最是新春好时光
——关于劳动者生活变化的八大猜想

中国工人
CHINESE WORKERS
厉害了！
摘“星”技术工人

中国工人
CHINESE WORKERS
追光
2.8亿人的利益表达
——农民工全国人大代表的创生与成长

中国工人
CHINESE WORKERS
重返荣耀之巅
技术工人的奋斗时代来临

中国工人
CHINESE WORKERS
新时代，去奋斗
中南海回信和最有名的“劳模班”

中国工人
CHINESE WORKERS
e网情深
智慧工会时代的
劳动者网络生活

中国工人
CHINESE WORKERS
一座城
与它的劳模记忆

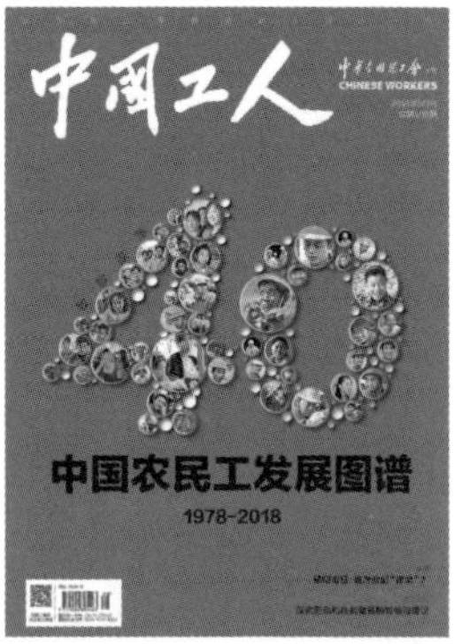

中国工人
CHINESE WORKERS
40
中国农民工发展图谱
1978-2018

中国工人
CHINESE WORKERS
听
最美劳动者
讲述劳动美

中国工人
CHINESE WORKERS
开启中国工运事业发展
新篇章

中国工人
CHINESE WORKERS
启程
中国工会
建功新时代蓝图展望

中国工人
CHINESE WORKERS
改革 时间

2018：刊首里的《中国工人》

人生何处不显峰

热爱坚持一相逢，便创造奇迹无数。

2018年1月初，新一届国家科学技术进步奖揭晓，两位工人——洪家光、黄金娟名列其中。

领奖那天，在一众科技工作者中，身穿工装的洪家光格外显眼，一位学者轻轻地拍他的肩膀问道："你是一线工人？"

当得到洪家光肯定的回答后，对方惊讶地瞪圆了眼睛，向他竖起大拇指。

可想而知，这惊讶的表情和竖起大拇指的动作背后，有对工人也能领取国家科技大奖的讶异，也有对一线工人站上国家科技大奖领奖台的钦佩。而这，恰是当下社会对工人群体评价最微妙的再现。

事实上，在2006年国家科学技术奖励制度中，首次为工人农民科技创新打开获奖通道，12年来，经全国总工会推荐获得国家科学技术进步奖的一线工人，已经有15位。《中国工人》在报道梳理这些摘"星"人时发现，尽管他们身处不同专业领域，但在技术精进之路上，却有着相同的执着。

洪家光，从进厂的第一天起，就和厂里金刚滚石轮加工这个"独苗工种"较上了劲。一旦有了机会，他便不眠不休，只用了短短10多天，就把别人需要几年时间才能掌握的技术攻破了。

黄金娟，在全世界都靠人工检定电表的时候，“异想天开”地提出智能检定的概念，并用 3 年的时间，“死磕”难题，最终“啃”下这项在国际上都还未有先例可循的技术。

往回追溯，王洪军、杨建华、代旭升、赵林源、王康健、许杏桃、李斌、郭晋龙、高森、田明、王进、白伟东、朱洪斌……一个个早已大名在外的大国工匠名字，赫然在列。

果然，能担得起大国工匠之称的人，个个身怀绝技。然而，即便是“天生大才”也不可能省了日积月累、渐悟顿悟的过程。在一朝之间“花香四溢”“巧夺天工”，终要靠“面壁十年”“铁杵成针”的“修炼”。当热爱与坚持相遇，即使身为工人，也能够一天天将自己打磨成工匠的样子，摘取那些曾经仰望的星，让自己也成为闪耀之星。

人生是自己书写的一本书。打开扉页，每个人的开始都大相径庭，哪位从“工人”开始一步步修炼到“工匠”的人，不曾有过凡人一样的迷惘，却始终在用自己的方式，顽强地拒绝平庸。

有这样一则故事：

炎炎烈日，一处建筑工地上，3 个年轻人正在砌一堵墙。过路的人好奇地问：“你们在干什么？”

第一个人抱怨地说：“没看见吗？我们在砌墙。”

第二个人平静地说：“我们在盖一幢高楼。”

第三个人快乐地哼着歌曲，笑容灿烂：“我们在建设一座城市。”

10 年后，第一个人依然在另一个工地上砌墙；第二个人成为设计楼房图纸的工程师；至于第三个人，他已经管理着这座城市最大的建筑公司……

你瞧，有梦想的人，人生何处不显峰，就像那些摘“星”的工人师傅们！

平凡着，闪耀着

又是一年春来早。

3月，全国两会如期召开。

红色，是3月的颜色——广场上飘扬的红色旗帜，大会堂里红色的五星穹顶、红色的丝绒幕布、红色的代表证……

火热，是3月的主题——庄严的会场，激越的小组讨论；追逐的记者，被围采的代表委员……

10年前，胡小燕、康厚明、朱雪芹3位农民工全国人大代表初登国家最高权力机关的“舞台”。在广场上，在红色的五星穹顶下，在团组讨论会上，他们的一举一动、每一次发声，都成为那个春天里最被关注的焦点。仿佛有一束追光，始终紧紧跟随，只是为了听清一个庞大群体的所有声音。

此后，从0到3，从3到31，再到2018年最新的数字45。连续3届，全国人大代表中农民工身份代表人数变化的背后，是一个关乎2.8171亿人的庞大群体的利益表达。随着这一数字不断增长，在那束依旧会亮起的追光下，相信这一群体权益的表达会更加从容。

10多年来，从地方两会到全国两会，农民工代表们早已学会了如何通过权力机构表达群体利益。随着群体权利意识的不断增强，农民工代表参与社会治理的渠道逐渐畅通，新一代农民工代表参政议政的能力早已不可同日而语。

如果说，10年前的朱雪芹还会青涩地躲避记者，那么，早已参与到地方政治生活中的余雪琴代表，就显得更为成熟而从容。不同个体身上的细节变化，恰恰是一个时代不断进步的绝佳缩影。

说到从容，2014年荣获全国五一劳动奖章的李超，从最初获得荣誉时的惴惴不安到如今能够淡定面对掌声鲜花，但依旧保持着温和又不失力量的一面。只因初心不失，坚持着一个工人的本分——将技术看作立身之本，视创新为一辈子的追求。

3月，也是女性之月。

本期《中国工人》关注二孩时代职场女性的生育焦虑。妈妈们吐槽生活中琐碎缠身、职场里升职的无奈、身份切换间如何狼狈等现实困境。然而，生还是不生，难道只是个人选择吗?

数据显示，我国2017年出生人口1723万人，比2016年减少了63万人。12.43‰这一人口出生率，竟然比日本还低。出生人口一旦雪崩，“生”与“升”的焦虑，就绝不会只是个体焦虑了。从这个角度考虑，如何善待女性，为她们的生育减轻负担，已经刻不容缓，因为，它事关民族未来。

3月，意见、建议、声音、主张在充分释放，振奋、欣喜、自信、期待积聚着能量。

3月，天如此蓝，风也轻暖起来，百花次第开放，美好的季节不可辜负。

无论你是谁，在哪里，正如诗中所言，“苔花如米小，也学牡丹开”，每个人都可以平凡着，却闪耀着。

所谓常识

“他是？”

“做帘子布的大工匠。”

“帘子布？是窗帘吗？”

“不不不，没有那么简单。”

选题会时，编辑第一次向我介绍张国华和他所从事的岗位——卷绕工。这个工种每天都在与尼龙66工业丝打交道，这种工业丝可以制成浸胶帘子布，成为汽车、飞机轮胎的骨架材料，有的则会成为神舟系列飞船返回舱降落伞的主要材料。

瞧，工匠手里翻飞的手艺技艺，还能为多少我们意想不到的重要领域提供基础性支撑，这显然超出了我的一般性常识。

常识与无知，并不是绝对反义词。你的常识或许就是我的无知。无知并不可怕，真正的无知不是知识的缺乏而是拒绝获取知识。

生活中，很多时候的无知并不表现为拒绝获取，而是不求甚解带来的知识碎片，进而形成认识上的不足或偏见。比如，偶有不了解工会的人，会在我面前将工会的职能简单地与“发福利”等同。

诚然，福利很重要，事关人民群众生活需要，也是职工权益的重要组成部分。工会“捍卫”职工福利并就此屡屡发声，受到职工如潮赞许，恰为最好说明。但工会的职能不单单囿于“发福利”，这种偏见的形成，正是发问者碎片式见闻与不求甚解后形成的一种认识偏见。

以此次《关于提高技术工人待遇的意见》出台为例，全国总工会副主席、书记处书记阎京华在回答记者提问时直言，“全总深度参与了提高技术工人待遇政策措施的研究制定过程”。“深度参与”四个字背后，包含着工会人与广大一线职工的无数次面对面恳谈，深入企业的细致调研和专业研讨，以及与相关部委交换意见、协商协调，其中细节，正是工会深度参与的生动例证。

再比如，对《劳动合同法》进行修改的声音一度占据舆论主流，理由大多认为现行法律造成了“企业负担过重”和“用工不够灵活”。两会前夕，有记者追问《劳动合同法》什么时候修改，全国人大常委会法工委社会法室主任郭林茂的回答值得玩味——“用人单位解聘人方便就是灵活？这种考虑是片面的，有关部门跟工会之间相互看法不一致，国务院有关部门正在研究。”你瞧，理不在声高，工会代表广大职工持有的态度和意见一直被党政看重和认真对待。

黑格尔说过，所谓常识，往往不过是时代的偏见。要超越这个时代的偏见，唯一的办法，就是阅读。阅读当然不止书本，还有人生的见识广博。曾经的记者曾鹏宇，17 年遇见过 34 次死亡。那些逝去生命教会给他的事，相信在你我读完那些逝去生命的故事后，也一定可以体味到些什么。

创造一代

第六季《大国工匠》在中央电视台播出，一位位大国工匠的故事被更多人熟悉。这一季，《大国工匠》节目以“创造力”为主题，选取的大国工匠身上都有一些共同特点：高技能、富有创造力，拥有扎实的创新成果。比如，洪家光、黄金娟，都是最新的国家科学技术进步奖获得者。他们，也在《中国工人》的报道中出现过。

所谓创造力，指的是发现和创造新事物的能力。

如何激发创造力，专家们的观点就众说纷纭乃至大相径庭了。

有研究得出结论，没有证据证明，企业为创造力提供的激励政策导致了更多的创新。但丰田公司却声称，每年大约70%的想法和建议都是员工提出的，员工的创造力比估计的要多得多。

有人沮丧地说，最伟大的创新，是沾了一种难以定义的“仙”光，你没法把它放进表格里来研究投资回报率。但更多的企业和国家，还是对创新创造之路始终孜孜以求。

尽管在学术研究领域，观点各有不同，但从众多大国工匠成长成才的经历中，我们看到了一些相同的因素。比如说，个体肯钻研、爱动脑、不服输的品质，与所在组织对员工岗位创新的支持鼓励环境相遇，最终创造出了可观的经济价值和社会价值。

事实上，任何一位技术工人最后能够被称为大国工匠，哪个不是经历了十几年乃至二十几年的积累。而所在企业对个体员工的支持投入，也有一段漫长的时间。

本期《中国工人》报道的大国工匠洪家光，工作20年，完成了200多项技术革新，这样的成绩让他拥有了“小车工也能攀登世界高峰”的自豪；大国工匠孙丽，从事机械设计24年，经她之手设计出的4000吨级履带起重机被称为“世界第一吊”。

套用当下流行概念，这就是大国工匠养成系实例。比起偶像养成类综艺的火爆，对于正在聚焦中国制造2025的我们来说，则需要多一点的时间、耐心和投入，去养成一个又一个大国工匠。

与大国工匠们用时光熬出的伟大相比，那些搭建起工业体系最厚重部分的上亿中下层普通技术工人，还需要更多政策照拂。尽管《提高技术工人待遇的意见》3月正式印发，但在我们最新的采访中，依然有一线工人直言：“好政策还要让我们尽快享受到。”

除了政策落实还需要各级、各部门的步伐再快点之外，在生活压力和社会阶层分化的现实面看，正视一个庞大群体的利益诉求，已经刻不容缓。否则，当我们还在为大国工匠而骄傲时，一个现实的尴尬或许将长久存在，那就是——以后谁来当工人？

5月，有关劳动的讨论正当其时。各地也在纷纷开展“大国工匠进校园”活动，身怀绝技的大国工匠们走进校园与孩子们近距离接触。

面对一张张稚嫩的面孔，希望大国工匠们的故事能够在孩子幼小的心中种下“劳动最光荣、劳动最崇高、劳动最伟大、劳动最美丽”的价值观，今后无论在什么岗位上，都能怀有一颗去制造美好，去创造未来的奋斗之心。

与之相应，在成年人的世界中，我们必须正视一点，以荣誉为牵引，以兴趣为驱动，在鼓励孩子加入工匠队伍的价值引领之外，还需要将真正的平等、尊重、体面、光荣，落实体现在一位又一位技术工人的个体生活感受之中。唯有如此，创造一代，未来可期。

因为热爱，无问西东

2018 年 5 月初，在大连金普新区举办的大国工匠进校园活动中，大国工匠方文墨与职业技工院校的学生们之间的问答环节，让人感触很多。

一个学生问："您平时那么忙，怎么能看完 400 本专业书？"

方文墨答："我每天就睡 5 个小时，到现在连网购都不会，更不会玩游戏，微信去年刚装。"

另一个学生问："您练功的时候，有没有过枯燥乏味的感觉？"

方文墨答："没有感觉枯燥过，因为我喜爱。每一次训练中，零点零零几毫米的提高，都是很快乐的事情。"

简单的回答里，传递出两个信号：专注与热爱。

在手艺人傅军民那里，热爱的表现是：拧着劲儿要把景泰蓝食盒做成不掐丝工艺，最终耗时 800 多天；一把玫瑰椅设计几个月，打磨七八个版本；一张桌子上漆 100 次，多一次少一次都不行。

这样的傅军民，连他自己都在反思"是不是过于理想了"，但下一次，他还是会忍不住在朋友圈里吐槽那些在工艺上"糊弄"的同行。

不管从事工业生产还是传统家具制造，方文墨和傅军民本质上都是"手艺人"，也是"守艺人"。外界对他们所无法理解的部分，恰是当下最为稀缺的东西。譬如甲之枯燥方文墨之快乐；乙之性价比傅军民之没法糊弄。只是傅军民偶尔的自我怀疑，让他少了一点从容笃定，在坚守匠心的过程中，便少了那么一点纯粹的快乐。

诚然，当下有太多诱惑太多途径，让人可以快速获取快乐。也会因名望、地位、回报的比较之心，让人产生迷茫。这样的动摇，其实再正常不过，这种内心的徘徊，也正是一个人寻找真实自我的过程。整个 5 月，全国各地都在开展大国工匠进校园活动。就像学生们对方文墨的提问一样，也会有很多学生向大国工匠们提出相似的问题，这不正是青春少年对真实自我的一次追问吗？但愿，孩子们能够早日找到真实的自我，在热爱的驱动下，笃定前行，变成自己想成为的人。

最后，用马德老师的一段话结尾：

我慢慢明白了我为什么不快乐，因为我总是期待一个结果。

看一本书期待它让我变深刻，吃饭游泳期待它让我一斤斤瘦下来，发一条短信期待它被回复，对人好期待它回应也好，写一个故事说一个心情期待它被关注被安慰，参加一个活动期待它换来充实丰富的经历。这些预设的期待如果实现了，长舒一口气。如果没实现呢？

可是小时候也是同一个我，用一个下午的时间看蚂蚁搬家，等石头开花，小时候不期待结果，小时候哭笑都不打折。静坐听雨，雪中听琴，立德立言，无问西东。

时光如风，记忆如岩

眼下，各种劳动和技能竞赛如火如荼。选手们为职业荣誉而战，总会有人脱颖而出，也总会有更多的人埋下不屈的种子，卧薪尝胆，为了来年再战。

技能竞赛就像劳动者的运动会，通过不同级别大赛的层层选拔，技能高超者终将站上全国乃至世界的领奖台，迎来个人职业生涯的巅峰时刻。

每一位富有理想的技术工人，都要走上这样的奋斗之路。一位又一位平凡者的故事，汇聚而成的是平凡者的史诗。一位又一位技能顶尖的“做工的人”，共同构成的是中国工业的强大基石。

在每个人的记忆里，一次职场中的光荣绽放，足以构成人生最宝贵的回忆。那么，对于我们共同生活的城市来说呢？

幽深巷弄与高楼林立交错，历史印痕和时尚潮流遥望，那些在时间长河里留下过巍峨背影的风流巨匠，无意间拨动过历史齿轮的无名之辈，都是一座城市不可磨灭的记忆。

酷暑之时，《中国工人》的采访组走访了3座与劳模记忆有关的城市。

上海，作为中国工人阶级成长的摇篮之城，在70载大江大海的巨变之中，劳动者书写的历史，以不同方式镶嵌在660平方公里的土地上。我们走访徐虎，为他个人经历与时代变化间的比照而感叹，更为坚信“徐虎精神”

永远都会是高高飘扬的劳动旗帜。我们走访包起帆，为他愈老弥坚的持续创新惊叹，同时也更理解了上海这座城市总能引领历史的原因所在。

沈阳，带着东北风云浓厚印记的城市，不仅是“一朝发祥地，两代帝王都”，更是中国最重要的重工业基地，有着“共和国长子”和“东方鲁尔”的美誉。如此强大的工业环境，滋养诞生了一位又一位名震中国的劳动模范和大国工匠。无边界的新工业革命步伐不可阻挡，“东方鲁尔”也需要一次华丽蜕变。这一切，都离不开匠人匠心的点滴铸就。

北戴河，中国最特别的海滨小城，海浪沙滩，帆影绰绰，渔人晚归，惬意处处。这座小城与政治的渊源最早可追溯至1898年，清政府宣布北戴河“准允中外人士相杂居住”，政要显贵出入成为寻常。直到中华人民共和国成立，工会组织劳模海滨休养，才让这个北方避暑胜地有了更多平凡又绝不普通的“人民”到来。尤其是诸多工人疗养院临海而建，接待了千千万万的一线工人，留下了一个国家对劳动至高敬意最生动的画面。

一座城的生长，离不开劳动者的辛劳付出。一座城的记忆中，理应有劳模的重要位置。我们撷取的上海、沈阳和北戴河，不过是中国众多城市劳模记忆、劳动记忆的生动缩影。更多的劳模街、劳模墙、劳模馆和劳模公园，每时每刻都在我们身处的城市里传递着“劳动光荣”信仰，这不仅仅是记忆，也是活的历史。

时光如风，记忆如岩。

今天每一位劳动者为城市添加的砖瓦，都会是城市明日之骄傲。

为劳动者树碑，为劳模立传，所谓精神，便是如此传承。

这些永不磨灭的记忆里，每个人虽不过是沧海一粟，汇聚起来却是一个国家的荣耀。

大潮从不止息

2018年是改革开放40周年，当人们从不同视角回顾40年来社会变迁时，很难忽视一个群体——农民工。

改革开放为中国社会带来巨大而丰富变化的诸多事物中，农民工群体的诞生和发展，与中国经济快速增长、位至世界经济总量第二密不可分的同时，也与权利、法治、公平、正义、文明这样的词汇息息相关。

几十年来，农民工一开始被称为“盲流”，后来被称为“民工”，之后是“农民工”，再后来，有声音认为这一称呼不够尊重，于是改称“进城务工人员”，一段时间后，“农民工”重现媒体。直到现在，这个称谓在人们心中逐渐仅作为表达身份的中性词出现，这个群体才接近其社会意义上的平等。尽管，这种平等无论在制度还是实践中，还有一定的差距。

在我的个人记忆中，与农民工这个群体相关的词汇先是蛇皮袋、塑料桶、扁担；后来是建筑工地、流水线、工伤、欠薪；再后来，留守儿童、积分落户、农民工全国人大代表、农民工兼职工会副主席……

“一个民工进城了。他和这座城市唯一的联系，就是脚上那双回力牌白球鞋……”

20世纪90年代初，当中国青年报记者以这样的开头来描摹民工潮时，回力牌白球鞋这个细节，给10年后初入媒体就职的我，留下了非常深刻的印象。

在这之后，接近20年的职业生涯中，我采访过无家可归的农民工、被欠薪的农民工、流水线上的新生代农民工、漂在北京心怀梦想的农民工子女。这几年，采访较多的还要数农民工代表、农民工兼职工会副主席和农民工劳动模范等。

如果，农民工群体40年来的变化是一面镜子，不可否认，它照出了中国社会在改革开放40年中最生动而丰富的进步。

最近，中国工人出版社出版了《中国农民工40年》，感谢作者授权本刊以缩编的形式奉献给读者。作者以大量的历史资料、深入的理论研究和缜密的思考文字，为我们呈现了一幅丰富翔实的农民工40年发展图景。如今看来，有些历史依然触目惊心，但每一次引爆社会关注的事件后，政府作为紧跟其后；有些国家政策“破冰”意义浓厚，但它们所激发出的社会连锁力量不可小觑。

中国农民工的命运与国家命运紧密相连，一个群体以最顽强的努力为中国社会转型注入“推进剂”，也必然以最终融入城市文明为象征，完成自己的“马拉河之渡”。

农民工，既是主动挺立改革大潮的“弄潮儿”，更是始终参与改革的“赶海人”。他们，是改革大潮的参与者、见证者和推动者。

如今，进一步深化改革正在进行中，大潮从不止息，2.87亿农民工群体阶层迁徙的力量依然蓬勃。

讲好中国工人故事

这两天，全网都在为“丢了快递”暴哭20分钟的上海快递小哥心疼，虽然经核实，并未发生快递被偷的情况，但这段视频从侧面映衬了一位普通劳动者生活中的某个“至暗时刻”，打动着很多人。潮水般的评论里，满满的都是对快递小哥的心疼和安慰。这其中有巨大善意的释放，也有曾经面对过类似情景的共鸣。

这样的故事，网络上并不少见，尽管三不五时地会刷屏一次，但人们并无审美疲劳，每每都会加入围观行列。那些能够轻易抓住人们目光的，总是最平凡劳动者的善良、努力、勇气，甚至辛酸。比如，环卫工张景和与小孙女的温情一刻；地铁里不好意思坐在座位上的农民工；雪地里，一边带孩子一边检修的电力工人……

鲜衣怒马，年少轻裘，是很多人所愿。但大多数时候，如果注定我们只能做一个普通人，也希望能够活出普通人的尊严，做一个平凡不平庸的人吧。平凡却不平庸，原本也是郭明义、巨晓林、高凤林的人生愿望吧，但他们守着那颗不平庸的心，走着走着，成就了自己的不平凡。

1982年，郭明义进入鞍钢，成为一名生产汽车驾驶员；比他早两年，高凤林刚刚技校毕业，成为第七机械工业部第一研究院211厂工人；彼时，巨晓林还在老家宝鸡，在泥瓦匠、油漆工、电影放映员的临工里打转，直到1987年，才得到一个偶然机会，进入铁道部电化局成了接触网工。对他们3位而言，轨道一旦选定便从此再也没有换过地方，一步一步，走好踏实的每一步，把一件事做到极致，让自己的人生闪耀着劳动的力量，最终成为全国总工会兼职副主席。

《中国工人》反复报道他们，与他们成为真挚的朋友，因为我们相信，讲好他们的故事，在他们的故事里，探寻人性这一永不过时的主题，就是讲好中国工人的故事。

已经成为全总兼职副主席5年之久了，郭明义参加中国工会十七大，依旧还是一个蛇皮袋装几件简单的衣物；参加活动的巨晓林，大方朗诵起自己9年前写的诗歌《咱们的农民工》；在成为全国总工会兼职副主席的7个月前，高凤林尽管已经荣誉等身并且家喻户晓，却没有任何政治身份，在一次技术工匠的聚会中，他带着刚刚下班的疲惫乘地铁赶来后，坐在全国人大常委、全国人大代表、全国政协委员及几位省级工会兼职副主席间，谦虚有礼，却心如止水。

伟大的故事总是具有现实意义，能在长时间里不断获得新解释，因为其中的人性是那么丰厚，每一个新的一代都能够从中观照到自己。

《中国工人》致力于记录下由劳动者创造的伟大故事，记录下这个时代里，劳动者奋斗着的样子、散发着职业魅力时的瞬间、闪耀着人性光辉的时刻。当然，我们也在努力尝试拥抱新媒体，利用多种途径和平台，将中国工人的声量放大。我们与火山小视频合作，为“故事”加持“技术”的力量，让工匠的魅力征服更多人。我们尝试运用AR技术，用虚拟现实玩转趣味互动。未来，我们还将探索多种传播渠道，运用多种手段来挖掘传播好中国工人的故事。

写下这些“宣誓”般的文字，是我们内心丰盈的热望，更是向还愿意打开杂志的每一位读者的诚挚邀请，一起见证中国工人的故事，与《中国工人》一道，向中国工人致敬。

我有一瓢酒，可以慰风尘。邀君共饮这一杯，也娓娓道来你的故事吧。

追光者的歌

舞台上，追光灯下，站定，深呼吸，“大家好……”

一场场讲述“中国梦·劳动美”的职工演讲比赛，在全国掀起一浪浪高潮。直至2018年7月，64位佼佼者来到北京，深情讲述中国工人阶级的故事。

决赛前夜，来自安徽的选手还在一遍遍地推敲演讲稿。我问她，怎么这么紧张？她回答说，虽然讲述的是自己的个人经历，但却是代表乡村教师的奉献精神，这故事的深意希望能表达得好。

来自河北的选手郭娜，是保定汽车总站“郭娜陆地航空班”的创建人。比赛前夜，她专门找了老师来辅导，那要强的劲头，一下子就让人懂了，这位基层一线普通职工，是靠什么才能一步步走到“党的十九大代表”的位置上。

尽管比赛最终的得分有高低，只有12位选手能够站上总决赛的舞台，通过央视的画面，向全国人民展现风采，但这并不影响我们真切地感受到64位选手讲述各自精彩故事的精神内核：幸福都是奋斗出来的。

一个阶级的故事，需要有人讲述，被人倾听；一个阶级的故事，更需要有人书写，被人尊重。

第六届全国职工职业技能大赛已经接近尾声。南京、沈阳、宝鸡、郑州，在4站共6个工种的比赛场上，一群工匠正在书写故事，改写个人命运。

陕西宝鸡是数控加工和数控维修两项工种的比赛地。在一场长达6个小时的实操比赛中，组委会把盒饭送到赛场，没有选手舍得花时间吃口饭。第二天，组委会改送红牛、巧克力、香蕉等补充体力的食物，能吃两口的选手还是寥寥。有选手结束考试后，甚至身体瘫软，必须要有人搀扶着才能回到驻地。大赛组委会成员说，“看着我们的选手，我们的工匠，心疼啊！”

然而，在赛场上，聚光灯下，他们是令人钦佩的技术高手。认真专注的面庞上，满是汗水，在一双巧手之下，被细心加工出来的作品，堪称完美。这是制造之美，更是劳动之美。

而在这赛场之外，经年累月的技术磨炼，要付出多少时光和汗水，没人知道也没人在意。只有这些工匠自己清楚，从有资格参加选拔赛，到一路拼杀进入全国决赛现场，机会得之不易，所以一分一毫都不能浪费，唯有全力以赴，才能写好属于自己的那章故事。

有人最终站上领奖台，荣光一夕写就。有人在内心埋下一颗种子，直待3年后再战沙场。

无论比赛结果如何，我们深信，追光的人，自己也会身披万丈光芒。

习近平总书记曾多次提出“讲好中国故事”。对于一支有着近4亿人数的职工队伍来说，讲好自己“中国梦·劳动美”的故事，便是讲好了一个国家的故事。这些故事并不是言语诉说出的，而是千千万万劳动者用双手扎扎实实干出来的。

劳动中有付出，也有收获；有苦涩，也有甜美；有心酸，也有幸福。劳动者以劳动故事，言说劳动之美，在感动他人赢得赞美之外，或许还应有更为广阔的期许，那就是全社会的价值认同。这种认同，可以成为也应当成为我们国家和民族基石般的精神底色，那就是——劳动创造价值，劳动创造财富。

这世界，每个人都要为一道光而活。

我们都是追光者，你的故事在讲吗？

致敬来路再出发

中国工会十七大即将召开。每5年一次的盛会，都是一次总结，更是一次全新的启程。

2013—2018年，回望5年来路，“改革”二字占据了浓墨重彩的篇章。

3年前，由中央党的群团工作会议发轫，以全国总工会和上海、重庆市工会开展群团改革试点为发枪，中国工会聚势谋远，守正出新。

对工会而言，要发挥好党联系职工群众的桥梁纽带作用，要的不仅仅是方法论，更需要一份与党的使命高度一致的责任同频，和拥有敏锐感知职工群众冷暖需求的情感共振。

工会人的这种同频共振的责任与情感，又该从何而来？

如果将目光投向历史的深处，一个世纪来，中国工人运动图景徐徐拉开。从96年前于广州召开第一次全国劳动大会开始，中国工会始终坚定紧随党的脚步，凝聚中国工人阶级的力量，初心如磐，使命如山，最终才迎来辉煌，开启社会主义建设时期一段段丰碑历程。

当我们梳理从一次劳大到工会十六大的16次大会史料，重温历史的细节，重新理解每一次大会的成果，以及它对未来的影响时，才更加深刻地领悟到，历史从不欺人，历史的细节中，掩藏着教训甚至是鲜血，更蕴含了经验甚至是宝贵的财富，只有了解我们从何而来，才会理解我们该向何去。

令我们惊叹的是，探寻中国工会历史的“旅途”，也成为一次寻找《中国工人》初心的觉悟之旅。这本诞生于1924年10月的红色刊物，已经悄然走过了94年的沧桑岁月。

据《中国工人》第一任主编罗章龙的回忆，“1923年中共中央曾决定办一种工人运动理论刊物，但因人力不足，久未实现。1924年，中央再次做出决定，办一个革命理论与实践相综合的工人运动刊物，定名《中国工人》。”

可以说，《中国工人》从一开始就肩负着成为中国共产党领导工人运动舆论阵地的光荣使命。那些发黄的老杂志里，铅字留下了中共早期领导人的思想光芒，记录着革命年代的烽火硝烟，书写着工运先驱的呼号呐喊。

从1924年创刊，到1928年复刊，再到1940年延安的二次创刊，乃至中华人民共和国成立后的几番曲折，无论命运如何兴衰跌宕，它前行的轨迹始终清晰，那就是坚定地与党同行，永远站在最大多数劳动人民的一面，一步一步，深深地留下一份红色刊物的历史足迹。从杂志创刊、复刊、二次创刊等几番命运跌宕中，也能一窥中国共产党诞生、发展、壮大之路的艰辛不易。

那一天，我们从全国总工会8楼的资料室里，小心翼翼地捧出珍藏的26册老杂志，轻轻拂去发黄纸张上的尘埃，内心充盈着满满的骄傲。旋即，一份责任感慢慢升起，一点点加重，再加重。那是看清来路后油然而生的使命感，责无旁贷。

对《中国工人》，对中国工会，乃至对一个党、一个国家来说，历史的幽光中，有理想，有信念，更有我们要去的方向。

向来路致敬，这是拨开岁月尘埃，一路寻找初心后，那嗡嗡作响着的巨大共鸣；

携使命出发，这是回望近百年足迹，站在新的历史方位，必须持有的自觉与骄傲。

居之无倦，行之以忠。在这改革浪潮迭起的季节，让我们致敬来路，再出发。

我们和我们的时代

戊戌岁尾，北京。国家博物馆西侧广场的巨型花坛上，“伟大的变革”5个大字巍然矗立。中国改革开放40周年的庆祝活动，正在进入高潮。

40年在时间的长河中不过弹指一挥间，但中国社会却发生着巨大的变化。电视机从黑白到彩色，从笨重的方盒子到纤薄的液晶面板；通信工具从固定电话到移动电话，从板砖似的大哥大到集纳生活所需方方面面的4G智能手机……这是个体生活最容易看到的变化，而对一个国家来说，我们的国家名片也从长城、黄河变成了航天、高铁、超级工程。

伟大的变革，是思想的变革，是技术的变革，更是解放生产力的变革。

1978年，中国4亿多从业人员中，29.5%的劳动者从事第二产业和第三产业。40年后的今天，中国从业人员早已突破7.7亿，第二产业和第三产业的劳动者超过70%。

一组数字的对比，象征着一个阶级的伟大变迁。前所未有的改革持续引爆各种潜能，而劳动者的潜能一旦被释放，便迅速长大成为推动改革的中坚力量。

40年的时光如同流水，记录下那些闪耀伟大劳动品格的前行者的最后人生故事。

马恒昌怕浪费国家钱财，病重中坚决离开医院；邓稼先被授予全国五一劳动奖章的13天后，因放射性侵害而全身大出血辞世；在生命的最后时刻，93岁的吴大观依靠0.3的右眼视力，将中国喷气发动机和涡扇发动机送上世界前台……

这些曾经感动中国的劳动榜样，就这样悄悄离开了沸腾的生活。如果把中国比作一列开往富强美好的列车，他们已经无缘欣赏愈加绚丽的风景。但是，他们留下的精神财富让我们拥有更多的勇气，迎接改变中国的凤凰涅槃。

40年的时光如同天幕，映射着那些恪守初心与良知默默劳作着的身影。

8.6元，这是孔繁森留给母亲的所有财产；47根扁担，放弃了1360个休息日的杨怀远，用它们服务了素昧平生的万千大众；20年，王顺友相当于在雪域高原上走了21次“二万五千里长征”……

这些淡漠物质与欲望的人，就这样把自己羸弱的肩膀挨在一起，与躁动和迷茫反向而行，传递温暖的善意，唤醒社会的良知，让中国改革开放航船上的每一个人，温暖相拥。

这一期，我们推出长篇特稿《改革时间》，试图用31位劳动者在40年时光中的人生片段，再现他们所代表的亿万劳动者怎样影响着我们的时代。毕竟，当伟大还未到来之时的义无反顾与坚守执着，当伟大已来时依然能够守拙而清心的生活态度，才是改革时间里最值得珍视的精神力量。

40年，伟大的变革中，有些人因引领变革而伟大，有些人却因坚守而愈显可贵。人最终磨砺的都是内心，一时的快乐易得，长久的喜悦一定需要精神的感召才能获得。

中国的改革开放是一次前所未有的长征。我们奋斗的样子，我们散发职业魅力的瞬间，我们闪耀人性光辉的时刻，都是这个伟大时代的印记。31位劳动者背后的芸芸众生和无名之辈，共同融合成波澜壮阔的历史画卷，让中国工人故事成为时代交响曲中最打动人心的旋律。

淘沙见金，改革不惑。

致敬来路，带着心中燃烧的希望继续出发。

祝福我们。祝福我们的时代。

编者注：《2018：刊首里的〈中国工人〉》作者均为李瑾。

与党同行《中国工人》的红色足迹

文/张　刃

北京，复兴门外，中华全国总工会机关大楼。

那些弥足珍贵的工运史料，静静地存放在8楼的档案室里。

这是一份保存了94年的杂志——纸张发黄、印刷粗陋，脆弱的书页稍不小心就可能损毁。

一段影响中国工人运动风云进程的历史，就这样驻留在这本红色刊物的字里行间，记录着革命年代的烽火硝烟，回荡着先驱一代的呼号呐喊。

这是《中国工人》杂志1924年10月创刊号。和它相伴的，还有25册同样老旧的影印本。

从历史走向未来，94载光阴如白驹过隙，神州大地已经换了人间。

但是，历经风雨坎坷的《中国工人》杂志，始终站在最大多数劳动人民的一面，革命的精神永远年轻。

⊙ 1924年·创办

1922年5月1日，经中国共产党及其领导的中国劳动组合书记部倡议，第一次全国劳动大会在广州召开。中国的工人运动，由此翻开了波澜壮阔的

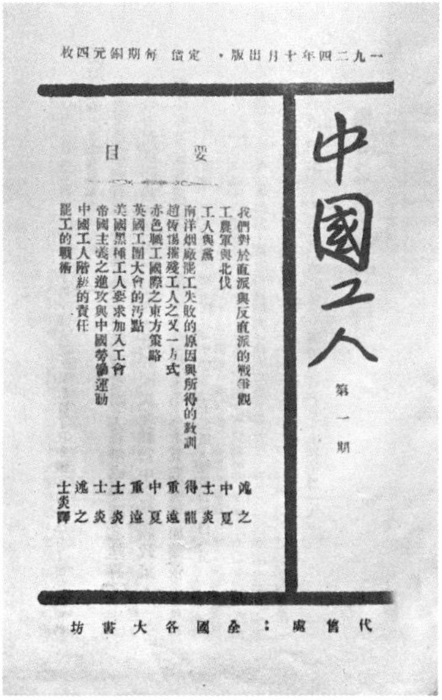
一九二四年十月出版・定價 每期銅元四枚

中國工人 第一期

要目

我們對於直派與反直派的戰爭觀	鴻之
工農軍與北伐	中夏
工人與黨	士炎
南洋烟廠罷工失敗的原因與所得的教訓	得龍
趙恆惕摧殘工人之又一方式	重遠
赤色職工國際之東方策略	中夏
英國工團大會的污點	重遠
美國黑種工人要求加入工會	士炎
帝國主義之進攻與中國勞働運動	士炎
中國工人階級的責任	逸之
罷工的戰術	士炎譯

代售處：全國各大書坊

1924 年《中国工人》

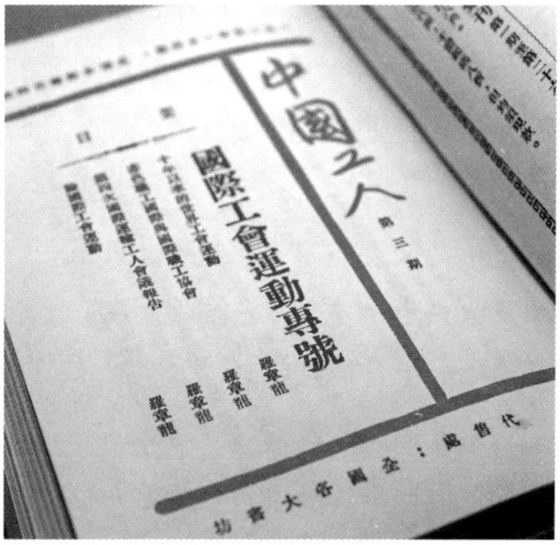
中國工人 第三期

要目

國際工會運動專號

十年以來的世界工會運動 羅章龍

赤色職工國際與國際職工協會 羅章龍

羅章龍

羅章龍

代售處：全國各大書坊

《中国工人》杂志第一位主编罗章龙，承担了大量撰稿工作

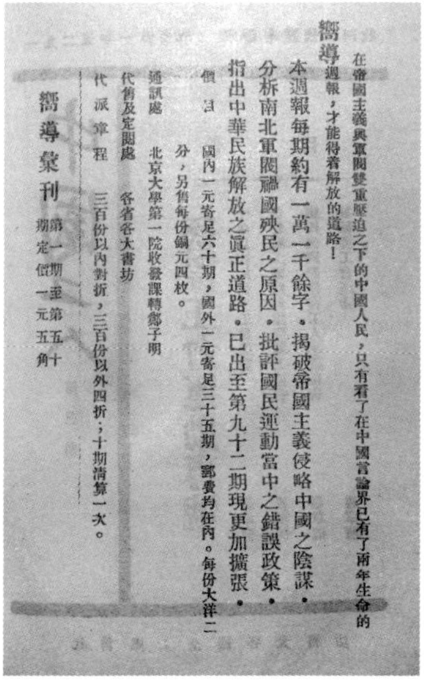
在帝國主義與軍閥雙重壓迫之下的中國人民，只有看了在中國言論界已有了兩年生命的嚮導週報，才能得着解放的道路！

本週報每期約有一萬一千餘字。揭破帝國主義侵略中國之陰謀。分析南北軍閥禍國殃民之原因。批評國民運動當中之錯誤政策。指出中華民族解放之真正道路。已出至第九十二期現更加擴張。

價目 國內一元寄足六十期，國外一元寄足三十五期，郵費均在內。每份大洋二分，另售每份銅元四枚。

通訊處 北京大學第一院收發課轉鄭子明

代售及定閱處 各省各大書坊

代派章程 三百份以內對折，三百份以外四折；十期清算一次。

嚮導彙刊 第一期至第五十期 定價一元五角

新青年季刊

新青年曾爲中國革命思想的先驅，今後更爲中國無產階級革命的羅針。革命的中國新青年，應該要讀指導革命理論的「新青年」。

本刊現已出至第三期

發行所 廣州新青年社

代售處 全國各大書坊

定價表

冊數	定價(大洋)	國內郵費	國外郵費
每期一冊	三角	二分半	一角
全年四冊	一元	一角	四角

點起一把火來，把我們工人現在所處的黑暗地獄，照得通紅了。使我們工人都明白了自己所站的地位。和脫離地獄的路途！這把火就是——

上海工人

每星期出版一次，

每期定價銅元一枚

1924 年，红色刊物《新青年》《向导》在《中国工人》上刊登的广告新篇章。

1924年10月，《中国工人》杂志创刊。

《中国工人》的创刊号，没有发刊词，甚至没有主办者的粗略描述。从创刊号开始，杂志连续出版了5期，以理论文章为主，撰稿人大多是中共高层领导和工运领袖。他们关注的问题既高屋建瓴，又贴近工人运动实际。

第1期（1924年10月出版）——《工农军与北伐》（作者：中夏）、《工人与党》（作者：士炎）、《南洋烟厂罢工失败的原因和所得的教训》（作者：德龙）、《赤色职工国际之东方策略》（作者：中夏）、《中国工人的责任》（作者：述之）；

第2期（1924年12月出版）——《海员宣传问题》（作者：中夏）、《广州工人最近的觉悟》（作者：德龙）、《谁是友？谁是敌？》（作者：能至）、《我到俄国一个月的感想》（作者：伟民）；

第3期（1925年1月出版）——《十年以来世界工会运动》《论国际工会运动》等四篇（作者：罗章龙）；

第4期（1925年4月出版）——《二七失败后的安源工会》（作者：刘少奇）、《北京政变后的政局与工人阶级》（作者：秋白）、《上海的童工问题》（作者：守常）；

第5期（1925年5月出版）——《五一运动与中国工人》（作者：张特立）、《五一纪念与共产国际》（作者：秋白）、《劳动运动复兴期中的几个重要问题》（作者：中夏）。

《中国工人》杂志第1期共36页，定价铜元4枚。第2期增至63页，编辑部启事解释说，“本期因篇幅扩充，印刷费增加，特照原价加收一倍，每份售铜元8枚，望读者原谅”。第3期恢复原价铜元4枚。第4期扩充至86页，定价铜元20枚，第5期亦然。

20世纪20年代的上海，1银元可换154枚铜元，4铜元约合3分钱。按照当时的物价，4铜元可以买0.5公斤青菜，20铜元可以买1公斤大米。

1925年5月，第二次全国劳动大会举行，中华全国总工会宣告成立，推选林伟民为委员长，刘少奇为副委员长，邓中夏为秘书长兼宣传部长。

同月出版的《中国工人》第 5 期的首篇位置，刊发了时任中共中央执行委员、中央农工部主任张国焘（署名张特立）给二次劳大的祝词。

这一阶段，《中国工人》没有出版第 6 期。个中缘由，还待继续考证。

⊙ 1924 年 作者

5 期《中国工人》杂志的作者里，刘少奇、瞿秋白的名字可谓耳熟能详。其他的一些名字，比如中夏、重远、士炎、德龙、述之、伟民、能至，同样都是当时的中共领袖人物。

中夏、重远，即邓中夏，中国共产党最早的党员之一。1921 年任中国劳动组合书记部北方分部主任，负责领导北方工人运动，并在全国发起劳动立法。1925 年任中华全国总工会秘书长兼宣传部长，1929 年任中华全国总工会委员长。

士炎，即赵世炎，中国共产党创始人之一。1920 年与周恩来等创建中共旅欧支部。1924 年回国，先后任中共北京地方执委会委员长、中共北方区执委会宣传部长兼职工运动委员会主任，曾领导了震惊中外的上海三次工人大罢工。

德龙，即项英，中国共产党在湖北最早发展的产业工人党员，长期在武汉、上海等地从事工人运动和党的工作。中华全国总工会成立后，先后当选为副委员长、委员长，中共第六届中央政治局常务委员。

述之，即彭述之，1921 年留苏期间加入中国共产党。1924 年回国，主编中共中央机关报《向导》周报和理论杂志《新青年》，1925 年在中共四大上与陈独秀、张国焘、蔡和森、瞿秋白组成中央局（相当于政治局常委），任宣传部部长。

伟民，即林伟民，中华海员工业联合总会发起人和负责人之一。1922 年 1 月，和苏兆征等领导了香港海员大罢工，8 月，发动和领导了上海海员罢工。1924 年加入中国共产党。1925 年当选为中华全国总工会委员长。

能至，即李立三，1921 年加入中国共产党，1922 年和刘少奇等组织安源路矿大罢工，曾任上海总工会委员长、全国总工会组织部长、中共中央常委兼秘书长、宣传部长等职。1949年后曾任全国总工会党组书记、副主席，主持制定了《中华人民共和国工会法》。

当时，这些撰稿人都是中国工人运动的“重量级”人物。他们为《中国工人》这本杂志撰稿，足见中国共产党高层对于宣传和发动工人阶级的高度重视。

1924年10月，《中国工人》第2期发表《启汉同志出狱！》一文。文章写道：“最亲爱的工友们，我们的健将出来了，我们的先锋出来了！但是我们还有许多的先锋和健将被军阀监禁在北京、保定、洛阳、天津各地的牢狱里，我们赶快和我们出狱的同志努力向前奋斗呀！”

这一期《中国工人》杂志，同时发表了邓中夏写在李启汉出狱当天的一首诗——《启汉出狱，喜极而泣，诗以志之》。

李启汉生于1898年，中国共产党创建时期最早的党员之一。1922年，他与林伟民等筹建海员工会上海支部，发动支援浦东纱厂工人罢工，被租界工部局逮捕，直至1924年10月才被释放。邓中夏曾感慨地说：“李启汉是我党坐牢最早最苦的第一位同志。”

1927年4月，广州发生反革命叛变，李启汉被秘密杀害，年仅29岁。

⊙ 1928年 复刊

《中国工人》的再次出刊，已经是1928年12月。

此前，国民党右派背叛革命，大肆屠杀共产党人和工人积极分子。中共六大总结大革命失败以来工人运动的经验教训，提出了新的工运策略。

为了贯彻中共六大精神，中华全国总工会除了对各地工会进行了整顿，还加强了《中国工人》《工人宝鉴》《上海工人》等报刊的出版和发行工作，通过舆论影响，推动白区工人运动的初步恢复和发展。

《中国工人》复刊号的《卷头语》开宗明义：“《中国工人》是中国工人阶级的革命先锋，是全中国工人的灯塔，这个灯塔，有好久没有照耀着全国工人阶级了，现在中华全国总工会要将这个灯塔重新建立起来，使全国工人在黑暗世界可以得到一线的光明，这是再好没有的事了。”

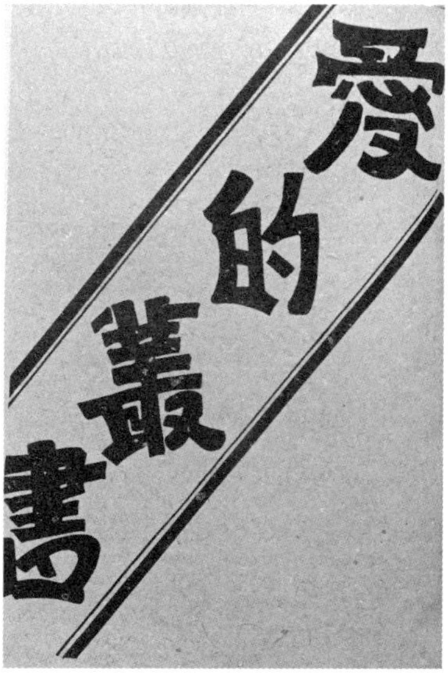

为躲避国民党当局的检查，《中国工人》以伪装封面出刊

这次复刊的《中国工人》，已经是中华全国总工会的机关刊物，内容较此前也有了变化，理论文章篇幅减少，工会文件、国际工运等题材的比重增加，新设“镰刀与铁锤”栏目，记述各地工人生活、工运动态。

经过3年停刊，《中国工人》创刊时的主要撰稿人命运迥异。李大钊、李启汉、赵世炎、罗亦农先后牺牲，林伟民病逝，邓中夏、瞿秋白赴苏，刘少奇到北方从事秘密斗争，李立三忙于主持中央工作，彭述之则因坚持右倾错误被开除出党。

复刊后的撰稿人大部分使用化名，年代久远，今天已很难考证其真实身份。但是，有一个作者不可忽视，他就是苏兆征。

苏兆征是中国工人运动先驱和著名领袖。1921年，同林伟民等筹建成立中华海员联合总工会。1922年，领导我国香港海员大罢工。1925年加入中国共产党，参加领导省港大罢工。此后，历任中华全国总工会委员长、中共中央政治局常委等职。1929年2月，在上海病逝。

《中国工人》此次复刊，正值国民党背叛革命，白色恐怖笼罩全国，宣传共产主义、工人运动的文字都在严格查禁之列。

为了躲避国民党当局的检查，这一阶段出版的8期《中国工人》杂志，后4期都没有暴露《中国工人》的刊名。其中，第5期和第6期的封面是“漫画集”，第7期的封面是“红拂夜奔”（言情小说），第八期的封面是“爱的丛书”。

1929年5月1日，《中国工人》杂志第8期出版。

这期杂志刊登了一则全国总工会教育委员会征求编辑工人读物文稿的启事，要求十分具体，并且限定了写作条件。这则启事征集9种文稿，分别是初级工人补习学校课本、高级工人补习学校国文课本、工人常识教本、工人算法教本、工人日用英文课本、工人唱歌集、工人教育小丛书、工人小说和工人教育问题研究。

启事还对征稿写作提出了具体要求：“须完全站在工人阶级立场，以启发工人阶级思想，促进工人阶级觉悟……文字应该特别通俗化，用字力避生僻，句读力求简易……为一般工人所不易了解者，均不合用……”

以上要求归纳起来，一是强调工人阶级立场、启发工人阶级觉悟；二是从实际出发；三是力求贴近职工需要，契合职工阅读。这三点，即使今天工会开展群众工作仍然需要遵循。

第 8 期后,《中国工人》杂志陷入长达 11 年的沉寂。

⊙ 1940 年 · 辉煌

“九一八”事变、红军长征、西安事变、抗战爆发……一系列重大历史事件过后,《中国工人》杂志迎来了自己的辉煌时刻。

1940 年 2 月 7 日，作为中共中央职工运动委员会主办的机关刊物,《中国工人》在延安第二次创刊。

新的《中国工人》创刊号由毛泽东题写刊名，并亲自撰写发刊词。这篇发刊词收录在《毛泽东选集（第二卷）》，成为中国共产党的重要思想文献。

毛泽东在《〈中国工人〉发刊词》中写道:“工人阶级和全体人民的最后解放，只能在社会主义实现的时代，中国工人阶级必须为此最后目的而奋斗……所以，团结自己和团结人民，反对帝国主义和封建主义，为建立新民主主义的新中国而奋斗，这就是中国工人阶级的当前的任务。《中国工人》的出版，就是为了这一个任务。”(《毛泽东选集》第二卷，第 727 页）

为新的《中国工人》创刊号题词和撰文的还有：林伯渠、吴玉章、王明、洛甫、王稼祥、康生、邓发、张浩等。林伯渠时任陕甘宁边区政府主席，吴玉章时任延安宪政促进会会长，王明时任中共中央统战部部长、中央妇女运动委员会主任，洛甫（张闻天）时任中共中央宣传部部长，王稼祥时任中共中央军委副主席、总政治部主任；康生既是前任中职委书记，又是时任中共中央社会部和情报部部长。这样一个祝贺“阵容”，可见当时延安高层对工人运动的重视。

《中国工人》创刊号为“二七纪念专辑”。时任中共中央职工运动委员会副书记张浩（原名林育英）撰文称:“它(《中国工人》杂志）虽然迟至今天才呱呱坠地，可是它在 17 年前便已孕育，它是‘二七’烈士的血、林祥谦同志的血、施洋同志的血及以后许许多多烈士的血所结成的，它决沿着这条血路

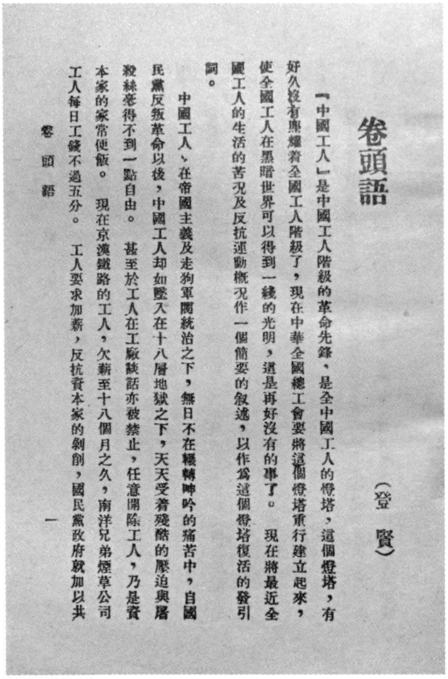

卷頭語

（登賢）

『中國工人』是中國工人階級的革命先鋒，是全中國工人的燈塔，這個燈塔，有好久沒有照耀着全國工人階級了，現在中華全國總工會要將這個燈塔重行建立起來，使全國工人在黑暗世界可以得到一綫的光明，這是再好沒有的事了。現在將最近全國工人的生活的苦況及反抗運動概況作一個簡要的叙述，以作爲這個燈塔復活的發引詞。

中國工人，在帝國主義及走狗軍閥統治之下，無日不在輾轉呻吟的痛苦中，自國民黨反叛革命以後，中國工人却如墜入在十八層地獄之下，天天受着殘酷的壓迫與屠殺絲毫得不到一點自由。甚至於工人在工廠談話亦被禁止，任意開除工人，乃是資本家的家常便飯。現在京漢鐵路的工人，欠薪至十八個月之久，南洋兄弟煙草公司工人每日工錢不過五分。工人要求加薪，反抗資本家的剝削，國民黨政府就加以共

卷頭語　一

1928 年《中国工人》复刊号卷头语

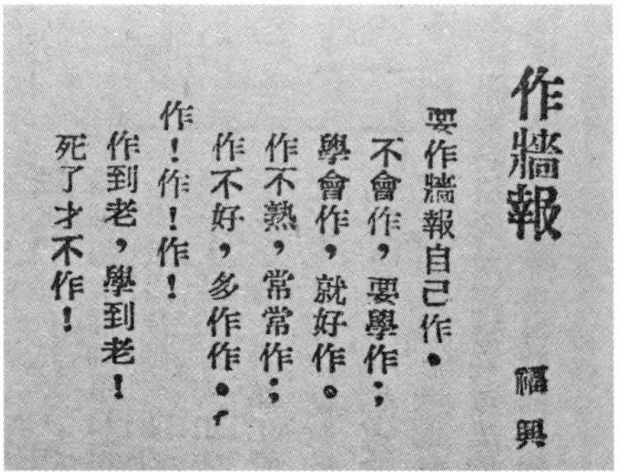

作牆報

福興

要作牆報自己作。
不會作，要學作；
學會作，就好作。
作不熟，常常作；
作不好，多作作。
作！作！作！
作到老，學到老！
死了才不作！

1940 年《中国工人》上发表的短诗

1940 年《中国工人》上发表的木刻画

前进，它确信：前途是艰难的，同时更是光明的。”

两个月后，张浩与毛泽东、朱德等出席庆祝五一国际劳动节大会时，突发脑溢血，虽抢救及时暂无生命危险，却再也无法工作。

1942年3月6日，张浩病逝，年仅45岁。中共中央领导人轮流为他守灵，毛泽东、朱德、任弼时等中央领导亲自将棺材抬到桃花岭上安葬。

史料显示，这是毛泽东一生中唯一一次执绋抬棺。

这一阶段的《中国工人》另一位撰稿人邓发，时任中共中央职工运动委员会书记，经历也颇具传奇色彩。斯诺在《西行漫记》中这样描述：“邓发是中国共产党秘密警察的头子，而且还有悬赏5万元要他的首级……这个鼎鼎大名的‘共匪’，就生活在敌营的中心，不把到处追缉他的特务放在眼里。”

1940年年初，邓发任中共中央党校校长，后又接替刘少奇兼任中央职工运动委员会书记，并主持编辑《中国工人》月刊。

1945年4月，邓发作为解放区唯一的工人代表，参加中国劳动协会代表团，出席了巴黎世界工人联合会成立大会，并当选为理事和执行委员会候补委员。有史料说，邓发回国前，西班牙画家毕加索赠送给毛泽东一幅油画，委托他带回延安。然而，1946年4月8日，邓发和王若飞、秦邦宪、叶挺等在重庆乘飞机返延安途中，因飞机失事不幸遇难，那幅毕加索的名画也随之灭失了。

⊙ 13个月·澎湃

延安时期的《中国工人》以全新的办刊宗旨与思路问世，内容更加直接地面向职工群众，特别是抗日根据地的工人、工会，奉献给读者以全新的阅读感受。

1940年，包括陕甘宁边区在内的各抗日民主根据地工会会员已有50余万人。当时工会的主要活动是，动员和组织工人参军参战，打击敌伪，反对投降；组织工人努力生产，发展边区经济，支援前线；妥善处理劳资关系，改善职工生活；参加民主选举，组织失业自救、学习文化等。显然，这与大革命时期以罢工为主的斗争形式截然不同了。为此，《中国工人》较大幅度地增加了

1940年部分《中国工人》特辑封面

2018 年延安，正在修复的《中国工人》杂志编辑部旧部

延安中央印刷厂

对边区及各根据地工会、工厂、工人的报道，每期都有相关简讯，同时注意报道国际工运动态、普及工运历史知识。

为了吸引更多的职工来稿，《中国工人》编辑部发布启事，希望“各地的工友们及关心中国工人事业的人士，经常地向本刊踊跃投稿，也只有这样，才能使本刊的内容更加丰富、新鲜而活泼”。

不仅如此，《中国工人》还从第3期起，开设“工人习作”专栏，专门刊登工人自己写的工厂通讯、工会活动、学习体会等，文笔虽然青涩，文风却很朴素。

值得一提的是，《中国工人》第7期为“工人生活特辑”。编后记说：这些“都是各地工友们所寄（来）的稿（件），从这些生活实录中，一面透出黑暗的阴影与悲痛的消息——如大后方的工人生活；另一面也反映出光明的图画——如边区与晋西北工人的生活……只有给工人以民主自由，适当地改善工人生活，中国工人阶级的劳动热忱一定能大大提高，中国工人阶级的抗战力量才能得到更大的发挥，而这对于争取抗战胜利也有决定意义”。

1941年3月，《中国工人》在延安停刊。当它再一次出现的时候，已经是1950年的新中国，五星红旗迎风飘扬，华夏九州欢歌震天。

保存至今的那些新中国成立前出版的26册《中国工人》原始文本，成为研究新民主主义革命时期中国工人运动历史的珍贵资料。

今天，作为中华全国总工会主管的重要刊物，《中国工人》杂志正以全新的面貌，以笔为泉，以文为魂，续写新时代劳动者之歌。它将充分激发和全面展现广大职工群众的精气神、新作为，永远站在最大多数劳动人民的一面，不辜负习近平总书记对中国工人阶级的深情嘱托和殷切期望。

扫一扫，发现更多精彩

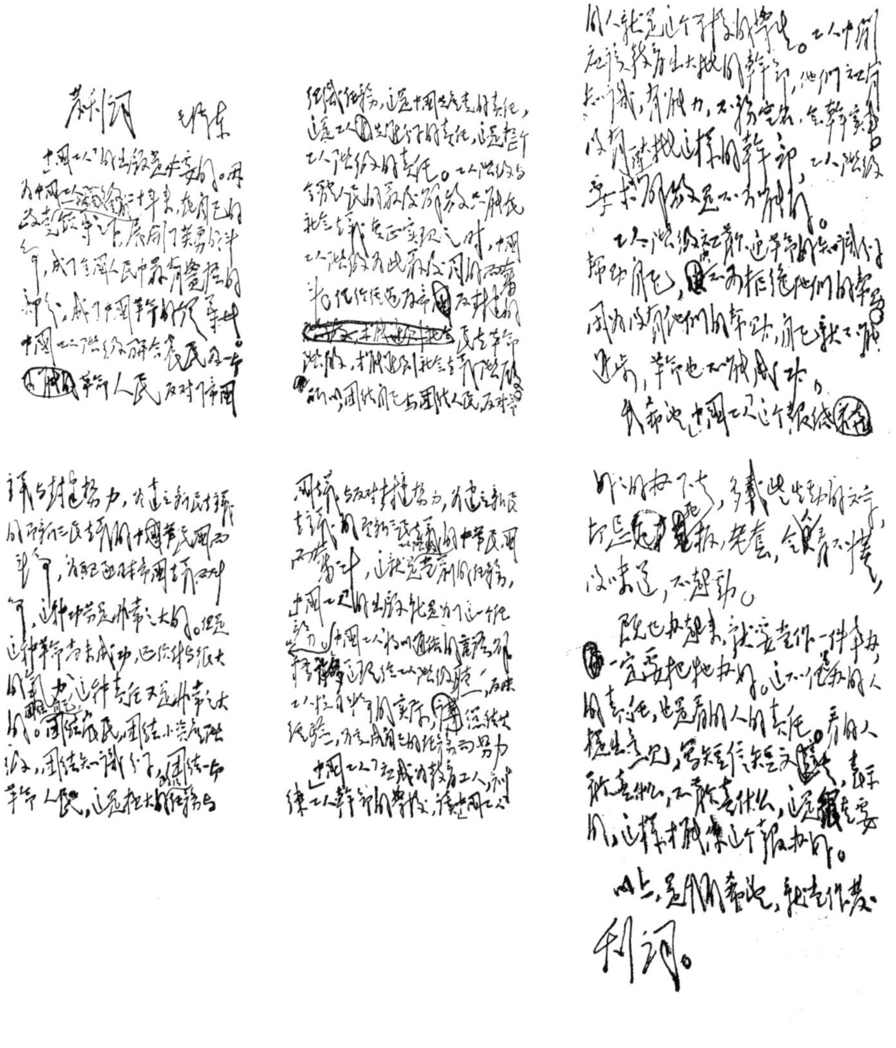

毛泽东为《中国工人》写的发刊词

《中国工人》发刊词

（一九四〇年二月七日）

毛泽东

《中国工人》的出版是必要的。中国工人阶级，二十年来，在自己的政党——中国共产党的领导之下展开了英勇的斗争，成了全国人民中最有觉悟的部分，成了中国革命的领导者。中国工人阶级联合农民和一切革命的人民反对帝国主义和封建主义，为建立新民主主义的中国而斗争，为驱逐日本帝国主义而斗争，这个功劳是非常之大的。但是中国革命尚未成功，还须付出很大的气力，团结自己，团结农民和其他小资产阶级，团结知识分子，团结一切革命的人民。这是极大的政治任务和组织任务。这是中国共产党的责任，这是工人阶级先进分子的责任，这是整个工人阶级的责任。工人阶级和全体人民的最后解放，只能在社会主义实现的时代，中国工人阶级必须为此最后目的而奋斗。但是必须经过反帝反封建的民主革命的阶段，才能进到社会主义的阶段。所以，团结自己和团结人民，反对帝国主义和封建主义，为建立新民主主义的新中国而奋斗，这就是中国工人阶级的当前的任务。《中国工人》的出版，就是为了这一个任务。

《中国工人》将以通俗的言语解释许多道理给工人群众听，报道工人阶级抗日斗争的实际，总结其经验，为完成自己的任务而努力。

《中国工人》应该成为教育工人、训练工人干部的学校，读《中国工人》的人就是这个学校的学生。工人中间应该教育出大批的干部，他们应该有知识，有能力，不务空名，会干实事。没有一大批这样的干部，工人阶级要求得解放是不可能的。

工人阶级应欢迎革命的知识分子帮助自己，决不可拒绝他们的帮助。因为没有他们的帮助，自己就不能进步，革命也不能成功。

我希望《中国工人》好好地办下去，多载些生动的文字，切忌死板、老套，令人看不懂，没味道，不起劲。

既已办起来，就要当作一件事办，一定要把它办好。这不但是办的人的责任，也是看的人的责任。看的人提出意见，写短信短文寄去，表示欢喜什么，不欢喜什么，这是很重要的，这样才能使这个报办得好。

以上，是我的希望，就当作发刊词。

（此文收入《毛泽东选集》第二卷）

图书在版编目（CIP）数据

改革时间：我们和我们的时代——《中国工人》2018年度精选 /
《中国工人》杂志社编著. —北京：中国工人出版社，2019.7
ISBN 978-7-5008-7190-3
Ⅰ.①改…　Ⅱ.①中…　Ⅲ.①职工—生活—工会工作—概况—中国　Ⅳ.①D412.6
中国版本图书馆CIP数据核字（2019）第100529号

改革时间：我们和我们的时代——《中国工人》2018年度精选

出　版　人　王娇萍
责任编辑　安　静　时秀晶
责任印制　栾征宇
出版发行　中国工人出版社
地　　址　北京市东城区鼓楼外大街45号　邮编：100120
网　　址　http://www.wp-china.com
电　　话　（010）62005043（总编室）
　　　　　（010）62005039（印制管理中心）
　　　　　（010）62382916（职工教育分社）
发行热线　（010）62005996　（010）62005042（传真）
经　　销　各地书店
印　　刷　北京美图印务有限公司
开　　本　710毫米×1000毫米　1/16
印　　张　22.5
字　　数　310千字
版　　次　2019年7月第1版　2019年7月第1次印刷
定　　价　58.00元